真理・存在・意識

真理・存在・意識

――フッサール『論理学研究』を読む――

植村玄輝著

知泉書館

目　次

序　論 …………………………………………………………………3

第1章　形而上学・学問論・記述的心理学――『論研』の背景 ……17
- 1.1　形而上学 ……………………………………………………18
- 1.2　学問論 ………………………………………………………25
- 1.3　記述的心理学 ………………………………………………31

第2章　論理学の性格をめぐる考察――『論研』第1巻（1）………47
- 2.1　技術学としての論理学と心理主義 ………………………49
- 2.2　心理主義批判の深化 ………………………………………53
- 2.3　規範的な論理法則と記述的な論理法則 …………………61

第3章　学問論としての純粋論理学と哲学者の仕事
　　　　――『論研』第1巻（2）……………………………………77
- 3.1　学問論としての純粋論理学 ………………………………78
- 3.2　論理学の基本概念の解明――哲学者の第一の仕事 ……90
- 3.3　客観的認識論の拡張――哲学者のもうひとつの仕事 …105
- 3.4　哲学者の二つの仕事とは結局のところ何か ……………113

第4章　認識の現象学と客観的認識論――『論研』第2巻（1）…115
- 4.1　概念の「起源」――ブレンターノのプログラムの継承 …116
- 4.2　哲学者の二つの仕事の区別 ………………………………127
- 4.3　現象学の形而上学的中立性 ………………………………129

第 5 章　認識の現象学――『論研』第 2 巻（2）……………………135
- 5.1　問題設定――充実された言表判断作用としての認識作用 ……136
- 5.2　意味志向と意味充実作用……………………………………143
- 5.3　意味と充実する意味…………………………………………147
- 5.4　志向性理論と命題のスペチエス説…………………………152
- 5.5　認識作用の現象学的分析と充実する意味の位置……………159
- 5.6　『論研』の現象学はどのようなものなのか………………167

第 6 章　客観的認識論――『論研』第 2 巻（3）……………………171
- 6.1　客観的認識論の課題の再設定…………………………………172
- 6.2　拡張された客観的認識論………………………………………188
- 6.3　本章のまとめ……………………………………………………202

第 7 章　客観的認識論の帰趨――『論研』第 2 巻（4）……………205
- 7.1　（非）本来的思考とは何か……………………………………206
- 7.2　本来的思考はなぜカテゴリー的直観ではないのか…………215
- 7.3　客観的認識論から帰結する三つの問題………………………224
- 7.4　本章のまとめ……………………………………………………236

第 8 章　形而上学的中立性の問題――『論研』から「エルゼンハンス書評」へ……………………………………………………237
- 8.1　形而上学的に中立的な現象学…………………………………238
- 8.2　形而上学的中立性の徹底化……………………………………251
- 8.3　『論研』は整合的な著作か……………………………………253
- 8.4　本章のまとめ……………………………………………………264

結論　「突破口」から見えるもの……………………………………265

補　注…………………………………………………………………271

あとがき………………………………………………………………282

参 考 文 献……………………………………………………………286

索　　引………………………………………………………………301

真理・存在・意識
――フッサール『論理学研究』を読む――

序　論

　「彼は偉大な分析家だったが，あまり偉大な総合家・体系家ではなかった」(Ingarden 1968, 151 [220–1])。フッサールからの書簡への注釈のなかで，インガルデンはこう述べている。この——やや一人歩きをした感のある——言葉は，フッサールに体系への志向が欠如していること（あるいは，彼にとって哲学の体系性が重要では・ないこと）を指摘するものでは・ない。注釈に対応する 1925 年 12 月 10 日付の書簡を見てみよう。

> 残念ながら，主な時間は自分の草稿を研究しているうちに過ぎ去ってしまいます。それは私にとって，重要な理論についての最初の推敲から，それらの理論を完全にわがものにするための，大きな一歩なのです。いろいろな系列の考えが，互いに友好関係を結ぶまでには，あるいは，それらの考えがひとつの王国の分ちがたく連帯した子供であることに自分たちで気づくまでには，長い時間がかかります。(BW, III, 229＝Ingarden 1968, 36 [53])

フッサールはインガルデンに，自分が書いた膨大な研究草稿をまとめ上げることの苦労を打ち明けている。これを踏まえた論評であることを考慮すれば，インガルデンの言葉は，「彼は偉大な分析家だったが，あまり偉大な体系的叙・述家ではなかった」という具合に理解するほうがいいだろう。

　インガルデン宛書簡に見られる体系への志向は，フッサールが 1930 年に公刊した「私の『イデーン I』へのあとがき」にも示されている。

> 私のいみでの超越論的現象学は，哲学の普遍的な問題地平を実際に包摂し，そのための方法論を準備する。したがって，超越論的現象学は，具体的な人間によって立てられるすべての問題——そ

のなかにはいわゆる形而上学的問題も含まれる——を実際にその
領野として持つ〔…〕。(V, 140-1)

超越論的哲学としての現象学こそが哲学そのものであり，すべての哲学的問題に体系的に回答する——このような考えは，少なくとも，1920年代から始まるとされる後期フッサールの現象学の背景にある。

　本書の目的は，フッサールがその初期から体系への志向を持っていたことを示すことにある。われわれは以下で，初期フッサールの主著『論理学研究』の第一版（1900/01年刊，以下『論研』）を，いわゆる理論哲学に属するひとまとまりの問題——この序論の後半で述べるように，その中心には形而上学の問題がある——に取り組む統一的な著作として読む[1]。これによって，『論研』前後，つまり1890年代末から1905年頃までのフッサールが，自分にとっての中心問題をどこに設定し，その解決に向けてどのような哲学的プログラムを構想していたのかということが明らかにされる[2]。また，このプログラムが抱える問題を指摘することで，われわれは初期フッサールの哲学的プログラムを，その後の展開の前史として描き直す。

---

　1) したがって，後期フッサールの哲学体系を考える際に重要になるであろう，いわゆる実践哲学における問題は本書の主題からはずれる。そのため，『論研』に登場する話題のうち，実践哲学的な問題関心のなかに位置づけられる話題，具体的には，客観化作用と非客観化作用の区別に，われわれは本書では立ち入らない。フッサールの実践哲学および後期におけるその重要性については，非客観化作用をめぐる『論研』の議論も含め，吉川が包括的に論じている（cf. 吉川 2012）。より体系的な観点からフッサールの倫理学・実践哲学を検討した著作として，八重樫 2017 が挙げられる。また，『論研』における論理学の本性をめぐる問題が後期フッサールの倫理学との関連を持つということについて，われわれは別の機会に論じた（cf. 植村 2015a）。
　2) 1890年代末から1905年頃までを初期とみなすわれわれの分類にしたがえば，『算術の哲学』（1891年）やそれに先立つ『数の概念について』（1887年）に始まり，1890年代のいくつかの公刊論文——「帰結の計算と内包論理学」（1891年）や「基礎論理学についての心理学的研究」（1894年）など——に至る期間は「最初期」ということになるだろう。最初期フッサールについての考察は，『論研』の議論の内実をより正確に見積るためには欠かせない作業であるが，本書ではそれに立ち入ることはできない。
　しかしもちろん，本書およびそれに結実する研究は，最初期フッサールに関する先行研究の恩恵を被っている。例を挙げるならば，ブレンターノ学派だけでなく同時代の数学界における状況を踏まえつつ，『数の概念について』と『算術の哲学』の両方を含めた最初期フッサールの数学の哲学を丁寧に検討したイェルナ（cf. Ierna 2005; 2006）や，『算術の哲学』から『論研』への筋道をたどり直したブノワやミュンヒ（Benoist 2001b, ch. 1; Münch 1991），『論研』の志向性理論の前史に見通しを与えたフィリプセやシューマン（cf. Philipse 1987; Schuhmann 1991）といった研究者たちの仕事がなければ，本書で示される『論研』解釈は異なったものになっていただろう。

こうした目論みに疑念を抱く人もおそらくいるだろう。インガルデン宛書簡で語られているような現象学の体系化の試みは，たしかに後期フッサールによって継続的に行われていた。近年のいくつかの先行研究が明らかにしたように，1920年代以降のフッサールは体系的な観点から現象学の完成を目指した[3]。このことは，それが（後期）フッサールの理解にとってどれほど重要かについては議論の余地があるかもしれないが，専門的なフッサール研究においてかなりの程度確立された事柄だといってよい。だが，1913年の夏に起草され，結局未公刊に終わった『論研』第二版への序論によれば，『論研』は「そこで獲得された洞察が内的なしかたで固められる前に公刊された」(XX/1, 329) 著作だ。また，よく知られているように，この未刊の序論が書かれた年の春に公刊された『イデーンI』（『純粋現象学および現象学的哲学についての諸構想』第一巻）で，フッサールは超越論的現象学という新たな立場に転じている。さらには，フッサールが『イデーンI』の公刊後に（講演や小規模な公刊物をのぞけば）15年近く公的な沈黙を守りながら膨大な量の研究草稿を書き貯め，20年代の後半以降に現象学への導入的な著作（『デカルト的省察』・『ヨーロッパ諸学の危機と超越論的現象学』）を再び執筆したという事実は，これらの著作の著者がそれ以前の仕事に満足していなかったことを強く示唆する。これらの事情に鑑みるならば，『論研』は体系的で統一的な著作であるという主張は言い過ぎではないだろうか。体系を明確に志向する後期フッサールの観点からはあの『イデーンI』すらも満足のいくものではないのだから，同書とのあいだに決定的な断絶，いわゆる超越論的転回を挟んだ『論研』に至っては，体系性を欠いたまったく不十分な著作なのではないだろうか。フッサールの初期哲学は，さまざまな試み（と失敗）からなる非体系的な寄せ集めにすぎないのではないだろうか。『フッサール全集』第1巻（『デカルト的省察とパリ講演』）への編者序論でシュトラッサーが述べたように，「〔『論研』〕が多くの有意義な発見をもたらしたのだとしても，それらの発見

---

[3] 20年代におけるフッサール現象学の体系化の試みについては，ウェルトンが時系列に沿った見通しを与えている (cf. Welton 2003)。また，20年代末から晩年にかけてのフッサール最後の十年における現象学の体系化の——フィンクとの共同作業による——試みについては，ブルジーナの仕事が今後の研究のための基礎的な資料のひとつとなるだろう (cf. Bruzina 2004, chap. 1)。

をつなぎあわせるような哲学的な全体的視座は欠けていた」（I, xxix）のではないだろうか。

　以上のような疑念は，『論研』を実際に眺めてみることによってさらに強まるかもしれない。大雑把にまとめるならば，『論研』は，論理学に関する心理主義を徹底的に批判しつつ，それに代わる「イデア主義的」な純粋論理学を擁護した第 1 巻と，認識体験の現象学的分析が展開される第 2 巻からなる，約 1000 ページの大著だ。第 1 巻と第 2 巻とのあいだには，すでに何らかの食い違いがあるのではないか。また第 2 巻だけを問題にするとしても，そこに含まれた六つの研究とひとつの附論は，言語表現とその意味・普遍者・部分と全体・意味の合成性・志向的体験・認識・内的知覚と意識という雑多な主題をそれぞれ扱っており，これらの主題がひとつの像を結ぶのかは定かではない。そのため，『論研』は統一性を欠いた雑多な寄せ集めにすぎないと感じることは，同書の第一印象としては至極もっともなものである。

　だが，これはあくまでも印象であり，『論研』が体系的な叙述を意図して書かれた著作であるということがそれによってただちに除外されるわけではない。先に引いた著者自身による 1913 年の言葉をよく見れば分かるように，『論研』は，「そこで獲得された洞察が内的な仕方で固められる前に公刊された」著作であるとされる。こうした回顧が意味するのは，『論研』執筆時のフッサールは，同書におけるさまざまな主題をめぐる議論を内的な整合性と体系性を備えた統一的著作として呈示したかったが，結局うまく書くことができなかった，ということではないだろうか。われわれはここで，フッサールの妻マルヴィネが伝える『論研』に関する逸話──シュトゥンプフが『論研』の原稿束をフッサールの机から持ち出し，著者が次に自分の原稿を手にしたときには校正刷りが添えられていた──を引き合いに出すこともできるだろう（cf. Schuhmann 1977, 58）。また，近年公刊された一次文献を見れば分かるように，フッサールは『論研』公刊後に，同書全体の主題をより体系的な観点から辿り直す内容の講義を少なくとも二回行っている[4]。こうした事情も，『論研』が統一的で体系的な著作を目指して執筆されていたことをきわ

---

[4]　1902/03 年冬学期の『一般的認識論』講義（Mat III, 3–222）および 1905 年夏学期の『判断論』講義（Mat V）を参照。前者の講義については，植村 2016 が概要を与えている。

めて強く示唆しているように思われる。

　このようにフッサールが『論研』の原稿を統一的な著作を目指して執筆していたのならば、たとえそれが未熟なまま公刊されたのだとしても、同書を統一的で体系的な観点から読むことができてもいいはずだ。少なくとも、そうした読解を試みもせずに『論研』には体系的で統一的な観点がないと述べることはできない。するとわれわれは、次のような仮説を立てることができるだろう。一見すると議論の断片の無秩序な寄せ集めに見えるかもしれない『論研』の叙述には、それらをひとつにまとめようとして奮闘したフッサールの努力の痕跡が見出される――本書は、こうした仮説のもとで『論研』を読み、それを通じて仮説の正しさを示す試みだ。

　ここですぐに付け加えなければならないのは、『論研』を統一的な観点から読み解くための鍵は、同書のなかにいささか分かりにくい仕方で隠れているということだ。この事情をソコロウスキが印象的に描写している。少し長くなるが引用しよう。

　　空虚な志向と充実した志向の区別、つまり『論理学研究』における梃子の支点は、第一研究の第9–10節で先立って導入される。同書の最重要概念が導入される第一研究のこの数ページは、信じられないくらい圧縮されている。それらはあまりにも詰まった仕方で書かれているため、読者は思わず叫びをあげそうになってしまうに違いない。第六研究のなかで多くのページを割き、より余裕があって分かりやすく明快な仕方で展開することのすべてを、フッサールはこの5・6ページで述べるのである。それを理解できる者にとっては、この数ページの正確さはエレガントで驚くべきものだ。現象学通ならばそれを美しいと思うだろう。だが、それ自体としては、この数ページは完全に理解不可能である。この数ページは容赦ない。第六研究をすでに読み終えていないかぎり、それを理解することはおそらく誰にもできないだろう。それは、「テクストのある一部を理解することは、その全体をあらかじめ把握していないかぎりできない」という解釈学の原理の、抜きん出た一例なのだ。またこの数ページは、フッサールが自分の本を、最初から

最後まで順番に読まれるべきものとして書いてはいないということを示している。フッサールは読者を助けてくれないし、そもそも彼は自分の読者に対する感覚といったものをほとんど持ち合わせていない。彼が事柄を呈示する仕方は、まさに彼がそれらを見てとるがままのものであり、初心者に対してなされるべきような段階的な説明という具合にはなっていないのである。(Sokolowski 2003, 110; cf. Sokolowski 1971)

以上の一節は、『論研』第2巻の第一研究と第六研究の関係という具体例に則して、同書の全体構造に関するわれわれの意見の多くを代弁している（フッサールは自分が事柄を「見てとるがまま」に『論研』を書いたという点については疑問があるのだが、これには立ち入らない）。われわれも本書で示すように、『論研』の内部には（暗黙の）相互参照の網が縦横無尽に張り巡らされているため、頭から順番に読んだだけでは議論の構造を掴むことが難しい。『論研』の著者は偉大な分析家だったが、偉大な体系的叙述家ではなかった。

フッサールの文章が持つこうした特徴は、「紙の上で考えている」としか表現のしようがない独特のスタイルを持つ研究草稿にとりわけ顕著だが、『論研』やその他の公刊著作においても、彼の能力は幸か不幸か存分に発揮されている。この書き方に貫かれたフッサールのテクストは——それを鑑賞に足るものとして読める「現象学通」になるためにはそれなりの特殊な訓練が必要であり、また、そこまでの苦労を払ってまで哲学的な内容とは無関係に純粋に鑑賞の対象として読むほどのものかはいささか疑わしいとはいえ——それはそれで驚嘆とともに賞賛されてよい。だがこの書き方は、フッサールについての書物が必ず踏襲しなければならないものではないはずだ。われわれは『論研』を、基本的にはその大まかな構成にしたがい、第1巻、第2巻への序論、第2巻の本体という順番で論じるが、同書の複雑な構造をなるべく線形のかたちへと解きほぐすために、必要に応じて、フッサールの叙述の順序とは異なる仕方で問題に言及する[5]。

---

5) 『論研』の構成により忠実な研究としては、ファーバーの古典的な著作を挙げることができる (cf. Farber 1962)。また、ブノワは、『論研』第二巻の六つの研究を（第三研究を除いて）順番に論じている (cf. Benoist 2001b)。こうしたスタイルの研究は、『論研』そのものを実

『論研』の読みにくさは，著者のスタイルだけに由来するわけではない。同書は，当時のフッサールが身を置いていた哲学的文脈――ブレンターノ学派と，ある時期以降にこの学派の議論のなかに持ち込まれたボルツァーノの哲学――を背景として生まれた著作だ[6]。この文脈を踏まえながらフッサールの初期哲学に関する近年の研究を牽引してきたブノワの言葉を借りるならば，『論研』は，ブレンターノ学派の主題の「巨大なパッチワーク」なのである（cf. Benoist 2008c, 78n2）。したがってわれわれは，同書におけるフッサールの議論をよりよく理解するために，ブレンターノ学派の哲学者たちとボルツァーノも必要に応じて参照する。これによって，当時のフッサールにとってこれらの哲学的伝統の存在がいかに大きなものであったか，それらを踏まえないことで『論研』からいかに多くの重要な細部が見落とされるか，ということがわかるはずだ。またその限りで本書の議論は，フッサール研究のためだけでなく，『論研』が現象学の伝統の内外でどのように受容されてきたのかを振り返る際にも，基礎作業として役立つことが期待される。

　だが，少なくとも『論研』の解釈に関しては，歴史的な文脈を与えるという手法には限界がある。『論研』におけるフッサールの議論は必ずしも完結したものではない。その先を読者自身の手で展開させてみないかぎり何がどのように論じられているのか分からないような曖昧な箇所が，同書には散見されるのである。したがって本書でわれわれは，いま述べたような歴史的な方法を用いながらも，それが及ばないと判断される場面では，文献研究の成果を慎重に踏まえた上で，フッサールが扱っていた問題をわれわれ自身の手で再構成する。こうした合理的再構成に際しては，われわれは適切であると思われた道具立てならば何でも使いたい。このやり方は，フッサールの議論を哲学の議論として評価するためには欠かせない。

　ただし本書の最終的な目的は，フッサールから余計な肉を徹底的に削ぎ落として現代でも通用する哲学者へと仕立て直すことではない（こうした路線の研究は，もちろん言うまでもなく興味深く重要なものである）。また，本書

際に読み進める際に助けとなるだろう。実際われわれは，本書に結実する研究の過程において，ファーバーとブノワの著作，とりわけ後者から多くを学んだ。

　[6]　フッサールとブレンターノ学派の哲学者たちおよびボルツァーノとの関係については，ローリンジャーが膨大な一次史料を用いて包括的に論じている（cf. Rollinger 1999）。

は，フッサールの議論の合理的再構成のための下準備という性格も持ち併せ，部分的にはそうした研究の実践としても読める部分も含む（具体的には，第2章第3.2–4節，第6章第2節，第7章の全体が特にそうした色彩の濃い箇所として挙げられる）。しかし，合理的再構成という手法を用いることで本書が全体として目指すのは，あくまでも歴史的フッサールがどのような問題に
・・・
直面していたのかを明確にすることである。合理的再構成という体系的手法は補助的なものにすぎない。この手法によって余計であったり誤っていることが発覚する見解があったとしても，それらをフッサールにとって本来ならば不要だったものとして切り捨てるつもりはわれわれにはない。われわれの関心はむしろ，そうした問題含みの要素が『論研』の後に続くフッサールの取り組みとどう関係するのかということにある。本書は歴史的手法と体系的手法の協同によって進められるが，歴史的フッサールの研究に貢献することを第一の目標としている。

　さて，タイトルからもわかるように，本書は真理・存在・意識という三つの主題を通じて『論研』を読み解き，いま述べた目標を目指す。これらの主題は一緒になって，フッサールの現象学は形而上学とどのように関係するのかという問題と結びつく。本書をその一部として含むわれわれのより長期的な計画は，フッサールの哲学者としての全キャリアを，「何がどのように存在するのか」という形而上学的（ないし存在論的）な問題への取り組みとして描き切ることなのである。

　だが，フッサールのライフワークを形而上学と積極的に関係づけるこうした解釈の方針は，人によっては異様なものに見えるかもしれない。実在論的で存在論的な現象学の一派（いわゆるミュンヘン・ゲッチンゲン学派[7]。）を生み出すことになる『論研』の現象学だけが問題になるならまだしも，その後の超越論的な現象学を形而上学的に解釈しようとすることは，フッサールの眼目をまったく無視することになるのではないだろうか。フッサールの超越論的現象学の意義は，世界それ自体のあり方ではなく，世界の「意味」とそれを成り立たせている意識の志向性の働きに目を向けた点にあるのではな

　7）『論研』の影響下で成立した初期の実在論的な現象学派と，この学派のフッサールとの対立について，われわれは別の機会に論じた（cf. 植村 2011; 2014; 2015c）。

いか。こうした考察様式（いわゆる「現象学的還元」）を通じて形而上学的な問題から手を引いたことこそ，フッサール現象学の功績なのではないか[8]。

このような反論は一見するともっともかもしれないが，事情はそれほど単純ではない。フッサールのテクストには，何がどう存在するのかという形而上学的問題に回答を与えようとする姿勢も見いだされるのである[9]。すでにわれわれが先に引いた『イデーンⅠ』へのあとがきにも，こうした見解がはっきりと確認できる。

もちろん「形而上学」はいろいろなものを意味しうる。『イデーンⅠ』へのあとがきでフッサールが念頭に置く形而上学は，われわれが定めたいみでの形而上学，何がどのように存在するのかについての探究ではないかもしれない。こうした疑念に対しては，本書の全体をつうじて答えたい。だが，フッサールの講義や研究草稿におけるより踏み込んだ発言を踏まえれば，公刊著作で登場する形而上学がわれわれのいみでのそれであると想定することは，さしあたり理にかなっているはずだ。以下はそれぞれ，1898/99 年，1906/07 年，1907 年，1908 年にフッサールによって書かれたテクストである。

> 〔経験科学の〕課題が完全に解決されたとわれわれが考えたとしても，現実に関する諸々の問題のすべてが解決されるわけではあきらかにない〔…〕。したがって明らかなのは，〈経験科学の彼岸にあり，存在に関する固有かつ究極的な認識がその解決によってはじめてわれわれに与えられうるような，多くの困難な問題〉が成立しているということである。この問いの解決を義務づけられた学問を〔…〕われわれは形而上学と呼んでいた。(Mat III, 252)

---

[8] 現代では特に北米のフッサール研究に見られるこうした解釈の代表的な論者として，カーやクローウェルを挙げることができる（cf. Carr 1999, 108–11; Crowell 2001, 238）。この解釈とその着想源であるヘンリー・アリソンによるカントの超越論的観念論の解釈の関係についての日本語で読める論考として，松井 2015 が挙げられる。

[9] フッサールにおける形而上学の問題については，ケルンがもっとも標準的といえる見解と基本的な情報をまとめている（cf. Kern 1989）。また李南麟（ナミン・リー）は，前述のカーやクローウェルによる解釈を批判し，フッサールにおける形而上学的問題の重要性を強調している（cf. Lee 2007）。また，ザハヴィや武内は，広いいみでの現象学の伝統におけるさまざまないみでの「形而上学」の問題も視野に収めた上で，フッサール現象学と形而上学の問題について広範な見通しを与えている（cf. Zahavi 2004; 武内 2010）。

〔超越論的哲学の問題〕の解決に，学問的な形而上学の可能性が依存している。したがって，〔…〕絶対的で最終的なレアリテートの認識の可能性が，究極的な認識一般の可能性と同様に，その解決に依存しているのである。(XXIV, 139)

しかし独断論が認識していないのは，整合的で完全に独立的な認識の本質学・認識の現象学だけが形而上学を真性かつ唯一可能な形而上学としてもたらすということ，そして，この形而上学が自然科学の認識論的評価によって生じるということである。(XXIV, 402)

超越論的現象学は，対象と認識の相関の真なる本質を研究することで，あらゆる誤った形而上学を排除する[10]。レアルな学問の認識の可能な妥当性を誤った解釈から守り，さらにそれにともなって，現実に妥当するレアルな認識を明らかにし，その認識に（完全な学問〔…〕という理念に適った仕方で）真なる解釈を与えることを可能にすることによって，超越論的現象学は，われわれを自然の「根底に」ある「絶対的なもの」の認識へともたらす。超越論的現象学によって，〈（論理的に完全な）自然科学の相関者としての自然〉の超越論的解釈，つまり，学問的に認識された存在の絶対者への還元，意識への還元が可能になる。(VII, 381-2)

経験的な自然科学の成果として獲得される真理を正しく解釈することによって，われわれは現実に何がどのように存在するかについての認識，形而上学的認識を得ることができ，こうした解釈の枠組みを探究することが哲学のつとめである——上の発言に共通するフッサールの発想は，およそこのようなものだろう。そして，遅くとも1907年頃以降のフッサールにしたがえば，こうした解釈のための唯一の正しい枠組みを提供するのは，超越論的現象学である。真理から存在へと至る道を，フッサールは意識についての探究としての

---

[10] ここでフッサールが退けている形而上学が誤った形而上学であって，形而上学そのものでないことは，その後の話の流れを見れば明らかだろう。

現象学のなかに見いだすのである。本書の三つの主題は，フッサールにおける形而上学の問題へとこのように収斂する。

ただし，いま素描したようなフッサールの歩みを実際に追跡することは本書の主題ではない。すでに述べたように，われわれが本書で目指すのは，そうした展開の前史として，『論研』を真理・存在・意識という主題に即して読み解くことだ。だが，こうした作業を通じて，われわれは未来の研究によって描かれるべきフッサールの新しい姿を垣間見ることになるだろう。

本書の構成

本書を構成する八つの章において，われわれは以下の八つの解釈をそれぞれ擁護する。

(I) 『論研』公刊前夜のフッサールが重大な関心を寄せていたのは，(i-1) 何がどのように存在するのかという問題（形而上学）と，(i-2) この問題に深く関連しつつもそれに先行する，真理の問題（学問論・論理学）であった。だが当時のフッサールは，形而上学と学問論の問題を統合する観点や，(i-3) 存在と真理が意識とどう関係するのかという問題（記述的心理学）についての見解を十分に発展させてはいなかった。

(II) 『プロレゴメナ』における心理主義批判の標的は，心理学を基礎とした論理学ではなく，そのような論理学によって論理学の全体が尽くされるという考えである。また，フッサールは心理主義だけでなく，論理法則の規範性を強調するタイプの反心理主義に対しても批判を向けている。ただしそこでの標的も，規範的な学科としての論理学そのものではなく，規範的な論理学によって論理学の全体が尽くされるという考えである。『プロレゴメナ』の目的は，論理学に関する心理学的な捉え方と規範的な捉え方の両方に一定の正しさを認めたうえで，それらが「純粋論理学」としての論理学というフッサール自身の見解とどう関連するのかを明らかにすることにある。

(III) フッサールの純粋論理学は，あらゆる理論的な学問の可能性の客観的な条件の解明を目指す，学問論へと拡張される。それと同時に，学問論

は，学問的認識一般の可能性の客観的な条件を探究する認識論でもある。こうした認識論は，認識一般の客観的な条件に認識主観が適合するための一般的な要求として，認識の形式的な主観的条件もある程度明らかにする。こうした構想を通じて，フッサールには以下の二つの哲学的な課題が与えられる。第一に，純粋論理学・学問論の基本概念に解明を与えるという課題，そして第二に，認識論としての学問論を完成させるために必要な拡張の内実を明らかにするという課題である

(IV) 『プロレゴメナ』での議論から引き出された二つの哲学的な課題は，『論研』第2巻の序論にも確認できる。フッサールはこれらの課題に，ブレンターノ学派における記述的心理学のプログラムに則って，形而上学的に中立的な観点からこれらの課題に取り組もうとしている。

(V) 第3章で確認した第一の課題をブレンターノ的な記述的心理学の枠組みの内部で実行することによって，フッサールは純粋論理学・学問論の基本概念である命題概念に解明を与える。また，こうした作業を通じて第二の課題にも回答が与えられる。客観的認識論の完成のためには，「充実する意味」を理論に導入して拡張することが必要となる。

(VI) 『論研』第2巻において再論されている認識論の課題は，認識となりうる思考（「本来的思考」）とそうでない思考（「非本来的思考」）を，思考が内容として持つ命題（意味）の形式的特徴だけによって明らかにすることである。こうした形式的認識論において，論理法則は本来的思考の法則として捉え直される。また，非本来的思考に対しても，それがしたがうべき法則として，純粋文法の法則が与えられる。

(VII) 客観的認識論が明らかにする本来的思考とは，世界についての関心のなかに置かれうる思考のことである。それに対して非本来的思考とは，世界についての関心の外にしか登場できない思考のことである。これらを踏まえることによって，『論研』のフッサールが三つの問題に直面していることが明らかになる。最初の二つは，(vii-1) 論理学的な観点からは「無根拠」であるといわれるような〈経験的な個別的命題〉とは何かという問題，(vii-2) 分析的な真理の認識に対しては『論研』の基

本的な枠組みによって適切な理論を与えることができないのではないかという問題である。これら二つの問題には，『論研』ではきちんとした回答が与えられていないものの，後期フッサールは『論研』の枠組みを改訂しつつそれらに対応している。このことは，初期と後期のフッサールのあいだに重要な連続性があることを強く示唆する。そして第三の問題は，(vii-3) 客観的認識論は形而上学的な含意を持ち，そのかぎりで客観的認識論は現象学の形而上学的中立性と両立しないのではないかという問題である。

(VIII) 『論研』のフッサールには，〈現象学の形而上学的中立性〉と〈客観的認識論の形而上学的含意〉を両立させる可能性も開かれていた。しかし，そうした方向に進むために捨てなければならない主張は，フッサールにとって譲ることができないものであるように思われる。したがって，『論研』のフッサールは不整合に陥っていると解釈されなければならない。

　結論において，これら八つの主張を踏まえつつ，今後の研究を導く作業仮説（Working Hypotheses）を五つ提起する。

(WH1) 『論研』以降のフッサールは，(VIII) で示された不整合を，現象学に形而上学的な含意を認めることで解消しようとしている。

(WH2) 『論研』以降のフッサールにおける超越論的観念論へのコミットは，現象学に形而上学的な含意を認める試みのなかでもたらされた。

(WH3) フッサールの超越論的観念論は真性の形而上学的立場である。

(WH4) 超越論的観念論へのコミットは，フッサールの議論の前提をすべて認めるならば，避けることのできない帰結である。

(WH5) フッサールが取っていた前提のうち，志向的対象と超越的対象の同一視については，その根拠は必ずしも明らかではない。

本書における表記の方針

- 地の文，引用文の両方で，意味の区切りをはっきりさせるために〈 〉を用いる．

- 引用文中で言語表現への言及がなされていると判断した場合には，その表現に引用符を補って訳出する．

- 引用文中の〔 〕および [ ] 内の表現は，それぞれ引用者および引用テクストの編者による補足である．

- 引用文中の [1], [2], [a] などの番号は，引用者によるものである．

- 引用文の原文にある強調は，「強調原文」とある場合を除きすべて解除する．引用者による強調を行った際には，その旨を明記する．

- 本書を参照する場合，たとえば「1.1.1」という節番号は，「第 1 章第 1.1 節」と表記する．

- 翻訳のある文献については，原著の参照に続き，[ ] 内に対応する頁番号を補う．

- 『論理学研究』の翻訳への参照は，「分冊番号:頁数」というかたちで行う．たとえば「1:234」は，翻訳第一分冊の 234 頁を指す．ただし，同書の翻訳は大幅な改定がなされた B 版のテクストを底本としており，本書が主に参照する A 版のテクストとの異同は，訳注によって示されている．

- 引用文の訳出にあたっては既存の翻訳を参照するが，その解釈にしたがわない場合もある．

第 1 章

形而上学・学問論・記述的心理学
―― 『論研』の背景 ――

　本章の目的は，真理・存在・意識という主題に沿って『論研』を読み解くための下準備を，同書の公刊に先立って 1890 年代にフッサールが残した三つのテクストを手掛かりにして行うことである。われわれは，これらのテクスト――年代順に並べるならば，「志向的対象」草稿（1894 年），論理学講義（1896 年夏学期），「認識論と，形而上学の主要点」講義（1898/99 年冬学期）――について，そこで扱われる問題をそれぞれ順番に存在・真理・意識という観点から整理する。

　本章の構成は以下の通りである。

第 1 節　1896 年講義と 1898/99 年講義が共通して扱う，形而上学の問題を取り上げる。フッサールによれば，形而上学は，経験科学としての自然科学が持つ限界を越えたところに成り立つ学科である。この学科は，単なる思弁ではなく学問として発展させることができるし，そうしなければならない。

第 2 節　1896 年講義およびこの講義に大きな影響を与えたボルツァーノの見解を手掛かりにして，形而上学に対する認識論の先行性，認識論の純粋論理学・学問論からの派生性というフッサールの主張の内実を明らかにする。

第 3 節　1894 年の「志向的対象」草稿を取り上げ，第 2 節で見たボルツァーノ的な問題設定が，フッサールのそもそもの出自であるブレンターノ学派における記述的心理学の問題設定とどのように交差していたのかを論じる。こ

れによって,『論研』前夜のフッサールに残された問題が突き止められる。

1.1 形而上学

1.1.1 1896 年講義

フッサールにとって形而上学とは何かという問題からはじめよう。「論理学」と題された 1896 年夏学期講義の冒頭で,フッサールは同時代の学問が体系的な完全性という目的にいまだ至っていないことを指摘し,次のように述べる。

> 〔個別の学問のそれぞれが体系的な完全性を手に入れるという〕理論的な目的に到達するためには,〔…〕形而上学の領分に属するような類の探究が第一に必要とされている。すなわち,形而上学の課題とは,〈未証明でたいていの場合まったく注意されていないが,それでもきわめて有意義であるような諸々の形而上学的前提〉を学問的研究の対象にすることである。そのような前提は,たとえば,時間的・空間的に広がった外界が存在すること,すべてのレアル〔=時空的〕な生成は因果法則にしたがうこと,矛盾したものは現実には存在することができないことなどである。(Mat I, 5)

フッサールによれば,これらの前提は個別科学に共有されている (cf. Mat I, 5)。そのため,これらの前提に根拠を与えるために個別科学やその成果に頼ることはできず,それとは別の補完的な学問が必要になる。どの個別科学からも区別されるこの補完的学問,あるいは少なくともその一部こそ,フッサールが「形而上学」ないしアリストテレス的な「第一哲学」と呼ぶものに他ならない[1]。

---

1) アリストテレス的な第一哲学への依拠は,このあとで取り上げる 1898/99 年講義にも見られる。この講義でフッサールは,アリストテレスの『形而上学』Γ 巻第 1 章 (1003a 22f.) を参照しつつ,形而上学を存在者一般についての探究として特徴づけている (cf. Mat III, 233–4)。

〔その補完的学問〕は，今日ではふつう「認識論」と呼ばれるが，それは，古くからある形而上学，つまりアリストテレスの第一哲学と本質的に同一であるか，少なくとも部分的に同一である。われわれの世紀〔= 19 世紀〕における空虚で誤った説によって悪い含みを持ってしまった名称が単に避けられがちであるにすぎない。(Mat I, 5; cf. Mat II, 11)。

個別科学の前提に根拠を与えるのだから，形而上学は個別科学に基礎を与える役割を持つ。「現実についての学問をレアルな存在についてのものにしているようなすべての前提について，それを冷静に解明し吟味」することで，形而上学は「レアルな存在やその要素・形式・法則に関するもっとも深くて最終的な認識を打ち立てること」を目指すのである (Mat I, 5)。

1896 年のフッサールが形而上学を肯定的に捉えていることは明らかだ。だが，個別科学の前提を解明し吟味する学科という大まかな特徴づけを超えて，形而上学や認識論ということで何が考えられているのかは判然としない。それどころか，この講義では，形而上学に上述の概略的な説明を与えたすぐあとに，フッサールは「個別科学の望まれているような理論的完全化を保証するためには，この形而上学の基礎づけは十分ではない」(Mat I, 5) と述べ，形而上学に対する認識論の先行性を認めるのである（したがってこの講義によれば，形而上学と認識論は最終的には同一のものではない）。形而上学の不十分さと認識論の形而上学に対する先行性という主張の内実を，われわれは本章の第 2 節で明らかにする。しかしその前に，『論研』前夜のフッサールが構想していた形而上学の内実にもう少し踏み込んでおこう。

1.1.2　1898/99 年講義

「認識論と，形而上学の主要点」と題された 1898/99 年冬学期講義において，フッサールは次のように述べる[2]。

> 私の講義の課題は次のようなことである。つまり，認識論を〈他のすべての学問的学科に先行し，それらの学科に基礎を提供する

---

[2] 以下の叙述には植村 2016, 173–8 と重複するところがある。

哲学的学科〉として叙述すること，そして認識論との関連で，それと密接な関係に立つ形而上学の諸々の主要点まさしくそのものを明らかにすることである。私はまさに「形而上学の諸々の主要点『まさしくそのもの』」と言うことができる。つまりそれは，現在において学問として発展させられるかぎりでの形而上学なのである。（Mat III, 230）

ここでもまた形而上学は認識論と結びつけられる。フッサールによれば，「われわれの時代に真に学問的な解決が得られるような形而上学的な問いとは，まさに，認識論と密接に関係し，認識論によって直接要求されるような問いなのである」（Mat III, 230）。

カントの『プロレゴメナ』（『学問として登場するようになりうるあらゆる未来の形而上学へのプロレゴメナ』）を想起させる言い回しで形而上学を肯定的に語りつつも[3]，既存の形而上学に対するフッサールの見通しは悲観的だ。「意志と〔意志したことの〕完遂のあいだにこれほど大きな分裂があるような学科は，形而上学をおいて他にな」く，そのため，「千年以上の歴史にも関わらず，つまりプラトンとアリストテレスに始まりヘーゲルに至るまでの一連の堂々たる形而上学の諸体系にも関わらず，われわれは自分たちをまずもって端緒にいる者と感じる」というのである（Mat III, 230）[4]。

フッサールは以上のような事情の帰結を，同時代の自然科学者たちによる形而上学の忌避のなかに見ている。しかしこうした忌避の元凶は「ロマン主義の似非科学的な自然哲学」であって，「哲学とりわけ形而上学はヘーゲルやシェリングによって十分に代表されるようなものではまったくない，ということが強調されなければならない」という（Mat III, 232-3）。そして，形而上学とは何かが正しく理解されるならば，「形而上学は学問にとって大きな必

---

[3]　フッサールはこの講義で，カントの理性批判そのものが形而上学として評価されるという短いコメントを残している（cf. Mat III, 232）。

[4]　意志と意志したことの完遂のギャップについて語る際にも，形而上学に関するカントの発言がフッサールの念頭にある。カントによれば「意志が行為とみなされるならば，その対象が特に重要であるために，〔万学の女王という〕尊称は形而上学にふさわしいものであった」（KrV, A VIII）。この一文を含む『純粋理性批判』第一版序文を，フッサールはこの講義のなかで引用している（cf. Mat III, 230-1）。

1.1 形而上学

要性を持つため，自然科学者でさえもそれから逃れることはできないのである」（Mat III, 233）。

以上の主張にはどのような議論が与えられるのだろうか。ここで注意すべきことがひとつある。それは，1896年講義や直前で引用した一節からも窺い知ることができるように，個別科学ということで，フッサールはもっぱら「レアルな学問（Realwissenchaften）」，つまり，レアル（時空的で因果的）な事柄を探究対象とした学問（自然科学と心理学）を論じているという点だ（cf. Mat III, 234）。数学のようないわゆる合理的科学はここでは問題にされていない[5]。本章の残りの部分では，われわれはフッサールに倣い「個別科学」を「レアルな学問」と互換可能な用語として用いる。

さて，形而上学の必要性を示すフッサールの議論を再構成しよう。あらかじめ大胆に要約してしまえば，フッサールの言い分は，次のようなものだ。

- われわれの認識は本当に「外界」の構造を捉えているのかという認識論的な問いは，世界の存在についての問いを呼び込む。この問いに答えるためには形而上学が必要だ。

1898/99年講義に即して詳しく見ていこう。

自然科学と心理学はどちらも，外界が存在し，性質を持った多様な物がそのなかで因果的に相互に関連するといったさまざまな前提を不可欠なものとする（cf. Mat III, 234-5）。そのかぎりで「それらは，批判的にテストされていない大量の信念と共に始まる」（Mat III, 235）。もちろん個別科学の内部でも，そこで前提とされてきた信念が実際には整合しないことが発覚した場合，それらは改訂されるだろう。しかしフッサールによれば，これは部分的な改訂でしかなく，しかもこうした一連の手続きは，外界の存在などに関するもっとも基本的な前提にもとづくのである（cf. Mat III, 235）。

---

[5] この時点でのフッサールは，数学や論理学のような合理的科学に外界の存在をはじめとした前提を帰属させていない。個別科学の前提について考察するという形而上学観が，〈自然的態度を明示化しその正しさを理解する試みとしての超越論的現象学〉という後の見解（cf. V, 152-3）をすでに予感させる一方で，当時のフッサールは自然的態度に由来する前提をすべての（内世界的な）学問に認めているわけではないのである。論理学（およびその一部としての数学）でさえも世界の存在を前提とするという見解をフッサールが公式に表明するのは，1929年の『形式的論理学と超越論的論理学』においてはじめてである（cf. XVII, 230-4）。

だが，個別科学の前提をなすこうした確信は，懐疑論的な考察によって容易に揺るがされてしまう。懐疑論者は，知覚経験においてわれわれに与えられているのは主観的な現象であって事物ではないということから，主観的な現象を超え出てその背後にある事物についてわれわれはどうやって知ることができるのかと（修辞的に）問うのである（cf. Mat III, 236）[6]。同様のことは，過去の体験に関する懐疑というかたちで，心的な外界の存在を想定する心理学者にも差し向けることができる（cf. Mat III, 237）。

　独我論へと至るこのような懐疑に対して，現象とそれを超えたものの関係に関するさまざまな形而上学的な立場が提案されてきた（cf. Mat III, 239-40）。ここでフッサールが言及する具体的な立場は，バークリ的な意識観念論，物自体と現象を区別するカントの観念論，カントの観念論の変種としてのショーペンハウアーの形而上学，体験の実在性から外界と他者の実在性を示そうとするベネケの立場，心身二元論である。だが，これらの多様な立場がそれぞれどのようなものであったのかということは，ここではそれほど重要ではない。問題は，それらの立場のどれもが，意識に現れる現象とそれを超越した世界の関係について何かを述べているかぎりで，懐疑論への応答として理解できるという点だ。「それらの例は，〈認識の客観性についての難しい根本的問いが，世界の存在についてのわれわれの全体的な把握をどれほど規定しがちかということ〉〔…〕を示すのには十分である」（Mat III, 241）。

　こうして，「思考する者の主観的な認識体験が，客観的なもの，われわれがそれを認識しようとしまいとそうであるがままの存在それ自体に的中することができるのか，もしできるのだとしたら，それはいかにしてなのか」（Mat III, 241）という認識論的な問題が，形而上学がその回答に依存するものとして浮上する。だが，フッサールによれば，この問題に対して，自然科学者は学問以前の人間と同じように素朴にしか振る舞わない。なぜなら，経験科学としての自然科学は，観察された現象を十全に説明し予測できる法則の発見をもっぱら目指すからだ（cf. Mat III, 241-2）。経験科学としての自然科学の

---

[6]　念のため述べておけば，知覚の対象が（その背後に事物を想定できるような類の）現象であるという見解は，フッサール自身のものではなく，懐疑論者が出発点とする見解である。簡単に言ってしまえば，フッサールはこの前提を拒否することで懐疑論を斥けようとする。

1.1 形而上学

課題は，「現象の世界に考えうるかぎり完全な仕方で寄り添うこと，つまり，〈それを通じてわれわれが現象の未来の経過を見積り，過去の経過を再構成することができるような，精密法則〉を発見すること」（Mat III, 251）によって尽くされるというのである。もちろん経験科学者も現象を越えた存在を措定することがあるが，それは法則の表現をより精緻にするためにいわば道具的に用いられるものに過ぎない（cf. Mat III, 243）。意識に現れる現象を十全に説明すること，それを精緻な数式で表現すること，認識作用という現象と存在の関係を問うことは，それぞれ別々の事柄なのである（cf. Mat III, 244）。

たしかに経験科学の進歩は，形而上学的なものが自然の探究にとって余分だということを示している（cf. Mat III, 244）。経験的に十全な法則を発見するために，観察されうる現象を越えた物体といったものにかかずらう必要はない。実際のところ，本質的に異なる次元にある問題を混同することは，経験科学の進展に害を及ぼすのだから，進歩した科学が形而上学に敵対的になることは正当だ。しかしその一方で，「経験科学が現実の研究へと向かいながらも，究極的な認識の必要を満たすのに適任ではないということ，そして，経験的研究の限界の外にある問題を理論的探究の領域に引き入れ，それによってもっとも深い実在の認識をもたらすような補助的学問が必要とされていること」（Mat III, 244–5）は明らかだ[7]。

以上のような議論を背景に，フッサールは次のように宣言する。

> したがって明らかなのは，〈経験科学の彼岸にあり，存在に関する固有の究極的な認識がその解決によってはじめてわれわれに与えられうるような，多くの困難な問題〉が成立しているということである。この問いの解決を義務づけられた学問を〔…〕，われわれは「形而上学」と呼んでいた。（Mat III, 252）

自然科学が経験科学であるかぎりで持つ限界を超えた問題に取り組むのだか

---

7) ここでフッサールが「現実（Wirklichkeit）」と呼ぶものは，現代哲学では「実在（reality）」と言われるのがより普通であるようなもののことである。フッサールの場合，「レアル（real）」という語が，時間的・因果的，あるいは時空的・因果的という意味合いで用いられているため，「実在」に相当する語として「現実」が用いられている。本書ではフッサールの用語法に合わせて議論を進めたい。

ら、フッサールにとっての形而上学は経験的探究から独立している。しかしこのことは、形而上学の目的が経験的探究とはまったく無関係に達成されうることを意味するわけではない。フッサールの形而上学があくまでも学問論の文脈において持ち出され、補助的な学科とみなされているという事実を思い出そう。形而上学が最終的に目指すのは、レアルな現実についての究極的な認識、つまり、この現実世界に何がどのように存在するのかについての認識である。そういった形而上学的認識は、この世界における経験科学的探究の成果に対して世界がどのような状態であろうとも妥当する哲学的形而上学によって正しい解釈を与えることを通じて、はじめて獲得されうる[8]。この形而上学は、その基礎的な部門が経験科学から独立した哲学的探究によって進められる一方で、その目的の完全な達成には経験的探究を必要とする。

1.1.3 形而上学と認識論の関係についての不明瞭さ

以上で概観してきた形而上学についての叙述には、重大な不明点が残っている。フッサールはなぜ形而上学と認識論（の少なくとも一部）を同一視したのだろうか。ここまでで取り上げた発言にもとづくかぎりでは、フッサールが認識論の課題として考えていたのは、外界の存在に関する懐疑というすぐれて伝統的な問題に取り組むことであるようにも見える。だが、こうした課題への取り組み（の少なくとも一部）が、形而上学となぜ同一視できるのだろうか。たしかに認識論が取り組む外界の存在という問題は、それ自体で形而上学の問題でもある。だが、外界の存在という問題によって形而上学が汲み尽くされるわけではない。実際フッサールは、形而上学の問題の具体例として、実体や付帯者（Akzidenz）といった基礎的カテゴリーについての理論、実体の統一性・通時的同一性・運動などに関する考察も挙げている（cf. Mat III, 247–51）。これらの問題は外界の存在を前提して問われるかもしれないが、外界の存在に関する問題そのものとは区別されるはずだ。すると、認識論（の少なくとも一部）と形而上学の全体が同一であるという主張は言い過ぎなの

---

[8] より正確には、理想的に発展した経験科学に解釈を与えることが必要になる（この点については、序論で引用した1908年の草稿（VII, 381–2）を参照のこと）。が、1898/99年の時点では、フッサールはこのことを少なくとも明示的には述べていない。

ではないだろうか。

　こうした疑念に対して，われわれは一定の回答を与えたい。しかしそのためには，『論研』公刊直前のフッサールが「認識論（Erkenntnistheorie）」ということでそもそも何を考えているのかをより明らかにすることから始める必要がある。これによって，われわれは学問論と記述的心理学という『論研』の重要な主題に辿り着くことになる。

1.2　学問論

1.2.1　形而上学に対する学問論の優位

　あらかじめ結論を述べておけば，『論研』前夜のフッサールにとっての認識論とは，客観的な学問的真理の把握について，その一般的な可能性の条件を考察する学科である。そして学問的真理を一般的に扱うかぎりで，認識論は外界に関する形而上学的問題に先行し，学問的真理についての包括的理論である学問論（とりわけその中核をなす論理学）に包摂される。

　フッサールは1896年の論理学講義において，学問一般の基礎づけという場面では，認識論が形而上学に対して優位を持つと主張する。

> それらの〔認識論的な〕探究はすべての学問に等しい仕方で関係する，というのも，それらは学問を学問たらしめているものに関わるのである。それらの探究はそれ自身で，学問一般についての学問であるという特徴を持つ学問を構成する。まさにその学問こそ，われわれがここで目指すものである。（Mat I, 6）

フッサールにとっての形而上学は，自然科学の探究対象でもあるようなレアルな現実世界は（どのように）存在するのかという，経験科学としての自然科学の限界を超えた問題を扱うものであった。しかし数学のことを考えれば明らかなように，レアルな現実世界のあり方にまったく関わらないような学問も存在する。したがって，もっとも一般的な観点から見た学問に共通するのは，レアルな現実世界についての認識を与えてくれることではなく，どの

ようなものであれ真理についての認識を与えてくれることである。「学問の概念には，真理——しかも，端的な真理ではなく，知ることの対象としての真理——の総体であるということが伏在するのである」(Mat I, 6)。学問一般の前提を明らかにするためには，真理とその把握の可能性の条件を，もっとも一般的な観点から考察しなければならない。こうした一般的認識論からは，外界の問題は特殊な問題として除外される。

同様の発想は 1898/99 年講義にも確認できる。フッサールによれば「あらゆる学問は，真理の何らかの領分について認識を保証することをわれわれに要求する」(Mat III, 252) が，すべての学問がレアルな現実世界を対象とするわけではない。したがって，「『真理とは何か』という完全に一般的な問いは，レアルなものに関して完全に無関心なように見える。というのも，すべての真理がレアルなものに直接関係するわけではないからだ」(Mat III, 254)。真理についてのもっとも一般的な議論は，レアルな現実世界に何がどのように存在するのかに関する形而上学的な主張に対して，中立的であるというのである。それどころか，「〔…〕形而上学的認識は可能なのか，それはどのようないみで可能なのか，ということは〔真理とは何かという問題の〕解決に依存する」(Mat III, 254)。形而上学的認識は経験科学としての自然科学が提供する真理に適切な解釈を与えることによって得られるのだから，形而上学の可能性は，学問的真理とその把握としての認識に関する一般的な理論がそれに先行することによってはじめて保証されるのである。別の言い方をすればこうなる。われわれが認識において把握する学問的真理の客観性があらかじめ確保されていないならば，形而上学的認識が言葉の正確ないみで認識であることは，まだ保証されていない。形而上学に依存せずにそれに先行し，そのかぎりで形而上学から分離可能なこうした課題を包括する学問こそ，フッサールが「学問論 (Wissenschaftslehre)」と呼ぶものである。

1.2.2 学問論における純粋論理学の優位

フッサールの学問論は，〈学問的真理の可能性の条件〉と〈そうした真理の把握としての認識の可能性の条件〉をそれぞれ明らかにするという課題を持つ。だが，これら二つの課題には序列がある。学問論の内部における優先的な地位は，真理に関する探究としての（純粋）論理学に与えられるのである。

1.2 学問論

とはいえ，1896 年と 1898/99 年の講義のどちらでも，フッサールは純粋論理学の一般的認識論に対する優位を明言しているわけではない[9]。したがって以下では，純粋論理学と一般的認識論についてフッサールが明示的に述べていることを手掛かりにして，われわれの解釈に正当化を与える。

1896 年の論理学講義において，フッサールは認識（Erkenntnis）あるいは認識作用（Erkennen）を真理の把握として特徴づけたうえで（cf. Mat I, 7），次のように述べる。

> しかし，学問の概念のうちには，単なる知識（Wissen）以上のものが属している。私が内的知覚を有しているとき，私が自分のうちに顕在的にある快楽や苦痛を現に存在するものとして承認するとき，私は知識を手にしているが，学問を手にしているとはまだ言えない。〔…〕だが，多数の真理でさえも，たとえそれらが事象の点で似通っていたり，あるいは特定の観点からまとめられるのだとしても，それ自体では学問をまだ形成しないのである。とはいえ，学問において関連した多くの真理が与えられるということは，学問の本質に確実に属する。明らかに，われわれはさらなるものを想定しなければならない。すなわち，体系的な関連であり，それに属する真理の根拠づけであり，真理の根拠づけに属する秩序である。真理ないし認識の全領分は，特定の原理によって諸々のグループへと秩序づけられ，どのグループもひとつの学問へと区分されるのである。(Mat I, 8)

真理を手にすることそれ自体は，学問を手にすることを意味しない。学問とは，個別の真理でも真理の単なる寄せ集めでも，内容上の関連がある真理を単にリスト化したものでもなく，一定の仕方で体系的にまとめあげられた統一的なものである。そして「根拠づけ（Begründung）」，つまり論理的な帰

---

9) それどころか，やがて公刊される『論研』が「純粋論理学の認識論的解明」を標榜していることを踏まえるならば，われわれの解釈は奇妙で強引なものに見えるかもしれない。しかし実際のところ，純粋論理学の認識論に対する優位という発想は，「認識論」ということで真理の把握の可能性の条件についての一般的探究が理解されるならば，『論研』においても保持されている。この点についてわれわれは第 3 章第 3 節および第 4 章第 2 節で論じる。

結関係こそ，こうした統一を成り立たせるもっとも一般的な要件に他ならない[10]。「根拠づけの連関において支配的なのは盲目的な偶然ではなく，理性と秩序，つまり規則づける法則である」(Mat I, 13; cf. 37) のだから，論理的帰結関係についての原理として，われわれは論理法則を手にしている。こうした「一般的な〔論理〕法則を〔当該の学問に〕内属する事例に転用しない学問は，まったく存在しない。したがって〔…〕推論が頻繁に登場しないであろう学問は，まったく存在しないのである」(Mat I, 15)。論理法則はありとあらゆる学問において等しく適用されるのだから，そうした法則を探究する学科としての論理学は，学問論にとってきわめて重要な意義を持つ。

> ここでは，まさにある固有の意義を哲学に対して要求することが許されているようなひとつの学問，また同時に，学問論との関連において根本的に重要であるようなひとつの学問が問題になっている。私はあえてこう主張する。学問論の厳密で実り豊かな構築や，学問論のあらゆる本質的な進歩は，〔…〕この学科，この「純粋論理学」が欠けているかぎり閉ざされている，と。(Mat I, 18–9)。

では，純粋論理学が研究対象とする根拠づけ関係とは何か。それは何のあいだに成り立つ関係なのか。フッサールは次のように述べる。

> 根拠づけの形式に関して論理学が立てる法則はすべて，つまり，言葉のもっとも含蓄あるいみでの論理法則はすべて，心的な現象・傾向性に関する法則性といういみではなく，命題のあいだの客観的な関連についての法則性といういみを持つ。(Mat I, 20，強調引用者)

命題とは何かについてはすぐ後で述べる。ここで重要なのは，フッサールが時間のなかで生成消滅するわれわれの思考（認識作用はその一種である）を論理学の対象と同一視することをはっきりと拒否しているという点だ。こうしてフッサールは，たとえばテオドール・リップスのような，論理学の対象

---

[10] 正確に言えば，根拠づけは論理的な帰結関係であるが，その逆は成り立たない。この点については第 3 章の 1.2 節を参照のこと。

をわれわれの心的作用と同一視する心理主義者に対して批判的な立場を表明することになる（cf. Mat I, 22-6）[11]。学問論の中核をなす論理学は，心的なものという夾雑物には関わらないといういみで「純粋な」論理学なのである。

1.2.3　論理学の対象としての客観的表象——ボルツァーノの受容

純粋論理学についてのフッサールの構想は，それが学問論の重要な一角をなすという主張も含め，ボルツァーノの大著『学問論』（1837年）からの強い影響下にある[12]。そのため，純粋論理学の対象として導入される命題とは何かを論じるにあたっても，「命題自体（Sätze an sich）」に関するボルツァーノの見解を踏まえる必要がある。ボルツァーノは命題自体を，ドイツ語の「Satz/Sätze（命題）」という表現を巧みに利用して特徴づける。したがって，ボルツァーノの議論を再構成するためには，さしあたりこの表現を原語のまま表記して話を進めるのが得策である。

『学問論』第1巻第19節において，ボルツァーノは次のように述べている。

> 〔…〕誰かがそれを表現しているかいないか，あるいは，それを思考しているかいないか，ということをなおも問うことができるような場合に Satz ということで考えられているものが，まさしく私が「Satz an sich」と呼ぶものである〔…〕。(Bolzano 1837, vol. I, 77)

この言い方を理解可能にするためには，ドイツ語の「Satz」が各言語の文だけでなく，定理や法則をも意味するという事実を考慮する必要がある。数学

---

11) われわれは第2章で，『論研』におけるフッサールの心理主義批判が，論理学の対象の誤認を告発するここでの議論よりも深まっていることを示す。なお，遅くとも1896年には自覚的に主張されているフッサールの非心理主義的な論理学観がいつどのように獲得されたのか，フレーゲによる『算術の哲学』の書評（1894年）は果たして決定的な契機だったのか，という点については諸説あるが，われわれの目的にとってはとくに重要な問題ではない。

12) ボルツァーノは『学問論』で次のように述べている。「私の考えでは，論理学は学問論のひとつでなければならない。つまり論理学は，〈真理の領分全体が合目的的な仕方で諸々の個別の部分ないし学問へとどのように細分化されるのか〉を示さなければならないのである」(Bolzano 1837, vol. I, 56)。またフッサールも『論研』第1巻で，「学問としての論理学はボルツァーノの著作にもとづいて構築されなければならない」(XVIII, 228 [1:249]) と明言している。フッサールに対するボルツァーノの影響をより詳細に論じたものとして，Textor 2000 および Sebestik 2003 を参照。

や論理学においてある Satz（ないし Lehrsatz）の真理が示されたと述べるとき，われわれが Satz ということで考えているのは，日本語やドイツ語で表現された Satz（つまり文）やそれを示した数学者・論理学者の思考という意識状態ではなく，それらとは厳格に区別され，それ自体で（an sich）存在する，Satz そのものである[13]。このような考えから，ボルツァーノは，文によって表現することができ，われわれが思考できるような真ないし偽であるものを，「Sätze an sich」と呼ぶのである。慣例に倣い，われわれは以下では「Sätze an sich」を「命題自体」と訳す。

ボルツァーノの考えでは，命題自体は構造を持つ。したがって，命題自体を構成する要素に対しても，われわれがそれを把握するという主観的な表象から区別するために，「表象自体（Vorstellungen an sich）」あるいは「客観的表象（objektive Vorstellungen）」という特別な名称が与えられる（cf. Bolzano 1837, vol. I, 216–7）。さらに，個別の言語や思考からの独立性にもとづいて，ボルツァーノは命題自体は「現存（Dasein）」・「存在（Existenz）」・「現実性（Wirklichkeit）」を欠くと主張する（cf. Bolzano 1837, vol. I, 78, 112, 116）。つまり，命題自体は因果関係の項に立たず，抽象的かつ無時間的であるとされるのである（cf. Textor 1996, 14）。

さて，フッサールは 1896 年の論理学講義で，ボルツァーノの命題自体と表象自体という概念を「客観的表象」ないし「客観的内実（objektive Gehalte）」という一般的な名称のもとで導入する（cf. Mat I, 44, 49）[14]。以下の二つの引用を見れば明らかなように，フッサールの客観的表象は，ボルツァーノが命題自体・表象自体に与えた主要な特徴をすべて備えたものとされる。

---

13) フッサールも同様の仕方で命題を特徴づけることがある。例えば，1902/03 年冬学期の『一般的認識論』講義において，フッサールは矛盾律（Satz vom Widerspruch）を例に挙げ，次のように述べている。「Sätze は心的体験，たとえば判断体験なのだろうか。そしてある Satz の真理は，気分・痛み・快のような種類の意識状態なのだろうか。問題の Satz を判断することは，確実にひとつの体験であり，場合によって現れる，われわれがそのなかで Satz の真理を見て取るであろう明証も同様である。だが〔…〕Satz と真理は，時間のなかで到来しふたたび過ぎ去る出来事としての意識のなかにはけっして見いだせない何かであり，むしろ個々の意識が存在してもしなくても，そのような意識が論理学的に思考しようとしまいとも存在するものである」（Mat III, 25–6）。

14) したがってフッサールはここで，「客観的表象」を「表象自体」の同義語とするボルツァーノの用語法から逸脱する。ボルツァーノ的な表象自体だけを特に示す名称として，フッサールは「概念（Begriffe）」を用いる。

> 心的作用は時間的に規定されたレアルなものであるが，それに対して客観的内実は，そもそも時間的な規定とレアリテートを何も包含していない。（Mat I, 45）

> したがって真理は，われわれの思考作用のうちで内実として志向されうる客観的なもののクラス概念なのである。（Mat I, 48）

純粋論理学の対象は，心的作用そのものではなく，心的作用の内実をなす客観的な存在者なのである。1896 年の講義の大部分は，客観的表象およびその対象の分類に捧げられる[15]。

1.3 記述的心理学

　1896 年の論理学講義の特徴は，客観的表象の水準において考察がなされる点にある。客観的表象が作用（主観的表象）の内実をなすことを明言する一方で，フッサールは主観的表象とその対象への関係——志向性——については何も述べていない。表象と対象の関係は，もっぱら客観的表象に関する問題として取り上げられるのである。この講義では，たとえば具体的なものに関係する表象と抽象的なものに関係する表象は，個別の心的作用が持つ特徴ではなく，客観的表象が持つ論理的な性質の違いから説明される（cf. Mat I, 59–61）。そのかぎりで，この講義のフッサールはボルツァーノに忠実である。
　だがこうした態度は，当時のフッサールが主観的表象の水準における考察を無視したことを意味するわけではとうぜんない。哲学者としてのキャリアをブレンターノ学派のなかで開始したフッサールは，心的現象とその志向性という，この学派の記述的心理学における中心問題にもすでに集中的に取り組む。われわれは，『論研』前夜におけるこうした取り組みの成果のひとつと

　15）　したがって 1896 年の論理学講義は，（当時のフッサールの関心のもとで解釈された）ボルツァーノの『学問論』，とりわけその第 1 巻と第 2 巻への入門講義とみなせる（cf. Benoist 2003c, 237）。そのため，この講義を『論研』第 1 巻の原型とする後のフッサールの自己理解は不正確である（cf. Mat I, xi）。

して，1894 年の「志向的対象」草稿に着目しよう[16]。というのもこの草稿は，トヴァルドフスキによるボルツァーノ的問題のブレンターノ学派への導入という出来事を背景に持ち，形而上学と学問論（純粋論理学）の問題が記述的心理学という土俵の上でいかに交錯するかをよく示しているのである[17]。われわれはまず，ボルツァーノにおける客観的表象（とりわけ表象自体）と対象の関係の問題についての基本事項と，ブレンターノ学派におけるこの問題の導入がどのようなものであったかを確認する。続いてわれわれは，この問題に対する『論研』前夜のフッサールの回答を「志向的対象」草稿に求める。

1.3.1　ボルツァーノにおける無対象表象の問題

ボルツァーノは表象と対象の関係をもっぱら客観的表象（表象自体）の水準で論じ，さらには，主観的表象（個別の体験ないし作用）の水準における考察をこうした議論に持ち込むことを拒否している。ボルツァーノは『学問論』の第 66 節で，表象自体と対象の関係を，後者が前者の外延となっていることとして特徴づける（cf. Bolzano 1837, vol. I, 297–8）。その際，外延を持つ表象は「対象的（gegenständlich）」と，外延を持たない表象は「無対象的（gegenstandlos）」と呼ばれる。続く第 67 節において，多くの表象が外延を持つと断った上で，ボルツァーノはこう述べる。

> 私の主張では，「無対象的」と呼ばれる表象，つまり，いかなる対象も持たず，それゆえいかなる外延も持たない表象も存在する。こうした事情は，「無（Nichts）」という語によって表示される概念においてもっとも反論の余地がない仕方で成り立っているよう

---

16)　この草稿には，ラングによって校訂された全集版（XXII, 303–48）とシューマンによる再校訂版（Schuhmann 1990/91, 142–74）がある。前者が起草当時のテクストを再現するという全集の一般的方針にしたがって編集されているのに対して，後者は，新たに発見された断片を組み入れつつ，この草稿の最終版を再現するという方針のもとで編集されている。シューマンが新たな版を公刊した理由は，フッサールは 1900 年あたりにもこの草稿に手を加え，さらには，『論研』の公刊後もそれを完成させるという計画をしばらく保持していた点にある（cf. Schuhmann 1990/91, 139–41）。だが本章の主題は『論研』前夜におけるフッサールの立場であるため，われわれは全集版に即して「志向的対象」草稿を読む。

17)　「志向的対象」草稿は，1894 年に公刊されたトヴァルドフスキの『表象の内容と対象』への応答として，フッサールが同年夏から冬にかけて起草した未完の論文「表象と対象」の一部である（cf. Schuhmann 1990/91, 138）。

に，私には思われる。なぜなら，こうした概念さえも対象を持つ，つまり，その概念によって表象される何かを持つと言おうとすることは，私にはきちんとした訓練を受けていない振る舞いに見えるからだ。(Bolzano 1837, vol. I, 304)

ここでの議論は，「無」が単独で意味を持つ（つまり，何らかの表象自体を表現する）ということを前提にしている。しかしトヴァルドフスキが指摘したように，この前提は，「無」という（文法上は名詞として振る舞っているとしても）他の語による補足を必要とする表現を単独で考察するという誤謬にもとづく (cf. Twardowski 1894, 21-2)。とはいえ，「無対象表象」のその他の例，つまり「丸い四角」や「黄金の山」という語によってそれぞれ表現される表象については，こうした問題と無関係である。したがってここでは「無」にかかずらうのはやめ，その他の例について考えよう。

まず，「黄金の山」が例として挙げられていることからも分かるように，ボルツァーノは概念の外延を，現実世界の（ある時点における）状態によって決定されるものと考えている（議論を簡潔にするため，われわれはここでは数学的対象も現実世界の一部とみなす）。ボルツァーノのこうした見解が適切がどうかについては議論の余地があるかもしれないが，それが〈概念の外延〉の重要な側面を捉えていることはたしかだ。そして，表象と対象の関係を概念が外延を持つこととして理解するならば，無対象的な表象が存在するという主張はもっともなものである。「丸い四角」によって表現される表象自体のように，外延が空である概念はたしかに存在するからだ。

また，ここで着目しておきたいもうひとつの事実は，主観的表象における水準での考察を表象自体についての見解に持ち込むことを，ボルツァーノが拒否しているということだ。ボルツァーノによれば，主観的表象が客観的表象を判断の素材として持つことを主観的表象が対象に関係していることと混同し，それにもとづいて客観的表象に対象への関係を帰属させることは，誤りなのである (cf. Bolzano 1837, vol. 1, 218-20) [18]。

---

18) この点について，詳しくは Benoist 2001a, ch. 1 を参照。

1.3.2 初期ブレンターノの志向性理論

われわれは次に，ブレンターノ学派における表象と対象の関係についての議論を取り上げよう。ブレンターノ学派の文脈では，表象と対象の関係は，記述的心理学の問題のひとつ，つまり，表象作用という心的現象（これはボルツァーノが「主観的表象」と呼んだものに対応する）の志向性に関わる問題として論じられている（本節の以下の箇所では，何の形容も伴わない「表象」はすべて，「表象作用」ないし「主観的表象」の略である。客観的表象を示す場合には，「客観的表象」ないし「表象自体」を用いる）。こうした議論の出発点になるのは，ブレンターノの『経験的立場からの心理学』（初版1874年，以下『心理学』）における次の一節である。

> 心的現象はどれも，中世のスコラ哲学者が「対象の志向的内在 (intentionale Inexistenz)」と（そしておそらく，「心的内在」とも）呼んだものによって特徴づけられる。そして，すこし曖昧な表現ではあるのだが，心的現象はどれも，「内容への関係」，「対象への方向」（対象ということで，実在的なもののことを理解してはならない），あるいは，「内在的対象性」と呼ばれるものによって特徴づけられる。心的現象はどれも何かを対象としてそれ自身に含むのである。ただし，どれもが等しい仕方でそうしているわけではない。表象においては何かが表象され，判断においては何かが承認ないし否認され，愛においては愛され，憎しみにおいては憎まれ，気に入ることによっては気に入られ，等々。(Brentano 1874/1924, 124–5)

繰り返し引用されてきたこの有名な箇所で，ブレンターノははっきりと，あらゆる表象に「表象されたもの (Vorgestelltes)」を対応させている。したがってブレンターノにとって，対象のない表象に余地はないことになる。しかしここから，無対象表象についてのボルツァーノとは対照的な見解を引き出すことはできない。少なくとも『心理学』期のブレンターノにおける志向性理論の枠組み内では，ボルツァーノ的ないみでの無対象な（主観的）表象はあるのかということは，そもそも問題として生じないのである。この時期の

1.3 記述的心理学

ブレンターノは,ある心的現象の志向的対象をその作用に額面通りのいみで内在するものと考え,ボルツァーノが無対象表象について語るときに問題にしているような「外的対象」についての問題を,記述的心理学とは無関係なものとしているからである[19]。

ある作用の対象をその作用に内在するものとして考える初期ブレンターノの志向性理論は,(とりわけフッサールに慣れ親しんだ人には)飲み込みにくいかもしれない。この主張をより理解可能にするために,『心理学』のブレンターノが標榜する「魂なき心理学 (die Psychologie ohne Seele)」について簡単に確認しよう。『心理学』第1章において心理学を「心的現象についての学問」として特徴づける際に,ブレンターノはアリストテレスにまで遡ることができる従来の見解のひとつ,心理学は魂についての学問であるという考えを取り上げる (cf. Brentano 1874/1924, 6)。こうした見解は魂を表象をはじめとした性質を担う実体とみなしてもなお有効であると述べた後に,ブレンターノはこう続ける。

> 自然科学がわれわれの外的経験が関係する物体の特性と法則を探究しなくてはならないのと同様に,心理学は,内的経験によってわれわれ自身のうちに直接見いだされ,類比を通じて他者のうちに推定できるような魂の特性と法則を研究するように見える。
> (Brentano 1874/1924, 8)

それぞれが物体ないし魂という実体についての探究であるように見えることから示される,自然科学と心理学の並行性——こうした並行性こそ,ブレンターノの心理学が「経験的立場から」の心理学であるゆえんである[20]——に訴えて,ブレンターノは,心理学そのものにとって魂は実は問題にならないと主張する。ブレンターノの考えでは,外界における物体の存在とは無関係に自然科学が物的現象の秩序を探究できるのと同様に,心理学は魂の存在とは無関係に心的現象の秩序を探究できるのである。

---

19) この点については,Smith 1994, 44 を参照のこと。また,初期ブレンターノの志向性理論については,Chrudzimski 2001, 13–26 が詳しく論じている。
20) ただしこのことは,ブレンターノの心理学の全体が単にアポステリオリな探究であることを意味しない。この点については,第4章第1.1節を参照のこと。

こうした考えをブレンターノはおよそ以下のように説明する（cf. Brenteno 1874/1924, 13-7）。魂が現実に存在するかどうかを、われわれは内的知覚や外的知覚を通じて知ることはできない。それに対して心的現象が存在することは確かであり、心理学は、魂の存在についてのどのような主張に対しても中立的に、心的現象を研究することができる。もし魂が存在するならば、心理学は魂という実体が担う性質としての心的現象についての探究であり、そのかぎりで魂についての学問であることになるだろう。しかし、たとえ魂が存在しないことが発覚したとしても、心理学は心的現象についての学問であることをやめないのである。これらのことは、自然科学の成果が物的現象の秩序に関わり、物的現象の原因となっている物体の存在に関して中立的であることと類比的である。物体や魂といった実体の存在は、自然科学や心理学ではなく、形而上学の問題なのである。心理学と自然科学の探究対象が含まれる現象の領域は、外界とは区別される内在の領域であり、形而上学的に中立的な特別なものでなければならない。

このように心理学と自然科学についての現象主義的な見解にはっきりと与するものの、ブレンターノはマッハのように反形而上学的な実証主義者であるわけではない。現象を超えた実体についての形而上学的探究を、ブレンターノは正当な哲学的問題とみなしていた。したがって、心理学を心的現象についての学問と規定する一方で、ブレンターノはそれが「魂についての学問」でもある可能性を否定しない（cf. Brenteno 1874/1924, 27）。ブレンターノの眼目は、心理学の挙げる成果は魂の存在に左右されないという点だけにある。ブレンターノにとって、現象主義は、自然科学と心理学の領域を哲学ないし形而上学から独立したものとみなすための「方法的現象主義」なのである（cf. Simons 1995, xvii）。

『心理学』の志向性理論の動機は、いまやはっきりしたものになる。心的現象は魂に担われているのか、物的現象は物体を原因として持つのかということについて、われわれの経験は何も教えてくれない。したがって、心的現象と物的現象をそれらに関連する実体の違いにもとづいて区別することは、現象の水準にとどまる経験科学としての心理学や自然科学には許されない。経験的な立場からは、それらの区別は、形而上学的に中立的な内在の領域（現象の領域）における特徴に即してつけられるべきものなのである。心的現象

を物的現象から分け隔てる志向的関係についても，それが心理学の話題である以上，事情は同様である。こうした理由から，ブレンターノは心的現象の志向的対象を心的な内在の領分に求めるのである[21]。

方法的現象主義にもとづく初期ブレンターノの志向性理論は，表象自体とその対象の関係についてのボルツァーノの見解とのあいだにいかなる競合も生み出さず，そのため両者は両立可能である[22]。ボルツァーノが考察していたのは，主観的表象と区別される表象自体と，それに外延として属する現実の対象の関係であった。それに対してブレンターノの志向性理論は，形而上学的に中立的な内在の領分で完結し，表象自体とも現実の対象（外界の対象）とも一切関わらない。したがって，両者が共に「表象とその対象の関係」を問題にし，あらゆる表象は対象を持つかという問題について見解の不一致があるように見えたとしても，この不一致は見かけ上のものでしかないのである。

1.3.3 志向性の問題としての無対象表象——トヴァルドフスキ

ブレンターノ学派の志向性理論は，その開始点であるブレンターノの初期の理論においては，ボルツァーノの無対象表象問題と無関係だった。しかし，こうした状況はいつまでも続いたわけではない。ブレンターノ学派の議論は，ボルツァーノの問題を巻き込んで発展することになるのである。こうした発展の決定的な契機となったのは，トヴァルドフスキの1894年の著作『表象の内容と対象の理論について』だ。

同書の議論を貫く基本的な考えを，トヴァルドフスキは次のように要約している。

> 内容を意味するようないみでの〈表象されたもの〉を，別のいみでの〈表象されたもの〉，つまり対象を特徴づけるのに役立つよ

---

[21] 方法的現象主義という——それ自体としては受け入れ難いかもしれない——前提をブレンターノとともに認めるならば，志向性に関する『心理学』のブレンターノの主張も不可解ではない。この点については，Crane 2006 がより詳しく論じている。

[22] ブレンターノ自身はボルツァーノの命題自体や表象自体へのコミットを拒否しているが，これは志向性理論からの帰結ではなく，とりわけ後期において顕著になるブレンターノの唯名論的傾向から主張されていることに過ぎない。後期ブレンターノの存在論については，Chrudzimski 2004, chap. 5 を参照。

うないみでの〈表象されたもの〉から分離すること，要するに，〈表象の内容〉の〈表象の対象〉からの分離を個別的に貫徹し両者の相互関係を考察すること，このことでもって本論はまとめられる。(Twardowski 1894, 4)

この方針の背後にあるのは，ブレンターノの志向性理論が「内在的対象」ということで，表象の内容と対象を混同してしまっているという批判だ。トヴァルドフスキによれば，ブレンターノの混同は，「表象されたもの (Vorgestelltes)」の二義性に由来する (cf. Twardowski 1894, 13–5)。表象の内容と対象は，それぞれ「表象されたもの」と呼ぶこともできる。トヴァルドフスキはこのことを，「描かれた (gemalt)」という表現との類比によって説明する。「描かれた風景」という表現は，風景そのものとキャンヴァス上の像のどちらも意味しうるが，それぞれの場合で「描かれた」という語は異なる機能を持つ。風景そのものを指す「描かれた風景」に含まれる「描かれた」は，当の風景をそれを描いた画家と関係させて特徴づける表現である。それに対して，キャンヴァス上の像を指す「描かれた風景」における「描かれた」は，風景そのものについての情報を示さない。この後者の「描かれた」はむしろ，それによって修飾される「風景」の意味を変様し，風景そのものではなくキャンヴァス上の像を指示する表現にする機能を担うのである。以上のことと同様に，「表象されたもの」は，表象によって表象された対象と，表象に含まれる内容の両方を示す二義的な表現だというのである。

　以上の理由から，表象について，それが表象であるかぎりでつねに存在する内容と，場合によっては存在しない対象を区別しなければならない，とトヴァルドフスキは主張する。この区別の導入によって，志向性理論はボルツァーノの問題とは完全に無縁ではいられなくなる。もし主観的表象についての考察が客観的表象ないし表象自体についての何らかの含意を持つならば，志向性理論における立場決定は，ボルツァーノの無対象表象問題に対する立場決定にも通じるのである[23]。実際，トヴァルドフスキはボルツァーノを引き合

---

23) ただし，トヴァルドフスキ自身がこうした含意を認めていたかどうかについては，議論の余地があるかもしれない。『表象の内容と対象の理論について』の議論は，少なくとも一見するかぎり，主観的表象と客観的表象の混同のもとで進められるのである。

1.3 記述的心理学

いに出しつつ，無対象表象についてはっきりとこう述べている。

> 「無対象表象」という表現は，内的な矛盾を含む表現である。というのも，何かを対象として表象しない表象はまったく存在しないからである。これに対して，その対象が存在しないような表象が多く存在する。より詳しくいえば，それは，この対象が相互に矛盾した規定をひとまとまりにして持つために存在できないことによるか，その対象が単にじじつ存在しないことのいずれかによる。しかし，これらの場合にもある対象が表象されているので，〈その対象が存在しない表象〉という言い方をしてよい一方で，〈無対象的で，それに対象がまったく対応しない表象〉という言い方はできない。(Twardowski 1894, 29)

トヴァルドフスキの考えでは，無対象表象は存在しない[24]。たしかにある種の表象には対応する対象が存在しないが，このことが意味するのは，そうした表象は〈存在しない対象〉を表象するということなのである。

内容と対象の区別を導入することによって，トヴァルドフスキは志向性理論が持つ哲学的含意についても，『心理学』のブレンターノとは異なる見解に立つことになる[25]。トヴァルドフスキは，表象の可能な対象についての理論を存在と非存在の両方にまたがる超越範疇としての対象についての探究(「形而上学」)として位置づけ，志向性理論に形而上学的な含意を認めるのである (cf. Twardowski 1894, 38–40])[26]。

---

[24] したがってトヴァルドフスキの志向性理論は，内容という媒介的存在者の導入によって「対象を欠いた作用」に余地を認める志向性の媒介説ではなく，内容の他に「存在しない対象」を導入した対象説として理解されなければならない (cf. Chrudzimski 2002, 189–90 [70–1])。

[25] なお，トヴァルドフスキが新たに設定し直した問題は，ブレンターノの中期(1880年代以降)の志向性理論によってすでに取り組まれ，また，後期ブレンターノ(1900年代)の唯名論的な形而上学・志向性理論の背景をなしている。こうした点については，Chrudzimski 2001; 2004 が未公刊草稿も用いつつ入念に研究している。

[26] トヴァルドフスキの形而上学については，Cavellin 1997, chap. 4 が詳しく論じている。また，トヴァルドフスキの形而上学とマイノングの対象論との関係については，Chrudzimski 2007, 122–8 および Courtine 2007, chap. 4 を参照。ただしトヴァルドフスキとマイノングのあいだには，両者の関連を扱う研究において必ずしも指摘されていない重要な相違があるように思われる。トヴァルドフスキにおいては，(場合によっては存在しない)対象の水準の身分が一義的には規定されていないのである。トヴァルドフスキは表象の対象を，その背後に(ある特

1.3.4　フッサールによる解決の試み——「志向的対象」(1894)

これまで概観してきたことを背景にして，初期フッサールの志向性理論を検討しよう．結論を先に述べるならば，『論研』前夜のフッサールは，無対象表象に関するボルツァーノの見解にきわめて忠実に振る舞う一方で，それによって，志向性理論の形而上学的中立性という初期ブレンターノの見解をあるみで守ろうとしている．ただしその際，フッサールは志向的対象に関するブレンターノの見解を拒否する．そして，こうした一連の考察は，トヴァルドフスキの志向性理論に応答するかたちでなされている．われわれはこれらのことを，1894年の「志向的対象」草稿にもとづいて示す．だがわれわれは，本章ではこの草稿に含まれる論点のすべてを取り上げるわけではない．そのような検討のためには，ブレンターノやトヴァルドフスキの志向性理論に関するさらなる考察が欠かせない．だが，それをここでいちいち行うことは，われわれの考察にさしあたり必要なポイントをぼかしてしまうように思われるのである[27]．

「志向的対象」草稿の冒頭で，フッサールは自身が直面する困難を次のように明快に定式化している．

> 規定的な仕方と未規定的な仕方のいずれにおいてであろうとも，あらゆる表象が対象に関係することや，その対象について，当該の表象によってそれが表象されていると言われることは，自明である．ここには注目すべき困難が付け加わる．どんな表象も対象を表象するならば，どんな表象についても対象が存在する．したがって，どんな表象にも対象が対応する．他方で，どんな表象にも対象が対応するわけではないということは疑いようのない真理であり，ボルツァーノに倣って述べれば，「無対象表象」が存在す

定の解釈のもとでのカントの物自体のような）「原因（Ursache）」を想定できるようなものとして考えている（cf. Twardowski 1894, 35–6）．また，おそらくはこうした主張と関連して，トヴァルドフスキは表象の対象に本来的な存在を認めない（この点については後述を参照）．少なくともこうした点に関して，トヴァルドフスキはマイノングから区別されなければならない．

27) フッサールの議論のより包括的な検討として，Benoist 2001a, chap. 6, Hickerson 2005, Philipse 1987, Schuhmann 1991 を参照のこと．

る。(XXII, 303)。

こうした定式化からも分かるように，フッサールは，あらゆる表象に対象を対応させる考え——これは，ブレンターノとトヴァルドフスキがそれぞれ違う仕方で守ろうとしていた考えであった——がボルツァーノの見解と両立しないことを示したうえで，後者に優位を認めている。しかしその一方で，すべての表象に対象を対応させるブレンターノやトヴァルドフスキのような立場にも，(一見するところの) 自明さが認められている。こうしてフッサールは，自らが肩入れするボルツァーノ的見解の正しさを示すために，この自明な考えに対して反論を加えることになる。

フッサールがまず取り上げるのは，いわゆる「像理論 (Bildertheorie)」である。すべての表象に対象が対応することの自明さから，あらゆる表象に「心像 (geistiges Abbild)」を対象として割り振るこうした立場に対して，フッサールは二つの反論を突きつける。第一に，もし表象の対象が心像であるならば，「学問」や「芸術」といった抽象名辞で表現される表象についてどのような心像を対応させればいいのか分からなくなる (cf. XXII, 305)。第二に，この立場が正しいならば，すべての表象は心像を介して外的対象に関わる意識であるということになるが，こうした考えは悪性の無限後退を帰結する (cf. XXII, 306)。像理論は，われわれが何かを媒介的な心像として捉える際のその何かへの関係も同じ説によって説明しなければならず，ひとつの表象においてわれわれは無限に多くの心像を内容として持つという帰結が避けられなくなるというのである。

フッサールが次に取り上げるのは，表象の志向的対象と現実の対象を区別し，前者に「非本来的な存在」だけを認める立場である。この立場は次のように定式化される。

> あらゆる表象は対象を持つ。不条理なものの表象でさえもそうである。われわれは「丸い四角」とは何かを理解し，そのことによって表象を手にする。ここで丸い四角の存在を否定することによって，われわれは表象の内容を否定しているわけではない。というのも，内容についてわれわれは直接的な認識を持っているからである。〔…〕したがって否定が関係できるのは，表象において表

象された対象だけである。もし対象を欠いた表象が存在し，否認が働きかける対象が「与えられたものとして現出」しなかったならば，否定は意味を持たない。したがって，あらゆる対象について，（それによって表象された）対象がある。しかしこの存在は「真の」存在ではなく，「単に志向的」な存在であり，こうした存在は，「単に表象されていること」のうちに成り立っているのである。「真の」存在は肯定存在判断においてのみ妥当するのであり，「志向的」存在を前提している。(XXII, 307)

フッサールがこうした立場をトヴァルドフスキに帰していることは，この引用の直後に彼の名前を挙げていることからも明らかである (cf.XXII, 308)[28]。

トヴァルドフスキに帰属された立場に対するフッサールの批判は，それにしたがうと否定存在判断がつねにトリヴィアルに偽になってしまうというものである (cf. XXII, 309–11)。〈本来的ないみで存在する対象〉と区別される志向的対象は，現実にそれが存在する場所がない以上，作用に内在する対象でなければならない。しかしその場合，作用が存在するならば，その作用の

---

28) とはいえフッサールは，トヴァルドフスキの立場を少し誤解しているようにも見える。すぐ後でも確認するように，フッサールはここで問題になる「単に志向的に存在する対象」を，作用の内在的対象とみなす。だがこれは，少なくともトヴァルドフスキ本人が意図していた立場ではない。たしかにトヴァルドフスキは，表象の（内容ではなく）対象にも本来的な存在を認めない（「表象の対象として存在するものは，真に存在するのではまったくなく，単に表象されている」(Twardowski 1894, 25)）。だが，トヴァルドフスキは少なくとも『表象の内容と対象の理論について』のなかでは，表象の対象の非本来的な存在様態を「志向的」と呼ぶことはない。それどころか，同書には表象の「志向的対象」という表現は二回しか登場しないのだが，そのどちらの事例でも，この表現は表象の内容を意味するものとして用いられている (cf. Twardowski 1894, 4, 40)。

だが，フッサールはトヴァルドフスキを誤解していたと言い切れるほど事情は単純ではない。フッサールはここで，トヴァルドフスキにおける不明確な主張に整合的な解釈を与えつつ彼の立場を定式化していると理解することもできるのである。トヴァルドフスキは，表象の対象は単に表象されたものでしかなく本来的な意味で存在するわけではないと論じる一方で，そうした対象は「〔表象する主観との〕関係を度外視しても『対象』である」(Twardowski 1894, 40) とも述べている。もし両方の考えを認めるならば，「表象されたものでしかない対象は，表象を度外視しても対象である」という主張がなされていることになるが，これは額面通りに受け取れば矛盾している。われわれはむしろ，トヴァルドフスキにおいては，表象の対象の存在論的身分が必ずしも明確ではないと解するべきだろう (cf. Chrudzimski 2002, 190 [71])。するとフッサールによるトヴァルドフスキの立場の定式化は，こうした不明確な事情を踏まえた合理的再構成とみなすことができる。

1.3 記述的心理学

対象が必然的に存在することになる[29]。ここから、ある対象の存在を否定する判断がつねにトリヴィアルに偽であることが帰結するが、これは受け入れがたい。

こうした反論がはたしてどれだけ妥当なものであるかについては議論の余地があるが、われわれにとって重要なのは、フッサールの反論の根底にある考えである。その考えは、いま見た批判の文脈で登場する次の一節にはっきりとあらわれている。

> 私はここに、像理論にとって命取りになっているような、対象の誤った二重化を見る。表象に真理が対応する場合にはいつでも、内在的対象は〔…〕真なる対象以外ではありえない。表象において単に表象されていたのと同じ対象が、関連する肯定判断において、真に存在するものとして立てられるのである。(XXII, 308, 強調引用者)

表象の対象とは（場合によっては存在しない）現実の対象のことであり、対象を二つに区分することは根本的に誤っている。そのかぎりで、トヴァルドフスキに帰属させられた理論は、像理論と同じ轍を踏んでしまっているというのだ。

これを踏まえて『論研』前夜のフッサールの積極的な主張を確認しよう。「志向的対象」草稿で示される志向性理論のもっとも重要な特徴は、志向的対象が理論のなかに持ち込まれないという点にある。だが、その一方でフッサールは志向的対象と現実の（真の）対象について積極的な主張をしているのであった。これら二つの主張はどのように両立するのだろうか。

われわれはまず、存在する対象と存在しない対象の区別が、対象ではなく客観的表象に関する区別とみなされていることに着目しよう（cf. XXIII, 313）。「ある〔不特定の〕ライオン（ein Löwe）」と「この〔特定の〕ライオン（diese Löwe）」をわれわれは区別できる。フッサールにしたがえば、こうした区別は、対象ではなく客観的表象に関してなされている。ここで区別されるのは、

---

[29] この場合、トヴァルドフスキが主張する対象の「非本来的」存在は、内在的対象の存在様式は作用のそれと同じであり、対象が作用に存在論的に依存していることとして解される。

〈不特定のライオン〉という対象と〈このライオン〉という対象ではなく，ライオンを確定的でない仕方で表象する表象と，確定的に表象する表象なのである。それと同様に，存在する対象と存在しない対象の区別も，対象を持つ表象と持たない表象の区別である。「存在する対象」と「存在しない対象」の区別は，対象の水準における何かに根ざした区別ではなく，客観的表象が持つ性質にもとづいた区別なのである。

そして，主観的表象が（場合によっては存在しない）対象に関係することは，客観的表象が主観的表象の意味内実になっていることから説明される（cf. XXII, 337-8）。この場合，ある主観的表象の対象への関係は，その対象が真に存在するのであろうと単に志向的なものにすぎないのであろうと，その主観的表象が特定の客観的表象を意味内実として持つことによって，還元的に説明し尽くされる。したがってこの理論は，志向的対象が（場合によって）現実の対象と数的に区別されないことを認めつつも，主観的表象の対象への関係を客観的表象によって一様に説明することによって，存在しない対象の「存在」に関する問題を回避する。ある主観的表象が関係する対象の存在・非存在についての言明は，それが内容として持つ客観的表象の特徴についての言明として解釈されるのである。「志向的対象」草稿のフッサールにとって，何かが対象であることとは，それに対応する表象が真なる判断の主語になっていることに他ならない（cf. XXII, 311, 336）。したがって，そのような対象を「（場合によっては現実の対象である）志向的対象」として志向性理論に導入することは，客観的表象が持つ性質の不当な実体化でしかない。

ここまでの考察をまとめよう。「志向的対象」草稿のフッサールは，表象作用の志向的対象を作用に内在するものと考える立場を拒否するかぎりで，初期ブレンターノの志向性理論と袂を分かつ。フッサールにとって，表象作用の志向的対象とは（場合によっては存在しない）現実の対象のことだ。だが，フッサールはそれによって表象の対象を志向性理論に持ち込むわけではない。表象の対象を志向性理論に導入することで形而上学を構想したトヴァルドフスキとは対照的に，フッサールは表象作用の意味内実としての客観的表象によって志向性を説明する立場を取り，志向性理論ないし記述的心理学に（少なくとも直接的な）形而上学的含意を認めないのである。これらのかぎりで，この草稿で表明されるフッサールの見解は，ブレンターノの『心理学』に忠

実である。しかしその一方で，表象とその対象の関係の考察において客観的表象に一定の優位を与えるという点では，フッサールはボルツァーノの見解に与している。

1.3.5 残された問題

本章でわれわれは，真理・存在・意識の三つの問題が『論研』前夜のフッサールにとって主要な関心事であったことを示してきた。フッサールは，存在するものについての一般的な探究としての形而上学について肯定的に語り，それを真理に関する一般的な理論としての学問論の一部とみなすのである。学問論，あるいはその主要部門である純粋論理学は，イデア的な対象としての命題に関わる学科であり，こうした論理学観にもとづいて，フッサールは論理学の対象と心的なものと同化する心理主義に対して厳しい批判的態度をとることになる。しかしそれと同時に，フッサールは命題（あるいはその構成要素を含む客観的表象一般）がわれわれの意識の内容となることを認め，そうした観点から独自の志向性理論を展開する。

『論研』前夜のフッサールのこうした立場には，少なくとも二つの大きな問題が残されている。

第一に，命題をはじめとした客観的表象の存在論的身分，とりわけそれが主観的表象のようなわれわれの体験とどのように関係するのかが不明確である。フッサール自身の見解にしたがえば，われわれの体験が時間のなかで生成消滅する出来事であるのに対して，客観的表象は無時間的な存在者である。両者の関係はフッサールの志向性理論において重要な役割を果たすのだから，それを不明確なままにしておくわけにはいかない。また，命題とその関係を考察する学問論がわれわれの認識の可能性の条件についての理論，一般的認識論であるという主張も，命題とわれわれの体験の関係が明らかにならないかぎり，不明確なものにとどまらざるを得ない。

第二に，客観的表象と対象の関係が，より詳しく論じられなければならない。フッサールの考えでは，形而上学は，経験科学の成果に正しい解釈を与えることによって完成する。フッサールの理論の枠組みにしたがえば，経験科学の成果には真なる命題という身分が与えられている。すると問題の解釈は，経験科学における真なる命題と現実世界とのあいだに成り立つ正しい関

係を見極める作業ということになるだろう。だが，『論研』公刊前の段階では，こうした作業に具体的な見通しが与えられているとは言いがたい。

　われわれは続くいくつかの章で，こうした問題が『論研』においてどのように扱われているのかを論じる。第一の問題について，『論研』のフッサールは命題に関する「スペチエス説」による解決を試みる（第3章）[30]。そして第二の問題は，『論研』のフッサールが結局のところ解決できなかったものであり，同書にある不整合をもたらすことになる（第8章）。しかし，この第二の問題を扱うためには，『論研』の議論を整理し，それらをいわば下から積み上げていく必要がある。われわれはまず第2章で，本章でもごく簡単に触れた論理学に関する心理主義的立場に対する批判が，『論研』第1巻においてどのように深まりを見せているかを論じる。こうした議論を踏まえ，それをさらに論理学についてのフッサールの積極的見解と関連させることによって（第3章），われわれは，『論研』第2巻を第1巻と連続した統一的な著作として読むための大局的な観点を手にすることになるだろう（第4章）。この観点からの『論研』読解によって，われわれは同書がどのような問題にどう取り組む著作であるのか（第5章・第6章），その結果としてフッサールがどのような問題に直面するのか（第7章・第8章）を明らかにする。

30）　なお，われわれが確認できるかぎりでは，命題を作用に例化されるスペチエスとみなす『論研』の立場が最初に登場するのは，1899年4月20日に執筆された草稿である（cf. XL, 134, 138）。

第 2 章

論理学の性格をめぐる考察
—— 『論研』第 1 巻（1）——

　われわれは前章の最後で，フッサールがすでに 1890 年代の終わりには純粋論理学の構想を手にし，心理主義にはっきりと反対することを確認した。本章では，これらの立場を『論研』のフッサールがどのように洗練させたのかを，同書の第 1 巻『純粋論理学へのプロレゴメナ』（以下，『プロレゴメナ』）に即して確認する。

　フッサールにおける純粋論理学の構想と心理主義批判という話題は，以下のような筋書きに沿って語られることがよくある[1]。フッサールの診断では，心理主義の誤りは，論理学の本来の対象としての命題（イデア的意味）を心的なものから区別しなかった点にある。この区別に失敗した結果，心理主義は不合理な帰結へと追い込まれる。心理主義の不合理な帰結を指摘することによって，フッサールは純粋論理学の構想を，論理学の本来の対象を適切に分析するものとして動機づける。

　だが実際の事情はそれほど単純ではない。たしかに 1896 年講義のフッサールは，このような筋書きに沿って心理主義を批判し，純粋論理学を擁護しているといっていいだろう（第 1 章の第 2.3 節を参照）。また，本章の第 2.1 節

---

[1] たとえば佐藤 2015, 2–6 や榊原 2009, 47–51 はこの筋書きを念頭に置いているように思われる。たしかに榊原はわれわれが本章で取り上げるフッサールの反心理主義批判に言及しているが（2009, 49），そのあまりの簡素さからして，この批判の持つ意義をきちんと受け止めているとは言いがたい。もちろん，ベルネットやハンナのように『プロレゴメナ』におけるフッサールの戦略の複雑さを指摘する先行研究もあり，われわれはそれらから大きな恩恵を受けた (cf. Bernet 2004, pt. 1, chap. 1; Hanna 2008)。

でも確認するように，この議論の巧みな変奏とでも言うべき議論は『プロレゴメナ』にも見られる。しかし，同書で展開される心理主義批判は，論理学の対象の誤認を告発するものに限られない。アプリオリな規範的論理法則を合理的な思考の可能性の条件として示すという新たなタイプの論証も，同書には見られるのである。さらには，フッサールが批判の眼差しを向ける相手は，いまや心理主義だけでなく，ある種の反心理主義にも及ぶ。これと関連して，心理学に基礎を持つ論理学について，それが持つ一定の正当性さえ論じられるのである——およそ以上のような事情を，本章で明らかにしたい。

　このような事情がこれまで見落とされがちだったことには，いくらかの理由があるように見える。論理学をめぐる『プロレゴメナ』の議論を全体にわたって把握することは簡単ではない。同書の叙述は，秩序づけられた線形構造を持つというよりも，議論の断片が複雑に入り組んだ仕方で並べられたものである。それらの断片がそれぞれ単独では明快なだけに，『プロレゴメナ』は，一読するかぎりでは前述したような筋書きのもとでの要約を許し，それで十分事足りるように見えてしまっても不思議ではない。それに対してわれわれは，『プロレゴメナ』における議論の断片を叙述の順序とは違う仕方で拾い直し，それら断片から大きなひとまとまりの議論を再構成したい。その結果得られることになる描像は，本書における『論研』全体の統一的な解釈にとって重要な意味を持つことになる。

　本章の構成は以下の通りである。

第1節　フッサールが批判を向ける心理主義とは何かを明らかにする。心理主義とは，心理学を基礎に持つタイプの論理学そのものではなく，こうした論理学によって論理学が尽くされると考える立場のことである。

第2節　心理主義に反対するフッサールの二つの論証を取り上げて吟味する。1896年の講義にも同じタイプのものが見られる第一の論証は，それ自体では心理主義に対する決定的な批判とならない。この論証は，思考の可能性の条件としてアプリオリな規範的論理法則を要請する第二の論証によって補われる必要がある。

第 3 節　純粋論理学としての論理学というフッサール自身の考えを整理する。フッサールによれば，規範的論理法則を第一義的ないみでの論理法則とみなす反心理主義者は，論理学および論理法則の本性を見落としている。論理法則は本質的には記述的であり，単に派生的に規範的に過ぎない。

2.1　技術学としての論理学と心理主義

　『プロレゴメナ』の議論は，論理学の本性をめぐる同時代の混沌とした状況の指摘からはじまる（cf. XVIII, 19 [1:23]）。フッサールの診断によれば，こうした状況を招いた原因のひとつは，論理学の対象領域があらかじめ明示されていなかった点にある。どのような学問も固有の対象領域を持ち，それを恣意的に定めたり拡大・縮小したりすることはできない。「数についてのひとつの学問，空間的形象についてのひとつの学問は存在するが，素数・台形・ライオンのそれぞれについての固有の学問や，それらすべてをまとめて扱う学問は存在しないのである」（XVIII, 21 [1:25]）。とはいえ論理学の場合，それが明らかにしているのが何についての法則なのかということは，他の学問ほど明らかではない。そのため論理学は，本来ならばそれとは無関係なものを対象領域に数え入れるという誤謬，「他の類への移行（μετάβασις εἰς ἄλλο γένος）」の危険に晒されている（cf. XVIII, 22 [1:26]）。

　以上を踏まえ，フッサールは次のように論争状況をまとめる。

　　論理学の境界確定に関わる伝統的な問いは，以下のものである。

1. 論理学は理論的な学問か，それとも実践的な学問（「技術学」）か。

2. 論理学は他の学問，とりわけ心理学と形而上学から独立した学問か。

3. 論理学は形式的学科，つまりよく言われるような「認識の単なる形式」に関わるものなのか，それとも認識の「質料」も考慮に入れるのか。

4. 論理学はアプリオリで演繹的な学科か，それとも経験的で帰納的な学科か。（XVIII, 22-3 [1:26-7]）

これら四つの問いに対するフッサールの回答を簡単にまとめるならば，それぞれ，1′（純粋）論理学は理論的な学問であり，2′他のどの学問からも独立した3′形式的で4′アプリオリかつ演繹的な学科である，という具合になる。だが，こうした答えを与えることはフッサールの主要な関心事ではない。

> われわれが本来目指しているのはこうした伝統的な論争への参加ではなく，この論争に登場する原理的な相違の解明，そして究極的には純粋論理学が本質的に目標とするものの解明なのだから，われわれは以下のような道をとりたい。つまりわれわれは，現在確固たる仕方で一般的に想定されている技術学としての論理学という規定を出発点にし，そうした規定の意味と権利を確定する。（XVIII, 23 [1:27]）

われわれはここに書かれている方針にしたがい，「技術学（Kunstlehre）としての論理学」という考えを出発点にして，純粋論理学が何を目指すのかを明らかにする。その過程を通じて，心理主義とは何か，この立場はなぜ誤っているのかについてのフッサールの見解も明らかになるだろう。

さて，技術学としての論理学をフッサールは次のように特徴づける（われわれは本章の後半で，その前後の文脈も含めてこの一節に立ち戻る）。

> 〈妥当な方法の実現がそれに依存し，かつわれわれの能力のもとにある諸々の条件〉を探究するという課題や，〈真理の方法的な獲得，学問の適切な境界画定および構築，そしてとりわけ，学問において要求される方法の発見ないし適用のためにわれわれはどうすればいいのか，これらすべての事柄に関して誤りを防ぐためにわれわれはどうすればいいのか〉ということについて規則を立てる，というさらなる課題を学問論が立てる場合，学問論は学問の技術学となる。（XVIII, 42 [1:46]）

つまりこの考えにしたがうと，論理学とは，学問において真理を獲得するための（あるいは学問において誤りを避けるための）技術を集成した実践的・

実用的学科であることになる[2]。

このように論理学を実践的学科とみなすことは，論理学は心理学に依存するという主張を強く示唆する（cf. XVIII, 63–4 [1:70–1]）。あらゆる技術は，その基礎となる何らかの理論に依存しているように思われる。たとえば測量は建築の役に立つ技術だが，その基礎には幾何学という理論的学問がある。同様に，技術の集成としての論理学の基礎にも何らかの理論的学問があると考えるのがもっともである。ところで，真理を獲得することや誤りに陥ることは，どちらもわれわれの思考の働きによってなされる。すると，真理の獲得を促進し，誤りのリスクを低めるために必要な技術は，われわれの思考に関する心理学的な事実を考慮することで，よりいっそう効率的に得られるはずである。したがって，技術学としての論理学には，心理学という理論的な基礎が認められなければならない。つまり，「〔論理学において論じられていることの〕すべては心理学であり，単に規範的・実用的観点から選択され秩序づけられているだけのことである」（XVIII, 65）。

いささか抽象的なフッサール自身の議論を補うために，具体的に考えてみよう。たとえば，「346138 × 999999」のような掛け算を計算するときには「(346138 × 1000000) − 346138」に変形してから計算した方が間違えにくいというテクニック，つまり技術がある。こうした技術は，われわれの多くが大きな数の掛け算を直観的にできないために筆算に頼らざるをえず，筆算のステップが増えれば増えるほど計算間違いをする可能性が高くなる，という経験的な心理学的事実を，正しい計算と誤った計算を区別する観点（つまり規範的な観点）から，正しい計算を実行するという実践的な目的に即して述べ直したものである。言うまでもなく，ここで問題になっている心理学的な事実は，実験などを通じて探究できるわれわれ人間の心が持つ特徴であり，た

---

2) 引用した一節からも明らかだが（と信じる）が，万が一の誤解を避けるために念には念を入れて述べておくと，フッサールにおける技術学としての論理学は，「技術的」ないし「テクニカル」な論理学ということで現在一般的に考えられているものとは異なる。現代の論理学が技術的ないしテクニカルであると言われるのは，高度に専門化された数学的な道具立てが用いられるため，一定の訓練を経なければまともにそれを扱えないためであって，それが何かの役に立つからではない。（もちろん現代の論理学は情報科学などの場面でわれわれの役に立っているのだが，重要なのは，そのことをもって現代の論理学が「技術的」ないし「テクニカル」と呼ばれているわけではないという点だ。）

だ偶然的にそうなっているにすぎない[3]。紙に書かれた数式を理解し暗算をする人間の標準的な能力は，実際よりもはるかに高い（あるいは低い）こともありえた。その場合，いま述べたような計算の技術は，われわれにとってまったく無用の（あるいは高度すぎる）ものであっただろう。技術学としての論理学が提供する技術は，たまたまそうなっている人間の認知構造に依存するといういみでは偶然の産物であり，経験的な心理学によって発見されるのである。フッサール自身の言葉で言い直せば，「〔技術的論理学に属する〕方法はすべて〔…〕，現在正常な状態にある人間の構造に適合し，またその一部は偶然的な民族的特性に適合する。明らかに，それらは別の構造の生物にとってはまったく使用不可能だろう」（XVIII, 165–6 [1:184]）。こうして，技術学としての論理学という考えからは，人間の思考に関する経験的な心理学に基礎を持つ論理学が帰結する。以下ではこれを「心理学的論理学」と呼ぶことにしよう。

　ここで重要なのは，心理学的論理学それ自体は『プロレゴメナ』で批判される心理主義ではないという点だ。少し前で引用した一節で，フッサールは「われわれは〔…〕技術学としての論理学という規定を出発点にし，そうした規定の意味と権利を確定する」と述べていた（XVIII, 23 [1:27], 強調引用者）。この言い回しは，技術学としての論理学という考え——そして，そこから帰結する心理学的論理学——が一定の権利を持つということを含みとして持つ。実際フッサールは，技術学としての論理学に疑うことのできない価値や正当性があることをはっきりと認めるのである（cf. XVIII, 42, 44 [1:46, 49]）。フッサールが批判の矛先を向ける心理主義とは，心理学的論理学を論理学の全体と同一視する越権行為（「他の類への移行」），つまり，論理学全体を心理学に還元しようとするある種の自然主義的な立場なのである[4]。し

　3）　ここで問題になっている人間とは，ヒトという自然種に属する生物のことであり，理性的動物や有限の知的存在者という定義だけを満たすものとしての人間ではない。もし仮に高度な知能を持つが生物学的にはわれわれとはまったく異なる特徴を備えた宇宙人がどこかにいるとしたら，彼らを前者のいみでの人間と呼ぶことはできないが，後者のいみではそう呼ぶことができる。以下では簡便のため，「人間」をもっぱら前者のいみで用いる。

　4）　ハンナによれば，19 世紀の心理主義は論理学に関する自然主義（つまり，論理法則の自然的事実に対する依存を主張する立場）として理解でき，そのためフッサールやフレーゲの反心理主義も，論理学に関する反自然主義として再構成できる（cf. Hanna 1993, 256; 2006,

がって，心理学に基礎を持つ論理学を認識のための技術として研究することは，それが論理学の全体を尽くすわけではないということが自覚されてさえいれば，フッサールにとっても歓迎すべきことなのである．

2.2 心理主義批判の深化

2.2.1 心理主義に反対する第一の論証とその問題点

心理主義に反対する『プロレゴメナ』の論証のひとつは，1896 年の論理学講義にすでに見られるタイプのものだ．フッサールはここでも，論理学の対象を心的作用と同一視する論理主義から，数々の不合理な帰結を引き出して見せるのである．フッサールの議論にはそうした不合理な帰結の数と同じだけヴァリエーションがあるのだが，それらはどれも帰謬法という形式を共有する．つまり，心理主義の主張を仮定すると矛盾が帰結するのだからこの立場は誤りである，という具合に話が進められるのである．まずはこの一般的な形式を再構成しよう[5]．

(1) 論理法則はどれも心理学的な法則の一種である．（帰謬法の仮定）

(2) 心理学的な法則はどれもアポステリオリな自然法則である．（前提）

9–14)．なお，フッサールの同時代においても，たとえば若き日のハイデガーは，心理主義を「自然主義」とも呼んでいる（cf. Picardi 1997, 162）．

5) フッサールの個別的な議論については，それらを論理学に関する「様相還元主義」・「認識的経験主義」・「懐疑論的相対主義」への批判として三通りに再構成するハンナの明快な整理を参照のこと（cf. Hanna 2008, 34–7)．その際にハンナは，三つの批判が同一の形式を持つということも指摘している．われわれの以下の議論はハンナに多くを負うが，ここには重要な違いもある．ハンナの再構成にしたがえば，以下で見る形式の議論に登場する「(4) 少なくともいくつかの論理法則はアプリオリな法則である」は，「(4′) 論理法則はどれもアプリオリな法則である」と定式化される（したがって，(6) も全称言明として定式化されることになる）．その場合，技術学としての論理学が提供するアポステリオリな論理法則の余地がなくなってしまうが，これは，フッサールがそうした論理学に対して一定の正当性を認めていたという事実と折り合わない．それに対して (4) は，アポステリオリな論理法則に余地を与えながらも，そうした論理法則によって論理学の全体が尽くされるという心理主義的な見解に対する反例としての役割を保持している．

(3) 論理法則はどれもアポステリオリな法則である。((1) と (2) より)

(4) 少なくともいくつかの論理法則はアプリオリな法則である。(前提)

(5) アプリオリな法則はどれも，アポステリオリな法則ではない。(アプリオリ性の定義より)

(6) 少なくともいくつかの論理法則はアポステリオリな法則ではない。((4) と (5) より)

(7) (3) と (6) は矛盾する。

(8) したがって，論理法則は心理学的法則の一種ではない。((1) と (7) より)

心理学的論理学を論理学の全体と同一視する心理主義は，論理法則はどれも心理学的な法則の一種であるという主張を含む。しかし，上の形式の議論にしたがえばこの主張は誤りなのだから，心理主義も誤りである――『プロレゴメナ』に頻出するこうした議論が同時代における心理主義の衰退にとって決定的なものであり，20世紀初頭の哲学と心理学に大きな影響を与えたことはよく知られている[6]。だが，そのような歴史的事実は，フッサールの議論の正しさを必ずしも保証しない。詳しく検討すると，上の形式の議論だけでは心理主義そのものに対して決定的な反論を与えることはできないのである。上の議論形式は，(1) のほかに (2) と (4) という前提も含む。すると，(7) の矛盾にもとづいて (2) と (4) のいずれかを否定することも，論理的には可能である。帰謬法の仮定 (1) が，そしてそれだけが否定されなければならないことを説得的に示すためには，(2) と (4) という前提の正しさを別立てで示さなければならない。だがすぐあとで見るように，フッサールは，(4) がなぜ否定されてはならないのかを示す際に，論点先取をしてしまっているの

---

[6] たとえば，フッサールの批判はトヴァルドフスキに立場の変更を迫り，ウカシェヴィッチ，タルスキ，レシニェフスキらの，いわゆるワルシャワ＝ルヴフ学派の論理（哲学）の興隆に大きなきっかけを与えている (cf. Woleński 2006)。また，リップスの心理主義的な論理学理解に対する批判は，いわゆるミュンヘン現象学派の成立にとって決定的な契機となった (cf. Fréchette 2005)。

2.2 心理主義批判の深化

である。そのため，上の形式の議論は心理主義に対するきちんとした反論になっていない。

順番に確認しよう。まず (2) については問題がないといえる。心理主義が心理学ということで念頭に置いているのは，間違いなく個別の経験科学としての心理学である。そして一般的にいって，経験科学がアポステリオリな（つまりアプリオリでない）法則を探究するということは，アプリオリ性に関するどのような理解のもとでも同意が得られる事柄である[7]。

(4) に関しては事情が異なる。すでに確認したように，技術学としての論理学が提出する技術ないし方法は，アポステリオリに確認される人間の認知構造に依存するものである。すると，技術学としての論理学を論理学の全体と同一視し，あらゆる論理法則を心理学によって発見されるものとみなす心理主義の立場からは，アプリオリな論理法則などというものは存在しないことになる。実際，フッサールの議論が標的としていた論者には，論理は大脳の発達と共に変化すると主張するフェレロのような人物も含まれる (cf. XVIII, 151-2n [1:168–9])。フェレロにしてみれば，論理法則のアプリオリ性は自明な事柄ではなく，むしろ自然科学の進展によって否定されるべき謬見だということになるだろう。心理主義は，論理法則のアプリオリ性という見解の放棄を迫ることも辞さない立場なのである。すると，論理法則のアプリオリ性を前提とする上の形式の議論は，心理主義に対して論点先取を犯しているため，論証としては有効ではない (cf. Hanna 2006, 8–9; 2008, 38)。

[7) 別の言い方をすれば，アプリオリな心理学を哲学的心理学の一種として認め，そうした心理学の法則に論理法則を還元しようとする立場については，それを「心理主義」に数え入れるポイントはどこにもない。したがって，フッサール自身がこの点に関して曖昧な態度を取っているとはいえ，ブレンターノおよびブレンターノ学派の哲学者を心理主義者とみなすことはできない。マリガンが示したように，彼らは心的作用のあいだに成り立つ必然的な関係を認め，それにもとづいて判断論（および正しい判断の学としての論理学）を展開している。「このいみでは，彼らのうちで心理主義の罪を負うものは誰もいないのである」(Mulligan 1989, 142)。むしろ，ブレンターノ学派の哲学者たちに対してフッサールの立場から向けられるべき批判は，次の二つであろう。第一に，ブレンターノ主義者たちは，自身の心理学（記述的心理学）がアプリオリな学科であることを自覚していない。第二に，ブレンターノ的な立場からは純粋規範学としての論理学しか導かれないが，本章の後半で論じるように，この学科の基礎には記述的な理論学としての純粋論理学が認められなければならない。実際フッサールは，1929 年に執筆されたある草稿のなかで，第一のものに近い批判をブレンターノ学派に向けている (cf. III/2, 589)。

2.2.2 合理的思考の可能性の条件としてのアプリオリな規範的論理法則

　では，心理主義に対するフッサールの反論は，歴史的な事実としては同時代の哲学の状況に強力な影響を与えたとはいえ，そのものとしては実は無力なのだろうか．こうした結論に至るのも性急である．『プロレゴメナ』におけるフッサールの心理主義批判は，上のような形式の議論によって尽くされるものではない．同書には，論理学のアプリオリ性を論点先取に陥ることなく示す別の論証も見られるのである[8]．われわれは本節でこの論証を再構成し，本章の第 3 節であらためて評価する．

　フッサールによる第二の議論は『プロレゴメナ』のなかで三度繰り返されるのだが，それが最初にあらわれるのは同書の第 19 節である．

> 論理学は〔…〕ほかの学問と同じく心理学に依拠することもできない．というのも，あらゆる学問は，それが論理学の規則に一致することによってのみ学問となり，あらゆる学問はこの規則の妥当性をすでに前提するからである．したがって，論理学の基礎をまず第一に心理学に置くことは循環である．(XVIII, 69 [1:77])

学問は合理的な思考によって進められる．ある思考が合理的でありうるためには，それがしたがうアプリオリな規則として論理法則が先立たなければならない．論理法則は学問においてなされる合理的な思考につねに先立つ前提，つまり，合理的思考の可能性の条件なのである．したがって論理法則は，あらゆる学問の可能性の条件でもある．そして，合理的な思考やその成果としての学問は事実として存在しているのだから，それらの可能性の条件としての論理法則も存在する——およそ以上のようにパラフレーズできるフッサールの議論を，ハンナに倣って，論理法則のアプリオリ性を示す「超越論的論証」と呼ぼう（cf. Hanna 2008, 41）[9]．

---

　8) 以下でわれわれが扱う議論についても，ハンナに負うところが大きい（cf. Hanna 2008, 38–42）．ただし，われわれはハンナの解釈に全面的に同意するわけではない．この点については後述を参照．
　9) ここで注目に値するのは，1911 年の「厳密な学としての哲学」で『プロレゴメナ』の心理主義批判を振り返りしつつ「理念の自然化」に反論する際にも，フッサールはもっぱら同様の

2.2 心理主義批判の深化

この超越論的論証の内実は，続く箇所での議論を追うことでよりはっきりとする。フッサールはまず，自身の論証に寄せられるであろう反論を先取りする。

> 〔超越論的論証への〕反対派からは以下のような答えが寄せられるだろう。この議論が正しいことはありえない。このことは，その議論から論理学一般の不可能性が帰結するだろうということからも，すでに明らかである。学問である以上，論理学は自身を論理的に扱わなければならないのだから，論理学もまた同じ循環に陥るだろう。論理学は，自身が前提する規則の妥当性を同時に基礎づけなければならなくなるのである。（XVIII, 69 [1:77]）

アプリオリな論理法則が合理的思考の可能性の条件として前提されているならば，論理学者による論理法則の妥当性の基礎づけというすぐれて合理的な思考活動は，それによって基礎づけられるべきものを前提にするという循環に陥ってしまうのではないか。したがって，もし論理法則が思考の可能性の条件であるならば，論理法則そのものの妥当性について論じること，つまり論理学は不可能になってしまうのではないか。こうした疑念から逃れることができない以上，反心理主義者による超越論的論証は誤っている——フッサールの念頭にある反論は，こうまとめ直すことができる。

以上の反論に対して，フッサールはそれが混同にもとづくことを指摘することで応答する。

> しかしわれわれは，そのように力説された循環がどこに成り立っていなければならないのかを詳しく見てみよう。心理学が論理法則を妥当なものとみなす点にだろうか。しかし，前提（Voraussetzung）という概念の多義性に気づこう。ある学問が何らかの規則の妥当性を前提するということは，〈それらの規則が当該の学問の基礎づけの前提である〉ということを意味しうる。しかし同じことは，

超越論的論証を持ち出すという事実である（cf. XXV, 9–10 [111–3]）。なお，ここでいう「超越論的論証（transcendental argument）」とは，可能性の条件に訴えるタイプの議論のことであり，フッサールがのちに標榜する超越論的現象学とはさしあたり関係ない。

にしたがって振る舞わなければならないような規則である〉ということも意味しうる。問題の議論はこれら二つを混同している。つまり，〈論理的規則にしたがって推論すること〉と〈論理的規則から推論すること〉が，その議論にとっては同じものとして妥当しているのである。なぜなら，循環が成り立つのは，論理的規則からの推論がなされるときに限られるのである。(XVIII, 69–70 [1:77–8])

たしかに論理学者の営みそのものが論理法則から(aus)の推論であるならば，論理法則の妥当性を証明するという論理学者の営みは，証明すべきことから証明すべきことを引き出すという循環に陥っていることになる。だが，われわれの合理的思考が論理的規則を前提しているということは，われわれの合理的思考がつねに論理的規則を前提にして，それから推論するものであるということではない。何らかの推論をするとき，われわれはその推論を支配する論理法則に言及することなくそれを使うこと（「論理的規則にしたがって(nach) 推論すること」）ができ，その場合には循環は生じない[10]。妥当な推論による合理的な思考がつねにすでにしたがっているこうした規則こそ，思考の可能性の条件をなす，アプリオリな規範としての論理法則なのである[11]。

心理主義に反対する超越論的論証が登場する『プロレゴメナ』の他の二箇所も確認しよう。そのひとつは，経験主義批判という文脈のなかにある。

極端な経験主義は，認識論としては，極端な懐疑論に劣らず不合理である。極端な経験主義は間接的な認識の可能性を捨て去り，それによって学問的に根拠づけられた理論としての自身の可能性を捨て去ってしまうのである。極端な経験主義は，間接的認識，つまり根拠づけの連関から生じた認識を認めるし，根拠づけの原

---

10) ハンナが指摘するように，自然演繹による証明という考えはまさにこの事実に依拠している (cf. Hanna 2008, 40)。
11) ここでの議論について，より詳しくは本書巻末の補注 I を参照のこと。また，『プロレゴメナ』の第 19 節を以上のような仕方で解釈するためには，文献上のある問題をクリアする必要がある。この点については補注 II を参照のこと。

2.2 心理主義批判の深化

理も否定しない。それは、論理学の可能性を単に認めるばかりか、自らも論理学を構築する。しかし、あらゆる根拠づけがその進行が適合するような原理に依拠し、これらの原理に立ち戻ることによってのみ根拠づけの最高の正当化がなされるのだとすれば、経験主義によって構築される論理学は循環するか、あるいは、根拠づけの原理がそれ自身根拠づけを必要とするならば、無限後退に陥るだろう。(XVIII, 94 [1:104–5])

認識に関する経験主義的な立場を徹底し、論理法則を経験からの一般化によって獲得されるものとみなしたとしよう（これは心理主義の主張を少し一般化したものに等しい）。しかしその場合にも、経験からの一般化というわれわれの合理的思考がしたがう規範的原理、つまり論理法則は、経験主義的な論理学の構築の前提となる。したがって論理法則に関する経験主義的な説明は循環している。ここで、合理的思考の前提となっている論理法則をさらに経験主義的に説明しようとしても無駄である。この新たな説明もまた規範的原理として論理法則を前提するのだから、状況はまったく好転しない。このように、経験主義的な論理学からは、説明に関する無限後退が生じてしまうのである。

もうひとつの超越論的論証は、アヴェナリウスおよびマッハ流の思惟経済説——「学問とは、当該の経験の領域にできるだけ完全に定位して、われわれの思考をその領域にできるだけ経済的に適応させようとするものである」(XVIII, 198 [1:216]) という立場——を批判する、『プロレゴメナ』第9章に見られる。

〔…〕可能な限り最大の合理性というこの目標ないし原理を、われわれは合理的学問の最高目標ないし原理として洞察的に認識する。これよりも一般的な原理をわれわれはそのつどすでに(jeweils schon) 所有し、その原理は、さらに深くて包括的な根拠へと遡及的に導いていくかぎりで、実際により優れたものであるだろう——このことは明証的だ。しかしこの原理は明らかに生物学的な原理や単に思考経済的な原理ではまったくなく、むしろ純粋にイデア的な原理であり、それに加えて、規範的原理でもある。(XVIII,

210 [1:229], 強調引用者)

ここでは，目下の議論にとって重要なことが二つ述べられている[12]。第一に，合理的な思考はどれも，論理的な法則を「そのつどすでに所有している」。第二に，論理的な法則は，より包括的で基礎的な少数の規範的原理（つまり公理）へと遡って説明されるべきものであり，こうした原理がイデア的なものである以上，論理法則はすべてイデア的法則であって，思惟経済説が想定するような生物学的法則ではない[13]。現実になされた合理的な思考は，つねにすでにアプリオリな規範としての論理法則にしたがっている。そのかぎりで，アプリオリな論理法則は合理的な思考の可能性の条件である。すると，アポステリオリで自然的な事実から論理学の妥当性を説明する心理主義（たとえば，ここで批判の直接的な対象となっている思惟経済説）は，循環に陥ってしまっている。「規範のイデア的な妥当は，思惟経済についてのあらゆる有意味な言説の前提であり，したがってそれは，こうした経済に関するいかなる説明の成果でもありえない」（XVIII, 211 [1:230]，強調原文）。

『プロレゴメナ』に登場する三通りの超越論的論証はどれも，われわれが現に合理的に思考している事実をそのようなものとして成り立たせている可能性の条件を問い，そうした条件として，アプリオリな規範としての論理法則の妥当性を要請する。この論証は，論理法則の妥当性に関する循環を生み出さない。論理法則が合理的思考の可能性の条件であることとは，合理的思考がつねにすでにそれに先立つものとしての論理法則にしたがって推論を行っていることであって，論理法則が合理的思考過程の前提に明示的に含まれていることではない。したがってこの立場によれば，論理学における論理法則の妥当性の根拠づけは，循環ないし無限後退を引き起こさない。そして，アプリオリな論理法則の妥当性がこのように別立てで確保されることによって，

---

[12] 本節での議論には直接関係しないが，フッサールは上の引用文で重要なことをもうひとつ述べている。それは，論理法則はイデア的な原理であり，「それに加えて規範的原理でもある」という見解である。『プロレゴメナ』のフッサールの考えでは，論理法則は正確にはそれ自体として規範的原理であるわけではなく，特定の条件下において規範的原理とみなすこともできるようなものである。この点については本章の第3節で詳しく論じる。

[13] 純粋論理学が公理を立てることが循環を起こさないという点について，フッサールは『プロレゴメナ』の第43節で論じている（cf. XVIII, 170 [1:189]）。そこでの議論でも，鍵となるのは前提からの推論と前提にしたがった推論の区別である。

帰謬法にもとづくフッサールの議論は，前提（4）に関する論点先取という論難を回避できるのである[14]。

ここまでの議論をまとめておこう。心理主義とは，技術学としての論理学——あるいはそこから帰結する心理学的ないし経験主義的な論理学——を論理学の全体と同一視する自然主義的な立場のことである。これに対してフッサールは，学問やそこでなされる合理的な思考の可能性の条件を問う超越論的論証を通じて，アプリオリな規範としての論理法則が存在することを示した。この成果を踏まえることで，心理主義を帰謬法によって斥けることが可能になる。心理主義が正しいことを仮定すると論理法則はどれもアポステリオリな法則であることになるが，これはアプリオリな規範としての論理法則が存在するということと矛盾するからだ。

2.3 規範的な論理法則と記述的な論理法則

2.3.1 「反心理主義者の誤り」

論理法則のアプリオリな規範性を示す超越論的論証は，フッサールの心理主義批判において欠くことのできない役割を果たす。だが，この論証は『プロレゴメナ』の本来の目的をそれだけでは達成しない。あとで詳しく見るように，純粋論理学が扱うアプリオリな論理法則は，命題の構造や関係に関する記述的な法則（フッサールの言葉遣いでは「理論的」法則）である。それに対して，ここまでで見てきた議論によって示されたのは，アプリオリな規範としての論理法則が存在するということにすぎない。こうしてフッサールは，アプリオリな規範としての論理法則によって論理法則の全体が尽くされ

---

[14] フッサールの超越論的論証は，思考のアプリオリな規範としての論理法則という考えを決定的な仕方で示したものではないかもしれない。しかしこの論証をさらに吟味することは，『論研』を読み解くという本書の課題を越える。ここでは，フッサール的な立場の擁護として，ハンナの議論を挙げておくにとどめたい。ハンナは「前提論証（the pressupositional argument）」というフッサールの超越論的論証に類似した議論を提唱し，対抗学説と比較検討することでその擁護を試みている（cf. Hanna 2006, chap. 3）。

ると考える，ある種の反心理主義者たちも問題視することになる（以下では，フッサールが問題視するタイプの反心理主義（者）だけを「反心理主義（者）」と呼ぶ）。

> [1] 反心理主義者たちは，認識の規則づけを論理法則の本質とみなした点で誤っていた。[2] 形式的論理学の純粋に理論的な性格や，さらには，形式的数学との並行性がしかるべき仕方で妥当させられていなかったのである。[3] 伝統的な三段論法で扱われる一群の法則が心理学とは異質だということは正しく見て取られていた。同様に，それらの法則が持つ，認識の規範となること（Normierung）という当然の使命〔…〕も正しく認識されていた。[4] だが，命題の内実とそれらの機能，つまり実践的応用との相違は見過ごされてきた。いわゆる論理的根本法則はそれ自身では規範ではなく単に規範として役立つに過ぎないということが，見過ごされてきたのだ。（XVIII, 161–2 [1:180]）

整理しながらパラフレーズしよう。[3] 反心理主義者もきちんと指摘したように，認識（真理を把握する体験）に関するアプリオリな規範として機能する論理法則は，心理学によって発見されるものではない。[4] たしかに論理法則は認識の規範として役立つ。だが，[1] 認識が認識であるための規則を与えるという機能を，論理法則は本質的に備えるわけではない。つまり，たとえ規範としての役割を論理法則に認めないとしても，われわれはそれによって論理法則の本質を捉え損ねるわけではないのである。なぜなら，[2] 形式的数学と並行的な論理学の法則は，純粋に記述的なものだからだ。

　心理主義批判のときと同じく，フッサールのここでの議論は帰謬法にもとづく。反心理主義にしたがって論理法則が本質的に（アプリオリかつ）規範的なものと仮定すると，論理学と数学の並行性から，数学の法則は本質的に規範的な法則であるということが帰結する。その一方で，論理学と（形式的）数学が並行的であることから，論理法則は本質的に記述的であるということ（つまり純粋論理学のアイディア）も帰結する。なぜなら，数学は数とそのあいだに成り立つさまざまな関係を対象とした学問であり，そこに登場する法則，つまり公理や定理は，われわれの数学的思考がどのようであるべきと

2.3 規範的な論理法則と記述的な論理法則

は無関係だからだ。ここには矛盾がある。こうして帰謬法の仮定が否定され、論理法則を本質的に規範的なものとみなす反心理主義は退けられる。

だが、この論証には二つの問題がある。

第一に、心理主義批判のときとやはり同じく、帰謬法にもとづくここでの議論は、そのままで通用させるわけにはいかない。フッサールの議論の前提には論理学と数学が並行的であるということが含まれるが、これは自明であるとは言いがたい。この前提の正しさが別個の議論によって示されない限り、矛盾へと至る一連の論証から、論理学と数学は並行的ではないという帰結を導くことも可能なのである[15]。

第二に、論理法則が本質的に記述的であることが認められるとしても、フッサールは、そうした論理法則がアプリオリな規範で・あ・ることをきちんと示さなければならない。フッサールが拒否する反心理主義とは、アプリオリな規範性を論理法則の本・質・とみなす立場なのである。反心理主義を批判することで、フッサールはアプリオリな規範としての論理法則という考えそのものを捨てようとしているわけではない。本章の第2節で見たように、アプリオリな規範としての論理法則は、フッサールの心理主義批判において大切な役割を演じるのだった。反心理主義批判を展開する先に引いた一節でも述べられているように、認識の規範として機能することは、論理法則の「当然の使命」であり、論理法則はそうした規範として「役立つ」というのである。これが意味するのは、論理法則はアプリオリな規範性をその偶然的・派生的な特徴として持つということだ。だが、本質的には記述的な論理法則が派生的には規範的でもあるということは、どうやって成り立っているのだろうか。こうした当然の疑問に答えないかぎり、論理学の本性をめぐるフッサールの議論は不十分なままに留まる。

第一の問題については次の第3章で論じる。われわれはそこで、数学が論

---

15) またこの議論は、数学が本質的に記述的であることも前提としている。そのため、ここで反心理主義および論理学と数学の並行性を前提として、数学の法則は本質的に記述的であるわけではないという結論に至ることも、もちろん論理的にはありえる。しかしその場合、数学者たちが探究するのは、数のあいだに成り立つ関係ではなく、可能な数学的思考一般が特定の状況下で正しいためにはどうあるべきかということであることになる。しかし本書では、こうした路線の議論をこれ以上追うことはしない。

理学と並行的であるとフッサールが考えた理由の一端に触れることになる。本章の残りの部分では，第二の問題への対応を詳しく見たい。

2.3.2 記述的命題からの規範的命題の派生

本質的には記述的な論理法則が派生的には規範的であるということを示すために，フッサールはまず，規範的命題一般が何らかの記述的な命題から派生することを論じる。その基本的な戦略を見ておこう。

> 〔…〕たとえば「A は B であるべきだ」という形式の規範的命題はどれも，「B であるような A だけが C である」という〔形式の〕命題を包含する。ただし，そこで C が示すのは，「善い」という基準的述語の内容を構成するもの（たとえば快や認識のようなもの，つまり，与えられた範囲のなかで，根本的な価値認定によって善いものとして優遇させられるもの）である。新しく出てきた命題は純粋に理論的なものであり，規範としての機能に関する思想を一切含まない。しかし逆に，もし後者のような形式の命題が妥当し，C そのものの価値認定——そうした価値認定は，当該の命題が規範として機能することを歓迎すべきことにする——が生じるならば，理論的命題は規範的な形式を受け取る。つまり，B であるような A だけが善いというのは，A は B であるべきだということである，という具合に。(XVIII, 60 [1:67])

かなり抽象的な言い方がされているが，ポイントは，〈規範的な命題はどれも，何らかの価値認定のもとで，何らかの記述的命題から派生する〉というところにある。規範の派生に関するこうした原理は，次のように定式化できる（「DN」は「Derivation of Norms」の略）。

(DN) A は B であるべきだという形式の規範的命題はどれも，B であるような A だけが C であるという形式の記述的命題と，「C」によって表現される性質を善いものとみなす根本的な価値認定にもとづく。

フッサールが原理 (DN) を掲げる理由を明らかにするために，「価値認定 (Werthaltung)」とは何かという問題からはじめよう。フッサールは上の引用の少し前に，以下のように述べている。

2.3 規範的な論理法則と記述的な論理法則

> 〔…〕あらゆる規範的命題は，何らかの価値認定（承認・評価）を前提し，この価値認定によって，ある特定のいみでの「善いもの」（価値）ないし「悪いもの」（負の価値（Unwert））という概念が，特定の対象のクラスに関して成り立つ。したがってこれらの対象は，そうした価値認定にもとづいて善いものと悪いものに分かれるのである。「兵士は勇敢であるべきだ」という判断を下すことができるためには，私は「善い」兵士についての何らかの概念を持っていなければならないのだが，この概念は〔…〕，一般的な価値認定にのみ根拠を持ちうる。あれこれの性質にもとづいて，兵士をあるときには善いものと評価し，またあるときには悪いものと評価することを許すのは，この一般的な価値認定である。(XVIII, 55-6 [1:62])

兵士は勇敢であるべきだという規範的な判断をする人は，勇敢な兵士だけが善い兵士であるという価値判断をその理由とする[16]。「この価値判断が妥当するから，ある兵士に対して勇敢であるべきだと要求する人は誰でも正しいのである」(XVIII, 54 [1:60], 強調原文)。だが，勇敢な兵士が善い兵士であるという価値判断ないし価値命題は，兵士に関して認められるより一般的な価値に，さらなる根拠を持つ。そのような一般的価値を規定する価値認定は，特定のクラスの対象を善いものと悪いものに分ける[17)18)]。

---

16) フッサールはここで「勇敢である（tapfer）」を非価値的な述語の例として用いているが，これが果たして適切な例かどうかについては疑問の余地が残る。だが，たとえこの例に問題があったとしてもフッサールの議論の本筋には影響しない。もしこの点が気になる場合には，「勇敢である」を「装備品を普段から手入れする」に置き換えながら以下を読みすすめて欲しい。

17) フッサール自身が明示的に述べていることではないが，ここでの善いものと悪いものへの区分は，当該のクラスに属するあらゆる対象を善いものと悪いもののいずれかに分類することとして理解する必要はないだろう。というのも，たとえば何らかの価値認定のもとで行為を道徳的に善いものと悪いものに分けることができるとしても，このことは道徳的に肯定的な価値も否定的な価値も持たない行為があることを除外しないからである。

18) 「価値認定」について論じるときにフッサールは特定の哲学者に言及しないが，この語はマイノングの価値論において，価値の源泉となる（情動的な）体験を意味する重要な用語として登場する。「すべての価値はこの価値を認定すること（Werthhalten）という心的事実に帰する。したがって，われわれは価値とは何かを知りたいのだから，価値を認定するという事実から研究をはじめなければならない」（Meinong 1894, 27）。ここには，用語だけでなく基本的な発想に関するある程度の一致があるように思われる。実際，フッサールは今引いた一節を含むマイ

フッサールはこの文脈で価値認定の具体例を出さないのだが、兵士と勇敢さという例を引き継いで簡単に確認しておこう。勇敢な兵士だけが善い兵士であることの根拠は、どのような価値認定にもとづくのだろうか。その一例として、作戦を遂行する能力に価値を認めることが挙げられるだろう。ところで、作戦遂行能力を持つことができるのは勇敢な兵士だけである（あるいは、そう想定しよう）[19]。すると、価値を認められた事柄つまり作戦遂行能力に到達するために必要な勇敢さにも、派生的な価値が与えられるだろう。また、ここで問題となっている価値認定が一般性を持つということは、それにもとづく価値の派生が、兵士が持ちうる別の性質に関しても起こることから確認できる。たとえば、作戦遂行能力を持つことができるのは装備品を普段から手入れする兵士だけなのだから（あるいは、そう想定するならば）、装備品を普段から手入れすることにも派生的な価値が与えられることになる。

以上を踏まえて次の一節を見てみよう。

> ある根底的な価値認定と、それによって規定される一対の価値述語の内容に関係して、そのような述語を所有するための何らかの必要条件・十分条件・必要十分条件のいずれかについて述べるような命題はどれも、規範的な命題と呼ばれる。価値を評価することで、規定されたいみでの——したがって規定された領域での——「善い」と「悪い」の区別をひとたび手にすれば、われわれが関心をもつのは、当然のことながら、〈このいみでの善いことや悪いことが保証されたりされなかったりするのは、どのような状況にお

ノングの『価値論についての心理学的・倫理学的研究』を 1894 年の公刊時に著者本人から贈られているのだが、ローリンジャーが指摘するように、書簡から推定するかぎりでは、フッサールが同書を本格的に検討したのは『論研』公刊後の 1902 年になってからのようである（cf. BW I, 133, 145, cited in Rollinger 1999, 175）。したがって、ここに影響関係があったと述べるための十分な証拠は見つかっていない。とはいえ、価値論に関してフッサールとマイノングが共にブレンターノの影響圏にあるという事実に鑑みれば、両者が用語や発想を（ある程度）共有することそれ自体は、驚くべきことではないだろう。ブレンターノの価値論とそれがフッサールに及ぼした影響については、八重樫 2017 の第 3 章が詳しく論じている。

19) これも異論の余地がある想定かもしれないが、兵士は勇敢であるべきだという個別の主張が本当に正しいのかどうかは、ここではどうでもいい事柄である。目下のフッサールの議論で問題になるのは、具体的に何に価値があるかではなく、何かに価値があるというのはどういうことかだ。あとで見るように、前者のような問題に対して、フッサールの議論はまったく中立的である。

2.3 規範的な論理法則と記述的な論理法則　　　　　　　67

いてであり，どのような内的ないし外的性質によってなのか〉と
いうことや，〈当該の領域におけるある対象に善いという価値を
与えうるためには，それにどのような性質が欠かせないのか〉と
いうことである。(XVIII, 56 [1:63])

　何に価値があるかを規定する価値認定によって，あるクラスの対象にとって
それが善い（悪い）とはどういうことが明らかになる。たとえば，作戦遂
行能力にポジティヴな価値を認める価値認定によって，兵士にとってこの能
力を持つことが善いことであり，それを欠くことが悪いことであるというこ
とが帰結する。すると，そうした対象が善いもの（悪いもの）であるための
条件を明らかにする命題は，当該のクラスの対象に要求できる規範的命題に
理由を与える[20]。勇敢な兵士だけが作戦を遂行できると想定しよう。その場
合，勇敢な兵士だけが作戦遂行能力を持つという命題は，作戦遂行能力を持
つための必要条件を明らかにするのだから，兵士は勇敢であるべきだという
規範的命題の理由とみなされる。ポイントは，勇敢な兵士だけが作戦遂行能
力を持つという命題そのものは，価値述語を含まない純粋に記述的な命題で
あるというところにある。作戦遂行能力を持つことを善いこととみなす価値
認定が成り立っているときにかぎり，この記述的命題は勇敢な兵士だけが善
い兵士だという価値命題を含意し，それによって兵士は勇敢であるべきだと
いう規範的命題に理由を与えるのである。

　ここから (DN) まではあと少しである。先ほどの引用に出てきた「根底的な
(zugrunde liegend)」価値認定や，(DN) に登場する「根本的な (fundamental)」
価値認定という言い回しは，価値認定には序列があるということを示唆する。
実際のところ，作戦遂行能力に価値を認める価値認定には，上位のより一般
的な価値認定——たとえば，市民の生活と財産を守ることに価値を認めるこ
と——があるように思われる。その場合，作戦遂行能力に価値があるという
ことの根拠は，後者の価値認定と，作戦遂行能力を持つ兵士たちによっての
み市民の生活と財産を守ることができるという点に求められることになるだ
ろう。もちろん，市民の生活と財産を守ることに価値があるということそれ

---

　20)　フッサール自身は，この場合に前者の命題そのものを規範的命題とみなすが，ここでは
その内実を，理由を与えるという関係として解釈する。

自体も，さらに一般的な価値認定に遡って説明されるべき事柄かもしれない。いずれにせよ，価値認定には一般性の度合いに応じた序列があり，根本的な価値認定は，こうした序列の最上位を占めるものとして理解できる。兵士は勇敢であるべきだという規範的命題はどれも，勇敢な兵士だけが作戦遂行能力を持つという命題と作戦遂行能力を持つという性質を善いものとする根本的価値認定にもとづくのである。これを一般化すれば，以下が得られる。

(DN)　A は B であるべきだという形式の規範的命題はどれも，B であるような A だけが C であるという形式の記述的命題と，「C」によって表現される性質を善いものとみなす根本的な価値認定にもとづく。

2.3.3　根本的価値認定と根本規範

　根本的な価値認定は，ある領域の存在者に関する規範的命題の一群に統一を与える。それゆえ，「その領域の対象に対して〈肯定的な価値述語を構成する徴表を可能な限り満たすべし〉と要求する命題は，関連する規範からなるどんな一群のなでも際立った位置にあるため，根本規範と呼ぶことができる」（XVIII, 57 [1:64]）。こうした「根本規範（Grundnorm）」の例として，フッサールはカント倫理学における定言命法や，功利主義における最大多数の最大幸福という原理を挙げる（cf. XVIII, 57 [1:64]）。カントや功利主義者が保持する倫理学的な規範の一群が互いに区別されるような統一性をそれぞれ備えていることは，それらが定言命法ないし最大多数の最大幸福という異なる根本規範によって背後で支えられることによるというのである。これを踏まえれば，われわれは（DN）と同値の次のような原理を定式化できる。

(DN′)　A は B であるべきだという形式の規範的命題はどれも，B であるような A だけが C であるという形式の記述的命題と，「C」によって表現される性質は善いものであるという根本規範にもとづく。

　ここで注意をしておかなければならないのは，根本的な価値認定に相関する根本規範を，直前の引用文中のように「命題」と呼ぶことは，あまり厳密な言い方ではないという点だ。仮に根本規範が命題だとしたら，原理（DN′）が語っているのは，三つの命題の関係――A は B であるべきだという形式の

2.3 規範的な論理法則と記述的な論理法則

規範的命題は，B であるような A だけが C であるという形式の記述的命題と根本規範という規範的命題という二つの命題から何らかの仕方で帰結する——だということになるだろう。するとフッサールの説明は，規範的な命題がそこから派生するもとの命題のなかに，規範的なものを紛れ込ませているという循環に陥ってしまうように見えるかもしれない。だが，フッサールの説明は，実際にはこうした循環から守られている。

> 根本規範は問題になっているいみでの「善いもの」や「より善いもの」の定義の相関者である。根本規範は，あらゆる規範としての働きがそれにしたがってなされるべき根本基準（根本価値）を挙げるのであり，したがって・本・来・の・い・み・で・規・範・的・命・題・を・立・て・る・わ・け・で・は・な・い。(XVIII, 58 [1:64], 強調引用者)

たしかに根本規範も文によって定式化されうるが，そうした文は「兵士は勇敢であるべきだ」のような文と同じ仕方で規範的命題を意味するわけではないというのである[21]。

根本規範の特徴をより際立たせるために，われわれは『プロレゴメナ』の議論を自分たちの手でさらに敷衍してみよう。価値認定はわれわれに帰属させられる態度の一種であった。すると根本的な価値認定とは，何にもっとも価値を置いているのかを定め，それによってさまざまな価値の序列を生み出すような態度であることになる。しかし一般的にいって，われわれはさまざまな価値に序列をつけ，それに応じた規範に多かれ少なかれしたがって生きている一方で，それを貫く根本的態度がどのようなものであるのかを明確に定式化できるとは限らない。「あなたはこれまで，あれをすべきだけど，これはすべきではないというようなさまざまな規範にしたがって人生を送ってきたと思います。では，それらをひとつにまとめているのはどういう規範なのか，はっきりと言い切ってもらえますか」と尋ねられたとき，多くの人は答えに窮するに違いない。これが意味するのは，ある根本的な価値認定のもと

---

21) 根本規範が命題で・な・いとしたら，それは何で・あ・るのかということについて，フッサールは何も語っていない。だが，根本規範にフッサールが与えた役割と特徴を踏まえれば，われわれはそれを「価値観」と呼ぶことができるかもしれない（この点について，八重樫徹から有益な示唆を得た）。

に立ち，それに相関する根本規範を定めるとき，われわれはその根本規範の内実をはっきりと理解しているとは限らないし，したがってその根本規範が正当かどうかについて深く考えているとも限らないということである。

さらに，そもそも価値認定（ないし「評価（Schätzung）」）が何によって正当化されるのかという問題を，『プロレゴメナ』のフッサールは自分の課題とみなさない。

> この評価がある何らかのいみで「客観的に妥当」であるかどうか，そもそも客観的な「善いもの」と主観的な「善いもの」に区別をつけられるのかということは，当為命題〔＝規範的命題〕の意味を単に確認するここでは考慮されない。(XVIII, 56 [1:62–3])

ある記述的命題が規範として機能するとはどういうことかを明らかにするという問題は，その規範が客観的に妥当かどうかという問題から区別される。これに対応するように，互いに両立しないように見える根本規範——たとえば定言命法と最大多数の最大幸福という原理——のどちらを採用すべきなのかということは，同書ではまったく開かれたままにされる[22]。

これと関連して指摘しておきたいのは，フッサールの考えでは，われわれは同時に複数の異なる根本的な価値認定のもとにありうるという点である。フッサールはわれわれが目下の文脈で用いられる「善い（gut）」という価値述語について次のように注意を促す。

> 「善い」という用語はここで，何らかの価値があるものというもっとも広いいみで用いられている。われわれが示した定式〔＝ B である A だけが善いものである〕に属する具体的な命題に登場するこの用語は，それらの命題の根底にある価値認定が持つ特定のいみにおいて，そのつど理解されなければならない——たとえば，役に立つもの・美しいもの・道徳的なものなどとして。価値認定

---

[22] こうした事情を踏まえれば，現代的な観点から，フッサールの関心は（規範倫理と対置される）メタ倫理的な水準にあるということもできるかもしれない（cf. Smith 2013, 341–2）。しかし，ここで扱われるのは道徳的価値に限られない価値一般であるため，フッサールの関心が通常のメタ倫理よりも広いことには注意が必要である。

にはさまざまなものがあり〔…〕，それと同じ数だけ，価値にもさまざまなものがある。(XVIII, 54 [1:60])

目下の文脈では「善い」という述語がもっとも広いいみで用いられ，(道具として) 役立つもの・美しいもの・道徳的なものはどれも，このいみで「善い」と言われる。したがって，B である A だけが善いものであるという形式を持つ具体的な命題に登場する〈善さ〉は，その命題がどのようなものであるのかに応じて，異なる種類の価値として理解されなければならない。そして，〈善さ〉の種類の違いは価値認定の違いによってさらに説明される。たとえばある芸術作品が持つ美的価値が兵士の勇敢さとは別種の価値であるのは，前者の根底にある価値認定が，作戦遂行能力に価値を認めることとはまったく別種の価値認定であるためなのである。われわれが認める価値の序列は，異なる根本的価値認定にしたがって複数のグループへと統一されうる。

したがって『プロレゴメナ』のフッサールによれば，誰かがある規範的命題を真とみなす理由は，その人がそのときに採用する根本的な価値認定という文脈において理解されるべきものである。たとえば，兵士は勇敢であるべきだという規範的命題をある場面では真とみなす人は，関連する根本規範——ある一定の政治的価値に関するものと仮定しよう——とまったく関係しない生き方に完全に没頭している別の場面，たとえば，美的な価値だけを重視する芸術至上主義者として振る舞っているときにも，勇敢な兵士だけがある政治的価値を実現できるという記述的な命題の真理を認めるかもしれない。しかし対応する根本的な価値認定が欠落している目下の場面では，この記述的命題は，その人にとって，兵士は勇敢であるべきだという規範的命題の理由にならない。あるいは次のように述べることもできるだろう。勇敢な兵士だけがその政治的価値を実現できるという記述的命題の真理を認めつつも，そこから何らかの規範的命題を引き出さないとき，その人は当該の根本規範とはまったく無関係な生き方に没頭している。このことは，規範的な論理法則の派生に関する本章の残りの部分だけでなく，本来的思考と非本来的思考を扱う第 6 章と第 7 章でも重要になる。

2.3.4 規範的な論理法則の派生

では，記述的な論理法則から規範的な論理法則がどのように派生するのだろうか。まずは，「規範的転用（normative Wendung）」と呼ばれるこうした派生によって獲得される規範的な法則の具体例を見ておこう。フッサールは次のように述べる。

> 〔矛盾律〕の規範的転用においてその法則が意味するのは，次のようなことに他ならない。対立する信念作用のどんな対が選ばれたとしても——その対が同一の個人に属していようとも，異なる人によって分かち持たれていたのだとしても，また，その対が同じ時間区間に共存していようとも，時間区間によって分け隔てられているのだとしても——それぞれの対をなす項の両方が正しい，つまり真理に適っているということはない，ということは絶対的に厳密に例外なく妥当する。（XVIII, 93 [1:104]）

推論において矛盾した結論を避けるべきなのは，矛盾した判断が正しいことがありえないからである。もうひとつ別の例を考えてみよう。次の推論

　　山田は気が優しい。

　　山田は力持ちだ。

　　したがって，山田は気が優しくて力持ちだ。

は正しい。このときわれわれは，連言の導入（Introduction of Conjunction）に関するアプリオリな論理的規範，つまり

(IC^n) Pという形式の判断とQという形式の判断からP&Qという形式の判断を導く推論はどれも正しい

にしたがって推論している（上付きの「n」は「norm」の略号である）。われわれが（IC^n）に照らして正しくない推論をすべきでないのは，そうした推論（あるいは推論になり損ねた思考）は，結論を導く際に前提の正しさが結論の正しさを保証しないからである。そうした保証を与えてくれるのは，正しい

2.3 規範的な論理法則と記述的な論理法則

推論に限られる。このように，規範としての論理法則が指定するのは，真理の獲得につながる正しい判断を行う（あるいはそうした判断の根底にある正しい信念を持つ）ためにはわれわれはどう推論すべきであり，どう推論すべきではないのかということだ。

その一方で，規範的な論理法則に対応する記述的論理法則は，いかなるいみでもわれわれの（可能な）思考についての言及を含まない。第1章で見たように，論理法則は命題のあいだに成り立つ導出関係についての法則なのだから，それは命題（の形式）にしか関わらない。たとえば（IC^n）や規範としての矛盾律（Principle of Non-Contradiction）に対応する記述的法則は，それぞれ次のように定式化できる。

(IC) P という形式の命題と Q という形式の命題の組は，P&Q という形式の命題を導出する。

(PNC) 相矛盾する二つの命題からなるどんな組についても，その両方が真であることはない。

ここから分かるように，(IC) から (IC^n) への規範的転用は，命題のあいだに成り立つ形式的な導出関係にもとづいて，それに対応する推論が，そしてそれだけがわれわれが行うべき正しい推論であるとみなすことなのである。また，(PNC) の規範的転用は，命題の真理に関する形式的な一般的法則にもとづいて，矛盾した命題の組を結論とする判断はわれわれの避けるべき正しくない判断であるとみなすことだ。論理法則の規範的転用はどれも，これらの二つのいずれかのパターンを持つ。

するとどちらの場合にも，論理法則の規範的転用は，原理（DN）ないし（DN′）の単なる適用によっては説明できないことになる。記述的な論理法則はもっぱら命題同士の関係についてのものなのだから，(DN) ないし (DN′) によって論理法則から直接派生させることができる規範的命題があるとしても，それは，命題はかくあるべし（／べからず）という内容の規範に限られる。だが，そうした類の規範的命題はどれも，フッサールが規範的な論理法則として考えているものとは異なる。

とはいえもちろん，記述的な論理法則からの規範の派生を説明する際に，(DN) ないし (DN′) には大きな役割が与えられる。フッサールは，(i) 論

理法則がそれにかなった推論を「正しい」ものとして特定する規則ないし規範的法則であることを，判断に関するより一般的な規範からの帰結とみなす。(ii) この一般的な規範を (DN) ないし (DN') によって説明することで，論理法則は派生的に規範的であるに過ぎないという結論が下されるのである。それぞれのステップを見ていこう。

　(i) 少し前の議論からも分かるように，規範的な論理法則が規範として機能するのは，われわれが認識，つまり真理の獲得に価値を認めるような根本規範のもとにあるときに限られる。実際，われわれが原理 (DN) を導入する際に引用した一節で，フッサールは，価値認定によって善いとみなされるものの一例として認識を挙げている（cf. XVIII, 60 [1:67]）。これに対応するように，『プロレゴメナ』の冒頭では，学問が〈明証的な判断としての認識を目的とした活動〉という側面を持つことが指摘される（cf. XVIII, 27-8 [1:31]）。われわれは認識を通じて真理（真なる命題）とそれらの相互関係を発見し，そうした真理が認識によって後代に再発見できるような仕方で保存されることによって，学問は特定の時代と地域における個人を超えた共有物となるというのである。したがって，学問的な活動という文脈，あるいはより一般的に，判断を下すことが必要とされている文脈では，われわれは明証的な判断だけを下さなければならない。したがってフッサールは次のように述べる。

> 「判断の根拠」という表現が意味するのは〔…〕，判断の論理的な権利に他ならない。このいみでは，あらゆる判断がたしかにそれ自身の権利を「要求する」〔…〕。つまり，あらゆる判断について，それは真であるものを真であるものとして判断しなければならないという要求が立てられる〔…〕。（XVIII, 139 [1:154]）

こうした要求こそ，真理の獲得に価値が認められる文脈における根本規範の内実をなすものだ。

　さて，ある判断の明証性は，その判断の内容をなす命題が実際に真であることの把握によって特徴づけられる。明証的な判断の典型例としてフッサールの念頭にあるのは，『論研』第2巻の認識の現象学的分析を見ればわかるように，判断が非推論的な仕方で経験にもとづく事例，たとえば，目の前の光景の知覚にもとづいて「このテーブルは丸い」と判断するようなケースだ。

2.3 規範的な論理法則と記述的な論理法則

それに対して，学問的な活動という文脈においてわれわれの下す判断の大半は推論にもとづく。こうした判断が明証的であるのは，それが明証的な（あるいはかつて明証的になされた）判断からの妥当な推論にもとづいて下されるときに限られる。推論の妥当性は，ある種の判断の明証性の必要条件なのである。そのため，真理の獲得としての認識に価値を認める根本規範が成り立つ場面では，論理法則はわれわれの思考にとって規範として働く。

(ii) 判断は明証的であるべきだという規範的命題は，(DN′) にしたがって，「明証的な判断だけが認識である」という記述的命題と，認識を善いものとみなす根本規範から派生したものとみなされる。すでに述べたように，どの根本規範が正しいのかということは，『プロレゴメナ』のフッサールにとって重要な問題ではない。認識を善いものとみなす根本規範についても例外ではない。さらには，こうした根本規範が成り立たない文脈があることを『論研』のフッサールは認めている。認識が目指されない「非本来的」な思考の場面では，われわれは論理法則から自由であるというのだ (cf. XIX/2, 723 [4:221])。この点について，われわれは第6章と第7章で詳しく論じる。ともあれ，フッサールのこうした考えにしたがえば，論理法則はいついかなるときにもわれわれの思考の規範として働くわけではなく，認識を目指す学問的・合理的思考の文脈という限定的な場面で規範として「役立つ」にすぎない。したがって——すでに引いた一節をもう一度持ち出せば——「反心理主義者たちは，認識の規則づけを論理法則の本質とみなした点で誤っていた」(XVIII, 161 [1:180])。

本章を閉じるにあたって，ここまでの議論を少し違う角度から整理し，論理学の性格についてのフッサールの見解をあらためて明らかにしておこう。

フッサールは心理主義を厳しく批判する際に，技術学としての論理学そのものや，そこから帰結する心理学的論理学を批判したわけではない。心理主義とは，そうした論理学によって論理学の全体が尽くされるという考えのことだ。この考えからは，論理法則は心理学（あるいは別の自然科学）によって発見される自然法則でしかないことになる。この帰結に対して，フッサールは論理法則は合理的な思考の可能性の条件となすアプリオリな規範であることを示し，そうした法則を心理学のような自然科学によって発見される法則とみなすことは循環におちいると論じたのだった。

だが，フッサールはアプリオリな規範としての論理法則を示しただけでは満足しない。論理法則の本性をアプリオリな規範性にみるある種の反心理主義者は，この法則が本質的には記述的であることを見落とすという誤りを犯しているというのである。ここでもフッサールは，規範的な学問としての論理学そのものを批判しているわけではない。すぐ前で述べたように，アプリオリな規範としての論理法則がフッサールの心理主義批判にとっても決定的に重要な役割を果たす。ここで批判されているのは，自然主義と同様に，規範的な学問としての論理学（と技術学としての論理学）によって論理学の全体が組み尽くされるという立場だ。論理法則は本質的には命題の関係に関する記述的な法則であり，真理の獲得に価値が認められる文脈において，規範として役立つに過ぎないというのである。

第 3 章

学問論としての純粋論理学と哲学者の仕事
——『論研』第 1 巻 (2)——

───────

　「純粋論理学の理念」と題された『プロレゴメナ』の最終章において，フッサールは純粋論理学を「学問論（Wissenschaftslehre）」として完成させる構想を提示する。形式的存在論・純粋多様体論・純粋蓋然性理論への拡張によって，純粋論理学は，命題の連なりとしての客観的な学問一般について，その可能性の条件を探究する学科になるというのである。フッサールが論理法則を本質的に記述的なものと考えた理由の一端もここにある。とはいえ，前章で詳しく見たように，論理法則は，派生的には学問的な思考の可能性の条件となるアプリオリな規範としても機能する。こうした事情は，純粋論理学が学問論へと拡張されたときにも変わらない。したがってフッサールの学問論は，学問的な思考一般の可能性の条件をなすアプリオリな規範を探究する学科としての性格も持ち合わせることになる。学問論が持つこうした二重の性格は，『論研』第 2 巻における議論ときわめて深い関係にあり，そのかぎりで同書の統一性を理解するための鍵となる。

　本章の概略は以下の通りである。

第 1 節　フッサールの純粋論理学の構想を概観する。純粋論理学は命題のあいだの形式的な導出関係を扱う学科であり，純粋多様体論・形式的存在論・純粋蓋然性理論へとそれぞれ拡張されることで一般的な学問論としての姿を現す。

第 2 節　現象学の課題(「哲学者の仕事」)の内実を,『プロレゴメナ』から読み取れる範囲で確認する。『論研』のフッサールが現象学の課題とみなしたのは,認識体験の分析を通じて論理学の基本概念に解明を与えることである。またこうした解明のための予備的考察として,フッサールは『プロレゴメナ』で真理と明証的判断の関係について論じている。これらの点を,『論研』のフッサールが命題の存在論的身分を明らかにするために採用していた命題のスペチエス説と関連づけて整理する。

第 3 節　経験的な個別的命題をめぐる問題に対して,『論研』のフッサールがどのようにアプローチしていたかについて考察する。われわれはまず,認識論としての論理学というフッサールの発想を確認し,それが認識の現象学にどのような影響を及ぼしうるのかについて論じたうえで,認識の現象学による分析が,認識論としての論理学を可能にするための発想を提供しうることを示す。これによって,『論研』第 2 巻におけるもうひとつの課題として,認識論の拡張という問題があることが明らかになる。

3.1　学問論としての純粋論理学

3.1.1　活動としての学問と客観的な学問

　学問には二つの側面がある。一方で,学問は特定の時代・地域において特定の個人ないし集団によって行われる活動だ。活動としての学問は,時代や地域によってはまだ存在していなかったり,もはや存在しなかったりするだろう。他方で,活動としての学問の成果,つまりそれによって発見された真理の体系としての学問は,特定の個人・時代・地域の専有物ではない。客観的なものとしての学問を,われわれは個人・時代・地域を超えて共有することができるし,現にしている。フッサールは『プロレゴメナ』の第 1 章で,学問が持つこれら二つの側面を区別しながら,そもそも学問とは何かという大きな問いに関する自分の見解を素描する(なお,この箇所は第 2 章の第 3.4 節ですでに一度参照されている)。

3.1 学問論としての純粋論理学

その名が示すように，学問（Wissenschaft）は〈知ること（Wissen）〉に関わる。学問が〈知ること〉という作用が織り合わさってできたものであるかのようにいいたいわけではない。学問は文献のなかでのみ客観的に存続する。つまり，それが現に存在することが人間とその知的な活動に深く関係するのだとしても，学問は書き留められるというかたちでのみ，固有の仕方で客観的に存続するのである。こうしたかたちで学問は何千年に渡って根づき，個人・世代・民族を越えて持続する。このように，学問は〔文献を残すという〕表だってなされた事柄の総和であるが，それらの事柄は，それらがかつて多くの個人による〈知ることという作用〉から生み出されたのと同様に，無数の個人によるそうした作用へと再び変わっていくことができる——これがどうやってなされるかは簡単に分かるが，それを精密に記述しようとすると面倒なことになる。ここでのわれわれにとっては，次のことだけで十分だ。それは，〈知ること〉という作用を生み出すための何らかの詳細な前提条件，知ることのレアルな可能性を学問が提供する——あるいは提供しなければならない——ということだ。そうしたレアルな可能性の実現は，「通常の」または「相応の能力を持つ」人間が「通常の」状況下で，自分の意志の達成可能な目的とみなすことができるものである。このいみで，学問は知識を目的とする。（XVIII, 27-8 [1:31-2]）

注釈を加えるべきことが数多く書かれた重要な一節だが，さしあたりここで重要になるのは，以下の点である[1]。活動と客観的なものという学問の二つの側面の接点を，フッサールは〈知ること〉のうちに見て取っている。現在ま

---

1) 本書では立ち入ることができない事柄について，ひとつだけ指摘しておこう。活動としての学問とその成果としての学問の対比は，真理の獲得としての認識を行為とみなす後期フッサールによって，より本格的に論じられることになる。また，書かれた文章が真理の客観性にとって持つ意義という，晩年の草稿「幾何学の起源」で論じられることになる問題——この問題をわれわれが引用した一節が先取りしているということは，フッサールに慣れ親しんだ読者には明らかだろう——も，おそらくこうした事情と深い関係にある。行為としての認識という後期フッサールの考えとその前史，そしてそれが持つ意義については，別の機会に論じたことがある（cf. Uemura 2015; 植村 2015a）。

でに獲得された真理はどれも，過去の誰かがある時点ではじめて知るに至ったものである。そうした真理を現在の私が手にしているのは，自力でそれを発見した場合を除けば，過去の誰かが知るに至ったその真理が記録され，回り回って私の知るところとなったからだ。真理の伝達にとってそれが文書に記録されることは重要ではあるが，そうやってわれわれに利用可能になった客観的真理は，誰かがそれが最初に発見されるときも，後になって誰かに伝わるときにも，その人の〈知ること〉を必要とする。さて，この〈知ること〉は，客観的な学問が持つ特徴によって規整されている。〈知ること〉とは客観的な学問に含まれる真理を獲得することなのだから，客観的な学問とは何かを明らかにすれば，そこに含まれる真理を獲得するために必要なことの少なくとも一部が明らかになる。

　ここで問題になっているような〈知ること〉を，フッサールは続く箇所で明証的な判断として特徴づけ，この明証的な判断はさらに「認識（Erkenntnis）」と言い換えられる（cf. XVIII, 28–9 [1:32–3]）。では，明証的な判断としての認識とは具体的にいって何か。例を使って考えよう。本書の読者の多くは，素数は無限にあるということを，「素数は無限にある」という文字列をたったいま読むまでながいあいだ，実際に考えていなかったに違いない。しかし大半の読者は，そのあいだにも，素数は無限にあると知らなかったわけではないはずだ。「素数は無限にありますか」と問われれば，それに「はい」と答えることができるからだ。ここで問題になっているような〈知ること〉は，傾向性としての知識である[2]。傾向性としての知識を獲得する仕方には，少なくとも二種類のものがある。伝聞や証言にもとづく獲得と，それらにもとづかない獲得である。目下の例に則せば，この区別は，素数が無限にあるということを，教師にそう教えられたという理由だけで信じるようになった人と，同じことを自分で証明して知った人の違いにもとづく。一方で，前者のような人も，素数は無限にあるということについて，傾向性としての知識を持つと言うことができる。われわれが実際に知っていることのかなりの部分は，そうした単なる伝達による知識だろう。他方で，後者のような人は，前者のよ

---

[2] 傾向性としての知識について日本語で語る場合には「知ること」よりも「知っていること」の方がより適切だが，ここでは両者の違いが何にあるのかという問題には立ち入らない。

うな人と比べると，ある点で重要な違いがあるように見える。それは，後者のような人だけが，素数が無限にあるということを，その根拠ないし理由とともに判断できるという点だ。たしかに前者のような人も，素数は無限にあるという判断を下し，それに対して「教師にそう教えられたからだ」という理由を挙げることができる。しかしこれは，素数は無限にあると知っていると言うための理由であって，素数が無限にあるということそれ自体の理由にはならない。このようないみでの理由を実際に把握しながら，それにもとづいて判断を下し，それによって知識を獲得することこそ，フッサールが「明証的な判断」ないし「認識」と呼ぶものに他ならない[3]。「学問的認識は，そのものとしては，根拠にもとづく認識なのである」(XVIII, 233 [1:254])。

　少し整理して言い換えれば，認識とは，ある命題が真であることを，その命題が真である理由の把握と共に判断することだ。こうした認識が持つ明証 (Evidenz) という特徴を，フッサールは「真理それ自体の直接的な気づき」や「真理の体験」とも特徴づける (cf. XVIII, 29, 193 [1:33, 212])。認識はわれわれの意識に登場する独自のタイプの体験であり，われわれもあとで詳しく見るように，独自の現象学的分析を要請するのである。

3.1.2　（狭いいみでの）純粋論理学

　前節の冒頭で引いた長い一節の直前でも述べられるように，われわれが見てきた一連の考察から，フッサールは，「学問の理念に属する規範的かつ実践的学科」としての学問論が可能であり，また正当であると主張する (cf. XVIII, 27 [1:31])。ここで前章の議論を思い出そう。フッサールは論理法則のアプリオリな規範性を，認識が価値あるものとして目指される場面と関連づけて論じるのだった。すると，アプリオリな規範を研究する論理学は，ここで問題になっているような学問論の少なくとも一部であることになる。学問論もまた，真理の獲得つまり認識を目指す場面での規範に関わるからだ。そしてフッ

---

[3]　第5章で詳しく見るように，フッサールは認識を判断の直観による充実として分析する。理由の把握は，最終的には直観によってもたらされるのである。すると，数学的な認識が問題になるここでは，「数学的直観」と呼ぶことができるような直観が要請されることになる。残念ながら本書ではフッサールにおける数学的直観という話題を扱うことができないが，これについては，富山 2014 がいくつかの重要な指摘とともに問題を明晰に整理している。

サールは，認識の可能性の条件としての規範的命題一般を，それ自体では記述的な命題から派生したものと捉えるのだった。このことも前章で詳しく論じた。以上から帰結するのは，規範的・実践的学科としての学問論にも，より根底的なものとして記述的な学問論がなければならないということだ。

こうしてフッサールは，先に引いた『プロレゴメナ』第1章からの長い一節にも登場した「表だってなされた事柄（äußere Veranstaltungen）」という表現を再び用いながら，同書の最終章で次のように述べる。

> 学問とは，まずもって人間学的な統一，つまり，何らかの表だってなされた事柄〔＝文献の執筆などによる見解の表明〕と一緒になった，思考作用や思考の傾向性の統一である。こうした統一のすべてを人間学的，とりわけ心理学的な統一として規定するものは何かということは，ここでのわれわれの関心事ではない。われわれが関心をもつのはむしろ，学問を学問にするものであり，これはどんな場合にも，思考作用を秩序づける心理学的なつながり，あるいは一般的にいってレアルなつながりではない。学問を学問にするのは，むしろ，何らかの客観的ないしイデア的なつながりであり，このつながりが思考作用に統一的な対象的関係を与え，こうした統一において，イデア的な妥当を与えるのだ。(XVIII, 230 [1:251]，強調引用者)

ここで問題になる「客観的ないしイデア的なつながり（Zusammenhang）」とは，命題という客観的な存在者のあいだに成り立つ導出関係のことだ。記述的な学問論を規範的・実践的学問論の根底に置くという課題に，フッサールは純粋論理学を拡張することで応えようとするのである。『プロレゴメナ』の最終章はこの問題に捧げられる。

しかし「純粋論理学の理念（Idee [=idea]）」という表題からも分かるように，『プロレゴメナ』最終章でのフッサールの目的は，拡張のアイディアを語ることであって，純粋論理学を実際に拡張してみせることではない。本章の第3.2節で詳しく見るように，純粋論理学の拡張それ自体は論理学者・数学者の仕事とみなされ，哲学者の仕事から区別されるのである。『論研』のフッサールがどちらを自分の仕事とみなしたのかは，言うまでもないことだろう。

3.1 学問論としての純粋論理学

したがってわれわれも,純粋論理学の学問論への拡張はより具体的にどのようなものであるか,そもそもそうした拡張は(どのようにして)実行可能なのかという問題には立ち入らず,哲学者の仕事とされるものを浮き彫りにするのに十分な範囲で,フッサールのアイディアを概観したい。

命題の演繹的な導出関係に関する記述的な理論という,純粋論理学の基本的特徴をあらためて整理することからはじめよう。論理学は推論に関わる。正しい推論とは,論理的な法則ないし規則にしたがって前提から帰結を導く操作のことだ。こうした正しい推論の場合に限り,前提がすべて真であることが,帰結も真であることの確実な保証となる。それとは対照的に,正しくない推論,誤った推論とは,論理法則に反して前提から帰結を導く操作のことだ。そこでは,前提すべての真理は帰結の真理を保証しない――論理学についてのこうした一般的な考えを,フッサールももちろん共有する。しかしフッサールの考える純粋論理学は,われわれの行う操作としての推論には,間接的・派生的にしか関わらない。論理学の本来の対象は,われわれが行う推論に登場するが,それ自体としては客観的な命題なのである。ある推論が正しいことは,その推論の前提に登場する命題(の組)と帰結に登場する命題とのあいだに導出関係が成り立つことによって説明される。

以上については前章まででも見てきたとおりだ。これに加えて,ここでは次の二点も指摘しておきたい。

第一に,命題同士の導出関係をフッサールは「根拠づけ (Begründung)」と呼ぶが,両者は正確に一致するわけではない[4]。

> 説明的つながりはどれも演繹的だが,演繹的なつながりがどれも
> 説明的であるわけではない。すべての根拠は前提だが,すべての
> 前提が根拠であるわけではないのだ。(XVIII, 235 [1:256])

たとえば,Pという命題とQという命題は,P&Qという命題を導出する。また,P&Qという命題は,Pという命題を導出する。これらはどちらも純粋論理学が法則として認める演繹的な導出関係であり,推論規則としては,連言

---

[4] フッサールにおける根拠づけについては,それがボルツァーノの論理学から受けた深い影響も含め,チェントローネが詳しく論じている (cf. Centrone 2010, 104–8)。

の導入則と除去則がそれらに対応する。しかしフッサールにしたがえば,「根拠づけ」と呼ぶことができるのは前者だけなのである。というのも,その場合に限り,前提が帰結を説明する理由(「根拠(Grund)」)となるからである。たとえば,〈山田は気が優しくて力持ちだ〉という命題がなぜ真なのかを問われたとき,われわれはそれに答えるために,〈山田は気が優しい〉という命題と,〈山田は力持ちだ〉という命題がそれぞれ真であると述べることができる。つまり形式的に述べれば,Pという命題とQという命題の組は,P&Qという命題の理由になる。それに対して,〈山田は気が優しくて力持ちだ〉という命題が真であることは,〈山田は気が優しい〉という命題が真であることの理由にはならない。〈山田は気が優しくて力持ちだ〉という命題が真であることの理由は,それが他の命題から導出されることではなく,山田が現実に気が優しいことにある[5]。根拠づけとしての導出関係と根拠づけではない導出関係という区別は,学問論としての純粋論理学を認識のアプリオリな規範の根底におくフッサールの考えにとって,重要な役割を果たす。あらゆる認識は理由にもとづくのだから,認識の可能性の条件となるアプリオリな規範としての論理法則を,前提を理由とした推論に関わるものとそうでないものに分けておくことが必要になるのである。

　第二に,純粋論理学は命題のあいだの導出関係だけでなく,命題の内部構造に関する法則も探究対象とする(cf. XVIII, 244–5 [1:266–7])。フッサールにしたがえば,命題はそれよりも小さな構成要素からなる複合的存在者であり,何らかの構造を備える。命題の内部構造は,ある命題がどのような命題と導出関係に立つのかということにとって本質的である。たとえば「山田は気が優しくて力持ちだ」と「山田は力持ちだ」という日本語の文のそれぞれが表現する命題のあいだに導出関係が成り立つのは,それらの命題が「山田」や「力持ちだ」の意味を構成要素として一定の形式で共有するからである。ではこのような命題の内部構造に関する法則とは何か。

　たとえば「山田は気が優しい」という文に登場する表現を適当に入れ替え

---

[5] したがって,山田は気が優しくて力持ちだということは,それが山田について現実に成り立っている世界内の事柄とみなされるかぎりでは,〈山田は気が優しい〉という命題が真であることの理由になりうる。

て作った「は山田気が優しい」は，何の命題も表現しない。なぜなら，それはそもそも何の意味も持たない文字の連なりだからだ。ここから分かるのは，「山田は気が優しい」という文に登場する「山田」「は」「気が優しい」は，それぞれ何らかの意味を持ち，それらの意味が組み合わさって〈山田は気が優しい〉という命題を表現するとはいえ，その組み合わせには一定の規則があるということである。それぞれの意味に対応する表現を適当に並べても，それが命題の表現にはなるとは限らない（それどころか，それが有意味な表現にならない可能性が高い）。「かつ」や「ならば」といった表現を使って複数の命題からなるひとつの複合的命題を表現する際にも，同様の規則が働いている。意味や命題の複合に関するこうした法則を扱う純粋論理学の部門をフッサールは「純粋文法（reine Grammatik）」と呼び，『論研』第 2 巻の第四研究でその概略を示す。純粋文法の詳細については第 6 章で取り上げる。ここでは，命題の内部構造や複合に関する法則を明らかにすることで，命題およびその構成要素をさまざまな「意味カテゴリー」へと分類できるという考えだけ確認しておけばよい（cf. XVIII, 245 [1:267]）。

3.1.3　純粋論理学の拡張

　『プロレゴメナ』の最終章では，純粋論理学をここからさらに拡張するための三つの課題が提示される。

　第一に，純粋論理学は，命題のあいだの根拠づけ関係の種類を個別に扱うだけでなく，根拠づけ関係のネットワークからなる命題の体系が成り立つ条件も扱う。ある理論的学問が言葉の正しいいみで理論であるためには，何らかの現象を説明する際に根拠となるような命題を無秩序に集めるだけでは不十分である。統一性を持った理論は，その対象領域が恣意的に定められたものではありえない。「数についてのひとつの学問，空間的形象についてのひとつの学問は存在するが，素数・台形・ライオンのそれぞれについての固有の学問や，それらすべてをまとめて扱う学問は存在しないのだ」（XVIII, 21 [1:25]）。あらゆる理論は，それが扱う事柄に即して定められた対象領域を持つ。だが，理論の条件は対象領域という実質的（質料的）な側面に限られない。

　ある学問における真理は，それらの結合がその学問を学問たらし

めているものに依拠している場合には，本質的にひとつであり，
　　　そしてこれこそ〔…〕根拠からの認識，したがって（含蓄あるい
　　　みでの）説明ないし根拠づけである．ある学問の真理の本質的統
　　　一は，説明の統一である．（XVIII, 235–6 [1:257]）

関連する対象領域がどのようなものであれ，真理のある集まりが「理論」と呼べるほどの統一性を持つためには，それらが何かを根拠づけるだけでなく，根拠づけ関係によって互いに体系的に結びつけられていなければならない．この結びつきは，理論を構成する真理のすべてを少数の原理（基本法則）から演繹的に説明しつくすような理論的体系性・統一性を生み出すものである（cf. XVIII, 234 [1:256]）．理論が持つこうした形式的特徴についての探究として，フッサールは，統一を持った客観的理論一般の可能性の条件を考察する「純粋多様体論（reine Mannigfaltigkeitslehre）」を構想する（cf. XVIII, 248–9 [1:270–1]）[6]。学問的な認識のより正確な特徴づけは，この純粋多様体論へと純粋論理学を拡張することによって与えられる．学問的認識とは，ある命題が真であることの根拠を，それが究極には基本法則に遡れるような仕方で洞察することなのである．このように，純粋多様体論もまた，客観的な理論的学問一般の可能性の条件を境界画定すると同時に，学問的認識一般の可能性の条件に関わる．

　第二の課題は以下のようなものである．これまでわれわれが見てきたフッサールの構想は，命題の根拠づけ関係に関わる狭いいみでの純粋論理学であった．フッサールの考えでは，・意・味の領分を扱うこうした学科には・対・象の領分を扱う並行的な学科が対応する．

　　　〔命題や命題の構成要素，命題の複合に関する〕諸概念，つまり
　　　意味カテゴリーには，対象・事態・統一・数多性・基数・関係・
　　　結合といった，意味カテゴリーとは別種の相関概念がイデア的法
　　　則によって密接に関連している．これらが純粋ないし形式的対象
　　　カテゴリーである．したがって，これらもまた考察されなければ

　6）フッサールの多様体論については，それが置かれた文脈と『論研』以降の展開も含め，チェントローネの研究を参照のこと（cf. Centrone 2010, chap. 3）．

ならない。双方において問題になっているのは，〔…〕いかなる認識質料の特殊性にも左右されない概念であり，したがって，特殊化されて思考のうちにあらわれる一切の概念や対象，命題や事態をとうぜん包摂するような概念である。(XVIII, 245 [1:267])

たとえば命題には事態（Sachverhalt）が対応するように，意味の水準において問題になるカテゴリーには，対象の水準におけるカテゴリーが相関する。ここから強く示唆されるのは，意味カテゴリーに関して成り立つ法則に相関する法則が，対象カテゴリーの側にも存在するということである（cf. XVIII, 247–8 [1:268–70]）[7]。純粋論理学は，こうした対象のカテゴリーないし存在論的カテゴリーについての探究，つまり形式的存在論へと拡張されなければならない。純粋論理学が命題の真理のもっとも一般的な条件を探究するように，形式的存在論は何かが存在するためのもっとも一般的な条件を探究する。言い方を変えれば，論理法則は，命題の導出関係に関する形式的で記述的な法則であると同時に，形而上学のもっとも基本的な原理でもあるのだ。こうした論理学観は，大まかにいってアリストテレス的であると言える[8]。

『プロレゴメナ』のフッサールがある種の反心理主義に反対した理由の一端も，じつはここにある。反心理主義のように論理法則を本質的に規範的なものとみなすと，アリストテレス的な論理学観を救うことが困難になるのである。規範としての論理法則は，それを破ることができるようなものだ。実際，われわれはときに論理法則に反した推論を行ってしまう。規範としての論理法則が規範である理由は，そうした推論を誤りとみなし，正しい推論から区別することを可能にする点にある。それに対して，形而上学の基本的な原理は，何かが存在するためのもっとも一般的な条件なのだから，それに反するものは単に存在しないばかりか，そもそも存在できない。したがって，こ

---

[7] 正確にいえば，こうした対象カテゴリーについての法則が存在することが述べられる以前の段階では，純粋多様体論のアイディアは導入されていない。フッサールの純粋多様体論は，第一義的には数学的多様体という，意味ではなく対象の領分に関わる形式的数学の一学科であり，対象カテゴリーと意味カテゴリーの相関によって派生的に命題についての理論になるのである (cf. XVIII, 250–3 [1:271–4])。

[8] われわれがここで念頭に置いているのは矛盾律のような「公理」は存在についての存在に関する学（つまり形而上学）に属するという『形而上学』Γ巻での主張である（cf. *Metaphysica*, 1005b19–24）

の原理を規範と考えることには無理がある。もちろん，このようなフッサールの反心理主義批判が成功しているかどうかは，アリストテレス的な論理学観を正当に動機づけられているかどうかにかかっている。われわれはこの問題に第8章で取り組む。

　第三に，純粋論理学は演繹的な導出関係だけでなく，帰納的な導出関係も扱う「純粋蓋然性理論（reine Wahrscheinlichkeitslehre）」にも拡張されなければならない。純粋多様体論のアイディアからも明白に分かるように，フッサールの学問論のモデルは数学のような公理的学問だ。それと同時に，学問論は自然科学も扱うとみなされ，公理的な学問観は，この世界の事実を理論的に説明する自然科学にも適用されることになる。つまり，フッサールの考えでは，自然科学が理論として統一されていることも，少数の基本的な自然法則がその他の自然法則を導出する，あるいは，前者が後者を説明するという構造を持つことによってはじめて可能になるのである。

　だが，数学と自然科学の類比関係は完全ではない。経験科学としての自然科学には特有の問題が残されているのである。

> [1] 経験科学におけるすべての理論は，単に想定された理論に過ぎない。[2] それが与える説明は，洞察的に確実な基本法則ではなく，単に洞察的に蓋然的な基本法則からの説明に過ぎない。（XVIII, 257 [1:278]）

この短い引用にはフッサールの重要な考えが詰め込まれている。順番に見ていこう。[1] 経験科学の理論が単に想定された理論に過ぎないと言われるのは，それが経験による改訂に開かれているためである。たとえばコペルニクスの説は，惑星の公転は完全な円軌道を描くという法則を含むが，この法則は，ブラーエによる正確な観察データを手にしたケプラーによって斥けられた。われわれは自然科学の基本法則を，そのつどの時点で持っている証拠に照らし合わせて帰納的に導きだし，暫定的に成り立つものとしてしか認識できないのである。[2] そのかぎりで，自然科学の基本法則は蓋然的なものにすぎず，成り立つことが確実である数学の基本法則（つまり公理）とは異なる

性格を持つ[9]。とはいえここで重要なのは，数学の基本法則の確実性がわれわれにとって明らか（「洞察的（einsichtig）」）であるのと同様に，自然法則の蓋然性もわれわれにとって明らかであるということである。自然科学のある基本法則を現状の証拠に照らし合わせて帰納的に導きだすことは，それが推論の一種であるかぎりで正当性を問うことができ，正当な帰納によって得られた基本法則は，確実ではないにしてもきちんとした（暫定的）理由を持つというのである[10]。

さて，フッサールの考えでは，われわれが帰納的推論を行うための「こうした処理はすべて〔…〕盲目的ではなく，イデア的な権利がないわけではない」（XVIII, 257-8 [1:279]）[11]。したがって，規範的なものと記述的なものの関係に関するフッサールの一般的な見解から，帰納的推論に関するイデア的な（したがってアプリオリな）規範には，命題間の帰納的な導出がその根底にあるものとして成り立っていなければならない。純粋論理学が一般的な学問論であるためには，論理法則――命題間の論理的な導出関係に関する記述的な法則――を演繹だけでなく帰納にも関わるものとして拡張しなければならないのである（cf. XVIII, 258 [1:278]）。ここで拡張されるべき部分に対応するのが純粋蓋然性理論だ。

これら三点の課題を達成することによって，純粋論理学は，学問一般の構造を形式的観点から研究する学問論としての姿を現す。しかし，すでに予告的に述べたように，純粋論理学の構想は，これら三つの課題とは別の哲学的

---

9) 少なくとも『論研』前後のフッサールは数学の公理を直接的に明らかなものとみなしていたため（cf. XVIII, 163 [1:180-1]; Mat II, 20, 38），公理の正当性が数学的ないし哲学的な問題になるとは考えていなかった。『イデーンI』（cf. III/1, 127）にも引き継がれるこうした公理観は，現在では受け入れられていないが，本書でこの問題に立ち入ることはできない。ここでは，フッサール自身も『形式的論理学と超越論的論理学』（1929 年）では公理の正当性を哲学の問題として取り上げ（cf. XVII, 84-5），公理に関する以前の見解をいくらか改めているということだけを指摘しておく。

10) 『プロレゴメナ』第 23 節で先立ってなされた以下の主張も，ここでの議論を踏まえれば理解可能になる。「事実に関する精密科学の法則はすべて真性の法則であるが，認識論的に考察するならば，それは理念化的な虚構――ただし，物のなかに根拠を持った虚構――でしかない」（XVIII, 83 [1:92]）。また，ベルネットも指摘するように，この箇所に後年の『ヨーロッパ諸学の危機と超越論的現象学』での議論の先取りを見ることもできるだろう（cf. Bernet 2004, 37）。

11) 第二版では，この箇所は次のようなよりはっきりとした主張のかたちに書き改められている。「経験な処理を支配しているのは，〔…〕心理学的偶然性ではなく，イデア的規範である」

な課題をフッサールに突きつける。本章の残りの部分では，この最後の課題の内実を，『プロレゴメナ』で述べられることの範囲にかぎって明らかにしよう。続く第4章でこの課題が『論研』第2巻への序文に引き継がれることを確認し，われわれは同書の二つの巻にある連続性を目の当たりにすることになる。

3.2 論理学の基本概念の解明——哲学者の第一の仕事

3.2.1 数学者の仕事と哲学者の仕事

『プロレゴメナ』の最後から二番目の節である第71節で，フッサールは哲学者と数学者の分業について次のように語る。

> 〔純粋論理学〕に属する理論の相当な部分は，すでにずっと前から純粋（そして同時に形式的）数学として構成され〔…〕数学者たちによって研究されてきた。実際のところ，ここでは事象の本質があくまでも分業を要求する。理論の構築やあらゆる形式的問題の方法にもとづいた厳密な解決は，つねに数学者の独壇場だろう。（XVIII, 253–4 [1:275]）

純粋論理学（少なくとも，演繹的な学問としてのそれ）の構想はフッサールの独創によるものではなく，19世紀後半から徐々に準備され，フッサールの同時代やそれ以降に爆発的な勢いで発展することになる数理論理学から大きな影響を受けている。当時の数理論理学が可能にしつつあった事柄——形式的手法を用いて精密化された論理学の研究——は，その本性からして数学者ないし（数理的）論理学者に託される仕事だ。このことを十分に承知していたフッサールは，自分が構想した純粋論理学についても，それを発展・完成させることは数学者の仕事であると考える。『プロレゴメナ』の続く箇所では，同時代における数学の論理学への寄与の簡潔なまとめにつづき，論理学の数学化を拒むことは哲学者の誤りだということが断言されるのである（cf. XVIII, 254 [1:275–6]）。するとここで生じる当然の疑問はこういうものだろう。「し

3.2 論理学の基本概念の解明――哲学者の第一の仕事　　91

かし，あらゆる本来的な理論の考察が数学者の領分に属するのだとすると，哲学者にとって何が残されているのだろうか」（XVIII, 254 [1:276]）。

この疑問に対して，フッサールは数学だけでなく個別の自然科学――論理学と同じように自然科学にも哲学者の立ち入る余地はもはやないのではないのかということは，この時代にすでにもっともな疑問だ――も踏まえた大局的な観点から回答を与える。

> 〔哲学的研究〕は，個別科学の研究者の縄張りを荒らすことはせず，むしろそうした研究者の成果が持つ意味や本質を，方法と事柄（Sache）に関連して洞察しようとする。哲学者は，われわれが世界に精通しているとか，事物の将来の経過を予言したり，過去の経過を再構成したりする際に拠り所となる法則を公式のかたちで所有しているということでは満足しない。哲学者はむしろ，「事物」・「出来事」・「自然法則」などが本質的には何かということを明らかにしようとする。そして，学問が問題を体系的に解決するための理論を構築するのに対して，哲学者が問うのは，理論の本質とは何か，理論一般を可能にするものは何かということなのである。哲学的研究によってはじめて，自然科学者や数学者の学問的業績が補足されて完成し，そうすることによって純粋で真なる理論的認識が達成される。個別科学者の発見術と哲学者の認識批判とは，互いに補い合う学問的活動であり，これら両者によってはじめて，完全な理論的洞察が成り立つのである。（XVIII, 255-6 [1:276-7]）

フッサールはここで，数学（および数理論理学）に関して述べたことを個別の理論的自然科学にまで広げ，自然科学が技術的な方法にもとづく研究によって獲得できる成果だけでは哲学者は満足できないと述べている。こうした成果，つまり，観察可能な現象を救う法則を手にするだけでは，われわれは完全な理論的洞察を得られないというのである。フッサールによれば，完全な理論的洞察は，われわれが経験的に獲得できる成果に加えて，自然科学者が用いる基本概念（「事物」・「出来事」・「自然法則」など）が本質的にはどのようなものであるのかを解明することによってはじめて得られるのである。そし

て，より一般的な観点からは，哲学者は，ある理論が理論であるための条件を明らかにする必要がある。ここで大切になるのもまた，理論一般に登場する概念だろう。すでに見たようにフッサールにとって理論とは根拠づけ関係によって統一された命題の集まりなのだから，問題になるのは，命題の導出関係の学としての論理学に登場するさまざまな概念の解明であることになる。こうして哲学者の仕事として残された概念の解明という課題を，フッサールは「認識批判（Erkenntniskritik）」と呼ぶ（cf. XVIII, 256 [1:277]）[12]。

ここから明らかになるのは，『プロレゴメナ』で哲学者の課題とみなされる第一の問題は，『論研』前夜のフッサールを導く大きな問題の延長線上にあるということだ。先ほどの引用で表明された個別科学と哲学の関係についての見解は，第1章第1節で扱った1890年代の講義に見られるフッサールの見解とほぼ同じであるといっていい。類似点はこれだけにとどまらない。1890年代のフッサールは，個別科学の基礎的な前提を解明する哲学的学科の必要性と正当性について論じ，同時代に「認識論」と呼ばれることの多いこの学科について，本来ならばそれは「形而上学」と呼ばれるべきだと述べるのだっ

---

[12] フッサールが哲学者の仕事と考えたものに関する誤解をひとつ予防しておこう。すでに明らかなように，フッサールの考えは，数学やその他の個別科学の研究者は自身のみでは成果が出せず，哲学者の仕事によってはじめてそれら科学はまともな基礎を持つというものではない。また，哲学者の仕事と個別科学者の仕事の分業も，単なる棲み分けの提案として理解されてはならない。哲学者に割り当てられる仕事を個別科学の仕事と区別するとき，フッサールは個別科学の研究に従事するものには手出しできない聖域を哲学者のために確保しようとしているわけではないのである。フッサールの考えはむしろ，個別科学の研究者もまた経験科学としての個別科学の限界を超えた事柄を考察する必要に迫られることがあり，そうした考察において，その研究者はむしろ哲学者として振る舞っている，というものであろう。実際，1898/99年の講義では，自然科学者でさえも形而上学の問題から逃れられないということが明言されるのであった（cf. Mat III, 233）。したがって，フッサールの見解から学問の基礎づけに関する強すぎる主張を読み取ることは，少なくとも『論研』期が問題とされるかぎりでは，あまりにも皮相な解釈であるように思われる。

また，同様の見解は，超越論的観念論が成立しつつあった1900年代半ばや，その後の1920年代前半においても保持されているといっていい。1906/07年の講義でフッサールは，ブラーエとケプラーの関係に言及しながら，科学理論の変革期において個別科学者は哲学的考察に迫られ，真に優れた個別科学者はそうした考察を現に行っていると主張している（cf. XXIV, 130–1）。それから約15年後の1922/23年講義では，ブラウワーの直観主義数学やアインシュタインの相対性理論が，それぞれ数学と物理学の基礎的概念への哲学的な反省をその成立の契機としているということが，通りすがりのごく簡単なコメントとしてではあるが，はっきりと述べられている（cf. XXXV, 297–8）。これらの主張の当否を論じることは本書の課題を大きく越えるが，そこに『論研』期の見解との連続性を見て取ることは容易だろう。

3.2 論理学の基本概念の解明——哲学者の第一の仕事

た。『プロレゴメナ』終盤のフッサールは自分の課題を「認識批判」と呼ぶものの、以前と同様の見解が、同書の序盤でもはっきりと述べられている。

> つまり、〔形而上学の〕課題とは、未証明で多くの場合には注目されていないが、それでも非常に大きな意義のある形而上学的な前提——この前提は少なくともレアルな現実に関わるすべての学問の根底にある——を確定して証明することである。そのような前提は、たとえば、時間的・空間的に広がる外界が存在し、そこでは空間が三次元的なユークリッド空間、時間が一次元的・直線的な多様体という数学的特徴をそれぞれ備えているというものや、すべての生成は因果法則にしたがうというものだ。まったくもってアリストテレスの第一哲学の領分に属するこれらの前提は、きわめて不適当なことに、現在では認識論的な前提とみなされるのが普通である。(XVIII, 26–7 [1:30–1])

レアルな外界が存在し、それは数学的に扱うことができ、そのなかの出来事はすべて因果的な法則に支配されている、という「形而上学的」前提の内実を明らかにし吟味することによって、学問は形而上学的に基礎づけられる——こうした見解を、フッサールは 1890 年代から『論研』に至るまで一貫して維持するのである。

　形而上学的な問題に対して真理一般の問題が先行するという点に関しても、事情は同様である。数学を見れば明らかなように、レアルな存在者に関わることは学問にとって本質的ではないのだから、形而上学的前提の吟味（つまり形而上学）は、学問一般の可能性の条件に関わる学問論とは関係ない（cf. XVIII, 27 [1:31]）。学問一般にとって本質的なのは真理である（cf. XVIII, 28 [1:32]）。これらの主張から帰結するのは、学問一般を問題にする学問論は形而上学に先行するという見解だ。

　しかしそうすると、以下のような疑念が生じるだろう。学問論が形而上学に先行するならば、学問論としての純粋論理学に形式的存在論を組み入れることは余計な一手ではないだろうか。たしかに、形式的存在論について語る際に、フッサールは「形而上学」という言葉を使わない。だがそこで問題になっているのは、何かが存在するためのもっとも一般的で形式的な条件であ

り，これがフッサールが目指す形而上学——存在者についてのもっとも一般的な探究——に関連することは明白だ。それに加え，『プロレゴメナ』終盤で語られる哲学者の仕事には，同書の序盤で形而上学に属するとされた探究が数え入れられている。ここには不整合がないだろうか。この不整合を回避するために，学問論の形而上学に対する先行性という主張と，学問論には形式的存在論が含まれるという主張のうち，いずれかを撤回する必要がないだろうか。

いま述べた一連の問題に，われわれは第8章で立ち戻ることになる。ここでは問題の所在を明らかにしたことに満足して，それをとりあえず棚上げにしても扱うことができる論点に着目しよう。それは，フッサールが学問論として構想した純粋論理学から形式的存在論を差し引いた部分，つまり命題の（演繹的・帰納的）導出関係に関する理論としての純粋論理学と，それと関連する哲学者の仕事だ。混同を避けるため，以下では特に断りのない限り，「純粋論理学」ないし「論理学」をもっぱらこの理論を指すものとして用い，フッサールが学問論として構想した（形式的存在論込みの）純粋論理学については「学問論」と呼ぶことにしよう。

3.2.2　論理学的概念の現象学的解明に対する疑念

さて，次章以降で詳しく論じるように，フッサールは純粋論理学の基本概念の解明を，われわれの体験の現象学的分析によって達成される課題と考えていた。だが，こうしたプロジェクトには二つの疑問がすぐに突きつけられるだろう。(A) われわれの個別の体験を分析することが論理学の概念の解明とどのように関連するのか。(B) 体験の現象学にもとづいた概念の解明の試みは，それを標榜するフッサール自身が厳しく批判してきたはずの心理主義への逆行ではないか。これらの疑問に対して，『論研』のフッサールはまとまった回答を残していない。だが，同書に散在するいくつかの議論とその背景を考慮するならば，純粋論理学の基本概念の現象学的解明がどのようなものであり，それが心理主義とは無関係なものであることについて，この時期のフッサールがすでにきちんとした考えを持っていたことがわかる。さしあたり本章では，『プロレゴメナ』におけるフッサールの叙述の範囲内でも (A) と (B) にかなりの程度答えられることを示したい。（概念の現象学的な分析

がより正確にはどのようなものかということについては第 4 章の第 1 節で，『論研』の現象学がなぜ論理的心理主義の問題を免れているかということについては第 8 章の第 3.1 節で，同書の第 2 巻を典拠としてそれぞれ論じる。）

3.2.3 命題のスペチエス説と命題概念の現象学的解明の要請

まずは，われわれの個別の体験を分析することが論理学の概念の解明とどのように関連するのかという疑問（A）に答えよう。ここで鍵となるのは，命題の存在論的身分をめぐる問題——第 1 章の末尾で論じたように，1890 年代のフッサールはこの問題を扱えていなかった——と，『論研』のフッサールがそれに与えた解決だ。

命題の存在論的身分がなぜ問題になるのかを，『論研』第 1 巻での議論を踏まえてあらためて確認しておこう。（純粋蓋然性理論の法則も含めた）論理法則は，それ自体では命題のあいだに成り立つ導出関係についての記述的法則であるが，特定の文脈においては，それらをわれわれの思考や判断に関するアプリオリな規範として捉えることもできる。このとき，命題の導出関係についての記述的法則としての論理法則は，命題を内容として持つわれわれの判断についての規範的法則に転用される（前章を参照）。だが，命題がわれわれの思考の「内容になる」ことや，われわれが「命題を把握する」こととは，そもそもどのようなことなのだろうか。これは説明を要する事柄だ。なぜなら，命題が無時間的で因果関係の項に立たないイデア的存在者である一方で，われわれの思考は時間のなかで生じては消えていくものだからだ。こうしてフッサールは，命題およびその他の意味カテゴリーに属する意味とは何かを明らかにすること，つまり，命題概念や意味概念一般の解明を哲学者の仕事として引き受けることになる。

命題の存在論的身分をめぐる問題に対して，『論研』のフッサールはきわめて明快な回答を与えている。

> 諸々の体験はレアルな個別者であり，時間的に規定され，生成消滅する。しかし，真理は「永遠」であり，より適切には，ひとつのイデーであり，そのようなものであるかぎりで，超時間的である。真理に時間位置を指定したり，あるいはたとえあらゆる時間を貫

いて拡がる持続であるにせよ，持続を指定することはまったく無意味だ。たしかに真理について，それが折に触れてわれわれの「意識にやってきて」，そうしてわれわれによって「把握」され「体験」されるとも言われる。しかしここでは，把握・体験・意識するという言い方は，この〔真理という〕イデア的存在に関してなされているのであり，それは，経験的存在，つまり個体的に個別化された存在に関する場合とはまったく別のいみの言い方である。われわれが真理を「把握」することは，心的体験の流れのうちに浮かんではまた消えるような経験的内容を把握することと同じではない。真理〔の把握〕は諸々の現象のあいだの現象ではなく，それはあのまったく別のいみで，ある普遍者〔の把握〕が，あるイデー〔の把握〕が体験であるといういみで体験なのである。あるスペチエス，たとえば赤「一般」についての意識を持つのと同様に，われわれは真理についての意識を持つ。(XVIII, 134–5 [1:148–9]，強調引用者)

フッサールは命題を，われわれの思考という体験を例として持つ（あるいは，そうした体験に「個別化」される）普遍的な性質（「スペチエス（Spezies）」）とみなしている[13]。この赤いセーターとあの赤いポストは，赤さという同一のスペチエスの例であり，このスペチエスはそれらのセーターやポストが無くなっても消滅するわけではない。このこととまったく同様に，時間のなかで生成消滅するわれわれの思考は，同一の真理つまり真なる命題をスペチエスとして共有できる。真理は，スペチエスとしてわれわれとはまったく無関係に存在するのである[14]。われわれの思考がある命題を内容とすることは，われわれの思考が特定の性質の例となること，つまりそれを「例化する」こと

---

[13] なお，フッサールは「スペチエス」を普遍的性質一般を意味するものとして用いている。この用語法にしたがえば，種はスペチエスであるが，スペチエスは必ずしも種ではない。

[14] フッサールがこの立場をもっとも鮮明に表明するのは，スペチエスとしての意味全般についてその独立性を語る，『論研』第2巻の第一研究末尾においてである。「事実上は〔表現の〕意味として機能を果たすイデア的存在者とそうした存在者が結びつけられた記号——これを手段として，人間の心的生活に問題のイデア的存在者が実現される——とのあいだには，それ自体としてはいかなる必然的なつながりもない」(XIX/1, 109–10 [2:115])。

3.2 論理学の基本概念の解明——哲学者の第一の仕事

なのである。こうしたフッサールの立場を「命題のスペチエス説」あるいは単に「スペチエス説」と呼ぼう。

　命題のスペチエス説は，命題や意味といった論理学の基本概念の解明というフッサールの課題にも，明快な解決案を与える。一般的にいって，ある性質を例化するものの実物を検討し，その例が当該の性質を持つことがどういうことなのかを明らかにすることは，当該の性質がどのようなものであるのかを明らかにするために役立ちうる。たとえば，赤いという性質とは何かを誰かに対して明らかにするためには，その人に赤さを例化するものを具体例としていくつか実際に見せ，それらに着目してもらうのがもっとも手っ取り早い道だ（あるいは，それ以外には赤さとは何かを誰かに対して明らかにする方法はないかもしれない）。すると，スペチエスとしての命題に関しても同様のことが成り立つように思われる。命題を例化する体験そのものを分析し，その体験が何らかの命題を性質として持つことがどういうことなのかを明らかにすれば，命題とは何かについて解明が与えられるのではないだろうか。命題はフッサールの純粋論理学のなかで中心的な役割を果たすのだから，この概念の解明は，論理学のその他の基本概念の解明にとって重要な意味を持つはずだ——このように，『プロレゴメナ』で明示的に述べられていることの範囲内でも，論理学の基本概念を体験の現象学的分析によって解明することの内実を明らかにし，それを動機づけることができる。これによって最初の疑問（A）に対するひとまずの回答を終えたことになる。われわれは次章で，『論研』第 2 巻への序論でこの回答と一致するアイディアがより詳細に述べられていることを見る。

　問題は，命題のスペチエス説がなぜ正しいのかということについて，『プロレゴメナ』のフッサールは何も語っていないということだ。そのかぎりで，いま見てきた明快な解決案はまだ，スペチエス説という決して自明ではない立場を議論なしに前提した話でしかない。スペチエス説の正当化については，『論研』第 2 巻に即して第 5 章の第 4.3 節で論じる。ここでは，この説の正しさを『プロレゴメナ』のフッサールに倣って単に前提し，第二の疑問（B）——体験の現象学にもとづいた概念の解明の試みは，それを標榜するフッサール自身が厳しく批判してきたはずの論理的心理主義への逆行ではないか——に，同書の範囲内での回答を与えよう。そのためには，命題のスペチエス説

がフッサールにもたらす帰結をもう少し詳しく見る必要がある。

3.2.4 真理と明証

　まず重要になるのは,『プロレゴメナ』で命題のスペチエス説が定式化される仕方である。直前で引用した箇所でフッサールは,スペチエスとしての命題とその例の関係を,真理(真なる命題)とそれを把握する体験——つまり,明証的な判断としての認識——との関係を手引きにして導入している。同様の手続きがとられている箇所をもう二つ引こう。

> 　明証とはむしろ真理の「体験」に他ならない。当然のことであるが,真理が体験されるのは,一般的にイデア的なものがレアルな作用において体験されるといういみにおいてに他ならない。別の言い方をすれば,真理はひとつのイデーであり,顕在的体験はこのイデーの明証的判断における個別例である。それゆえ,真理を明証において見る・洞察する・把握するという比喩的な言い回しがなされる。そして,知覚の領分において見られていないことが存在しないことと一致しないのと同様に,明証の欠如も非真理と一致しない。真理の明証に対する関係は,個物の存在の十全的知覚に対する関係と類比的である。(XVIII, 193 [1:211–2], 強調原文)

> 　〔対象〕がこれこれであるということは,明証的判断における体験である。われわれがこの作用を反省するならば,あの対象的なものの代わりに真理それ自身が対象になる,つまり,ここでは真理が対象的な仕方で与えられるのである。このときわれわれは——イデー化的抽象のうちで——真理を,流動する主観的認識作用のイデア的相関者として,可能な認識作用および可能な個別的認識者の無限の多様性に対するひとつの真理として把握している。(XVIII, 232 [1:253])

3.2 論理学の基本概念の解明——哲学者の第一の仕事

少なくとも『プロレゴメナ』で優勢な論じ方にしたがうかぎり[15]、スペチエス説は、真理と認識の関係を典型例として定式化されるのである。

『論研』の現象学を正確に理解するための鍵はここにある。フッサールにしたがえば、われわれが命題と何らかの関わりを持つ模範的な体験は、単なる思考でも（明証的だったりそうでなかったりする）判断一般ではなく、明証的な判断作用としての認識に求められる[16]。つまり、（真でも偽でもありうる）命題と思考一般の関係の分析と、真理と明証的判断作用の関係の分析のうち、後者の前者に対する優位が成り立つのである。実際、第5章で詳しく見るように、『論研』における現象学的分析はすべて、明証的な判断作用の分析対象であるか、そうした分析のための予備的分析として位置づけられる。

これと関連して、フッサールは真理と明証のあいだにある重要なつながりを認める。

> 「Aは真である」という命題と、「Aが成り立っているという判断を明証とともに行うことが誰かにとって可能である」という命題には、明らかに一般的な同値関係が成り立つ。（XVIII, 187 [1:206]）

この主張は次のように定式化できる（「TE」は「Truth and Evidence」の略）。

(TE-1) p という明証的な判断作用が遂行可能である $\leftrightarrow$ p ということは真である。

この原理（TE-1）の左辺には明証的な判断作用の遂行可能性が登場する。だがフッサールによれば、こうした言及は真理について成り立つ命題、つまり（TE-1）の右辺の「転用（Wendung）」によって生じ、しかもそのような転用がされたとしても、「心理学が自身の所有物として権利要求できるものは何も成り立っていない」（XVIII, 187 [1:207]）。というのも、

---

15) それに対して、『論研』第2巻でスペチエス説が定式化される際には、命題とその例となる体験は、真理と認識の関係ではなく、（真であるとは限らない）命題一般と（明証的であるとはかぎらない）思考一般のあいだの関係が例として用いられる（cf. XIX/1, 106 [2:111]）。同様の定式化は『プロレゴメナ』にも一回登場するが（cf. XVIII, 108–9 [1:121–2]）、同書において優勢であるのは、真理と認識の関係を例にした定式化であることには違いない。

16) この点については葛谷2013も参照のこと。

[1] 心理学は経験科学であり，心的な事実についての学問である。
したがって，心理学的可能性はレアルな可能性の一事例である。
[2] しかし，あの明証可能性はイデア的可能性である。心理学的
に不可能なことも，イデア的〔＝理想的〕に言えば，存在するこ
とがまったくもって可能なのである。(XVIII, 187–8 [1:207])。

[1] 経験科学としての心理学は，どんなに発展しようとも，人間の心がとりうる
かたちに関する自然法則的な可能性（「レアルな可能性（reale Möglichkeit）」）
についてしか教えてくれない[17]。[2] しかし（TE-1）は，人間の能力では捉
えることが不可能な真理に関しても，それを把握する明証的な判断の可能性，
イデア的可能性をもたらす。

　ここから分かるのは，『論研』のフッサールは，真理によって明証的な判断
の可能性を特徴づけ，そのかぎりで真理に関する実在論に立つということだ。
(TE-1) の右辺に登場する可能性のなかには，人間には不可能だがそれでもイ
デア的に可能な明証的判断も含まれるが，この「イデア的」な可能性とは何
かは自明であるとは言いがたい。この問題を解決しないかぎり，（TE-1）を
命題の真理を明証的な判断としての認識の可能性によって特徴づけるものと
読むことはできない。だが，明証的な判断の（場合によっては人間に到達不
可能な）可能性を特徴づけるためには，命題の真理を明証的な判断に関する
事情とは無関係に決まっている事柄とみなし，そうやって実在論的に特徴づ
けられた真理から，それを認識する（場合によっては人間には到達できない）
可能性とみなすしかないように思われる[18]。

17）　したがってここで問題にされる「レアルな可能性」は，1907 年夏学期の『物と空間』
講義の末尾で導入され（cf. XVI, 285–93），ほぼ同時期に成立するフッサールの超越論的観念
論で重要になるような「レアルな可能性」とは区別される。後者のレアルな可能性は，自然法則
的な可能性から区別されるかぎりで，目下の文脈で問題になっているイデア的な可能性に近い。
フッサールの超越論的観念論におけるレアルな可能性の役割については，ベルネットと佐藤がそ
れぞれ詳しく論じており，われわれも佐藤の議論の検討を通じてこれについて論じた（Bernet
2004, pt. 1, chap. 5; 佐藤 2015, 168–77; 植村 2015b）。この立場においてレアルな可能性と
対比される「イデア的」ないし「単なる（bloß）」可能性がどういう意義を持つかについても，わ
れわれは別の機会に論じたことがある（cf. 植村 2009, 93–5）。

18）　明証的な判断のイデア的可能性は，〈神のような全知の存在者がもし存在したら，そ
うした存在者が下すことができる明証的判断のすべてからなる可能性〉として特徴づけることも
できる。だが，そうした存在者に帰属させられる全知は，結局のところ，〈ありとあらゆる命題

こうしてフッサールは，われわれが現に下すものも含めたどんな明証的判断についても，その可能性の根拠を対応する命題の真理にもとめる。

> われわれがそれら〔＝真理〕を洞察するかぎりでそれらが妥当するのではなく，真理が妥当するかぎりでわれわれがそれらを洞察できるのである。(XVIII, 240 [1:261])

われわれはこの発言を含む一節を次節でより詳しく検討することになる。ここでは，フッサールが (TE-1) に加えて次の原理も認めていると確認できればそれで十分だ。

(TE-2) P という明証的判断が可能であるのは，P ということが真であるからである。

この原理 (TE-2) を，フッサールはさらに普遍者つまりスペチエスについての一般的な存在論的原理から派生したものとみなす。

> 普遍者の存在ないし妥当は，他の場合〔＝命題以外のスペチエスの場合〕にも，イデア的可能性——つまり，当該の普遍者のもとに属する経験的な個別者の可能的存在に関するイデア的可能性——という価値を持つが，それと同じことをわれわれはここでも見てとる。つまり，「真理が妥当する」という言表と「当該の意味内実を持つ判断を洞察するような思考する存在者が存在することが可能である」という言表は同値である。(XVIII, 135 [1:150])

赤のスペチエスが存在する，あるいは「妥当する (gelten)」ことによって，赤い存在者が存在する可能性の範囲が境界画定される。図式的に言い直せば，

について，その真偽を知っていること〉としてしか特徴づけられないように思われる。もしそうだとすると，全知の存在者に訴えて明証的判断のイデア的可能性を特徴づけることは，われわれが本文で行っている特徴づけと本質的には変わらないことになるだろう。(なお，われわれはこうしたことを論じる際に，神のような全知の存在者が実際にいることを証明したり信じたりする必要があるわけではない。ここで問題になっているのは全知の存在者が実在するかどうかではなく，そうした存在者が実在するという仮定から何が帰結するかである。こうした問題は，全知という概念が矛盾しているのだから，それを満たすものが存在すると仮定することがそもそも不合理だと考えないかぎり，誰でも論じることができる。)

フッサールはここで，スペチエスと可能性に関する次のような原理（Species and Possibility）を認めている[19]。

(SP) F であるようなどんなものについても，それが存在することが可能なのは，F であるという性質がスペチエスとして存在ないし妥当するからである。

この原理にしたがって，P という判断の存在可能性（つまり遂行可能性）が成り立っていることは，P という真理によって境界画定され，そうした真理がスペチエスとして存在していることによって説明される。

3.2.5 非経験的な意識概念の可能性

ここまでで見てきた真理と明証の関係に関する見解こそ，現象学のプロジェクトを論理的心理主義への逆行という疑念から守るもののひとつである。この見解は『論研』のフッサールを，体験ないし意識の非経験的な捉え方に接近させるのである。

二つの原理（TE-1）と（TE-2）は真理の例となる可能な明証的判断の範囲を境界画定するが，この範囲は，人間にとって可能な明証的判断の範囲を（おそらくはるかに）超える。『論研』のフッサールが立つ，真理に関する実在論的な想定のもとでは，人間には把握することができない真理が（おそらく数多く）存在するからだ。人間にとって不可能だがそれでもイデア的には可能な明証的判断は，当然ながら，人間の意識の可能な形態ではない。すると，われわれが持つ明証的な判断は，人間にとって不可能なものも含めた真理のイデア的に可能な例のひとつという観点だけから捉えられた場合には，〈人間的なものであろうとなかろうと，およそ一般に意識に現れうるものとしての明証的判断〉としての姿を現すことになる。なぜなら，そうした明証的な判断が真理の例であるかの判定は，それがイデア的に可能なあらゆる真理の例と共有する特徴を備えているかどうかだけによってなされるからである。こう

---

19) これは，フッサールがロッツェのイデア論解釈から引き継いだ発想である（cf. Moran 2006, 88）（ただしここでは，ロッツェによる妥当と存在の区別を踏襲しない）。この発想は，それ自体では記述的な論理法則は規範的法則でもあるというフッサールの主張と深い関係にある。この点については補注 III を参照のこと。

した特徴は人間の心に関する経験的な心理学によって特定できるものではないため，それを備えるかぎりでの明証的な判断は，非経験的に捉えられた体験だ。また，この特徴について成り立つ主張はどれも，人間の心に関する経験的でアポステリオリな心理学によって特定できないかぎりで，アプリオリな主張である。こうしてフッサールは，明証的な判断という体験ないし意識を非経験的に捉え，それが持つアプリオリな特徴を探究する可能性を手にする。こうした探究によって明らかになる特徴は，(TE-2) のおかげで特定可能になるかぎりで，われわれの体験がそれの例になるような真理（真なる命題）が持つ特徴に根ざしている。

以上のような発想をさらに敷衍することで，明証的なものに限られない判断一般を非経験的に捉える可能性が開かれる。記述的な論理法則からアプリオリな規範が派生する文脈に置かれる根本規範とは，「あらゆる判断について，それは真であるものを真であるものとして判断しなければならない」(XVIII, 139 [1:154]) と表現できるものだった。したがってあらゆる判断は，それが真理の例となっているかどうかという観点から評価できることになる。こうした評価の可能性が成り立たないかぎり，われわれは判断を下すことができない。言い方を変えれば，実際に判断を下す主体は誰でも，その時点ですでに，〈当該の判断がそれにしたがうことによって明証的でありうるような，何らかのアプリオリな規範〉のもとに（それに気づこうが気づくまいが）身を置いてしまっているのである[20]。

ここからわかるのは，判断作用を遂行しつつ規範の要求に応えることは，(i) それ自体では個別の判断者に生じる経験的で個別的な心の出来事であるにもかかわらず，(ii) その特徴を経験的探究から完全に独立した仕方で，つまりアプリオリに解明できるということだ。これらの特徴は，われわれ人間の判断作用からその偶然的要素を排除しても成り立つのだから，経験的心理学によって特定されるものではない。こうしてフッサールは，（明証的だったりそ

---

20) こうした議論は，われわれが第 2 章で取り上げた，アプリオリな規範的論理法則を示す超越論的論証を判断一般に拡張したものである。また，ここでひとつ注意しなければならないのは，規範のなかに自らを位置づけて問題の要求に応えることは，判断者が正しい判断を下していることをもちろん保証しないということである。何らかの規範的構造のなかに自らを位置づけることは，規範に適った振る舞いの必要条件であるが，十分条件ではない。

うでなかったりする）判断という体験をその個別性を保持しながらも非経験的に探究する可能性を手にする。大切な点なので繰り返し述べておけば，この探究によって示される判断一般のアプリオリな特徴もまた，判断が明証的な場合にその例となるもの，つまり真理（真なる命題）が持つ特徴に根ざすものである。

ところで，『論研』のフッサールが現象学を必要とするのは，真理（真なる命題）の例としての認識を分析し，命題をはじめとした論理学の基本概念を解明するためだった。すると，も̇し̇『論研』の現象学が（明証的な）判断という体験を，も̇っ̇ぱ̇ら̇（真なる）命題の例として捉えているならば，それは判断についてアプリオリな観点からなされる非経験的な探究であることになる[21]。われわれは本書の後半で，『論研』第2巻で展開されるフッサールの現象学的分析が，（明証的な）判断という体験を，実̇際̇にもっぱら（真なる）命題の例として捉えていること――あるいは少なくとも，そう解釈することに何の不都合もないこと――を示す（第4・5・8章を参照）。

さて，実際の議論は後に譲ることにして，ここでは『論研』の現象学が件の可能性を実現していると仮定しよう。その場合に明らかになるのは，現象学的分析による論理学的概念の解明は心理主義への後退を示すわけではないということだ。心理主義は，技術学としての論理学やそこから帰結する心理学的論理学を論理学の全体と同一視し，論理法則を経験的な心理学によって発見される自然法則の一種とみなす立場として特徴づけられていた。それに対して『論研』のフッサールの現象学は，それがもっぱら真理の例であるかぎりでの明証的判断を分析するならば，いましがた述べた理由により，経験的な心理学ではなく非経験的でアプリオリな探究であることになる。したがって，現象学的分析によって示されたことはどれも，心理学によって発見される自然法則の一種ではない。こうしてわれわれは，さきの（B）の疑念に対して『プロレゴメナ』の叙述の範囲内で暫定的な回答を与えることができる。

---

21) ありうる誤解をひとつ予防しておこう。現象学がアプリオリな探究であるとは，そこでなされる主張がいつでもアプリオリに正̇し̇いことを意味しない。われわれはアプリオリな考察でも誤りうる。分数の足し算が苦手な人がしてしまう「$\frac{1}{2}+\frac{1}{2}=\frac{2}{4}$」という主張は，そこで真とみなされた命題が実際には偽であるということをアプリオリに示せるのだから，アプリオリに正しくない主張である。現象学にも，現象学者の能力不足や不注意によって同様の主張が登場しうる。

3.2.6 本節のまとめと次節への展望

いささか込み入った本節の議論を整理しておこう。純粋論理学の学問論への拡張という数学者の仕事に対して、フッサールが哲学者の仕事のひとつと考えるのは、純粋論理学に登場する基本概念の解明である。この仕事に取り組むために、フッサールは明証的な判断としての認識体験を現象学的に分析するという課題に向かう。こうした考えを動機づけるのは、命題の存在論的身分を明らかにするために『論研』のフッサールが採用した、スペチエス説という立場である。フッサールは、真理と存在に関するスペチエス説に根ざした二つの原理によって、判断体験を非経験的な仕方で探究する可能性を手にする。こうした可能性は、判断体験をもっぱら命題の例として捉えることによって実現される。フッサールの現象学が実際にこの可能性を実現しているならば、現象学による論理学的概念の解明は心理主義への後退ではないかという疑念が退けられる。

われわれは次節で、『プロレゴメナ』のフッサールが、本節で扱ったいくつかの発想と深く関係するもうひとつの哲学的課題に直面していたことを明らかにする（ただし、このことを本人が自覚していたかどうかについてはさしあたり判断を保留する）。その課題とは、純粋論理学を「客観的認識論」と呼ぶことができる理論へと十全なかたちで拡張するというものだ。この拡張は、命題を対象とする純粋論理学についてのものであるにもかかわらず、問題となる事柄の本性ゆえに、数学者ではなく哲学者の仕事なのである。

3.3 客観的認識論の拡張——哲学者のもうひとつの仕事

3.3.1 客観的認識論とは何か

すでに見たように、狭義での純粋論理学を学問論へと拡張する必要を説く際に、フッサールはアプリオリな規範についての理論としての学問論（さらには実践的な技術学としての学問論）という発想に訴えている。学問論は、命題（やそれに対応する対象）についての探究であると同時に、認識に価値

を認めるような文脈でわれわれがしたがうべき規範の体系でもあるというのだ。われわれは本節で、こうした一連の考えが哲学者の仕事をもうひとつ生み出すということを、仮説として提出する。この仮説にしたがえば、『論研』第2巻のフッサールは、論理学の基本概念の現象学的解明という課題に加え、それとは別の課題にも取り組んでいることになる——このことを、われわれは次章以降で『論研』第2巻の実際の叙述に即して示すことになる。

本題に入る前に、ここでも引き続き話題が限定されるということを確認しておきたい。すでに述べた理由から、われわれは形式的存在論の問題を棚上げにし、学問論の全体から形式的存在論を差し引いた後に残るもの——命題についての理論としての純粋論理学——だけが問題になるような観点から話を進める。

さて、『プロレゴメナ』のフッサールには、認識に関する一般的な探究をアプリオリな論理的規範を手掛かりに展開するという発想が見られる。この発想からは、認識の現象学としての認識論ないし認識批判とは異なる、「客観的認識論」と呼ぶことができる理論の可能性が開かれる。

この可能性が語られる一節からはじめよう。この一節は本書の残りの部分にとって重要な箇所なので、少々長くなるが、関係する部分をすべて引用して詳しく検討する。

> [1] われわれがすでに説明したことによれば、認識のイデア的条件は二通りの仕方で存在できる。つまりそれは、[a]〈認識そのものの理念に根ざした、しかも人間の認識という経験的な個別事例をまったく考慮しないアプリオリな条件〉であるか、あるいは、[b]〈純粋論理学的な、つまり認識の「内容に」純粋に根ざした条件〉のいずれかである。[2] 一方についていえば、たとえば、〈思考する主観一般が、認識がそのなかで実現されるようなあらゆる種類の作用を遂行する能力を持たなければならない〉ということは、アプリオリに明証的である。とりわけ、思考する存在としてのわれわれは、命題を真理として洞察し、真理を他の真理の帰結として洞察する能力を持っていなければならない。われわれはさらに、法則を法則そのものとして洞察し、法則を説明的な根拠と

3.3 客観的認識論の拡張——哲学者のもうひとつの仕事　107

して洞察し，根拠となる法則を究極の原理として洞察する……といった能力を持っていなければならない。[3] しかし他方の側面にしたがえば，諸々の真理それ自体——とりわけ法則・根拠・原理——は，われわれがそれらを洞察しようとしまいとあるがままであるということも，明証的だ。われわれが真理を洞察するかぎりでそれらが妥当するのではなく，真理が妥当するかぎりでわれわれはそれらを洞察できるのだから，真理は，それらの認識の客観的ないしイデア的条件とみなされなければならない。[4] したがって，真理そのもの・演繹そのもの・理論そのものに属する（つまり，イデア的統一の普遍的本質に属する）アプリオリな法則は，認識一般ないし演繹的・理論的認識一般の可能性の条件——しかも，純粋に認識の「内容」に根拠を持つ条件——を表現する法則として特徴づけられる。(XVIII, 239-40 [1:261])

[1] 認識の可能性の一般的な条件には二つの種類がある。すでに確認したように，[3] 明証的な判断としての認識が成り立つことの根拠は命題の真理にある。そのかぎりで，[4] 命題間の導出関係を研究することで命題の真理の可能性の条件を示す純粋論理学の法則は，[b] 命題（「認識の『内容』」）に根ざした認識一般のアプリオリな可能性の条件である。（ここでフッサールは演繹的な推論によって可能になる認識の話しかしていないが，適宜変更を加えれば，純粋蓋然性理論の法則についても，帰納的な認識一般のアプリオリな可能性の条件とみなすことができる[22]。）とはいえ，命題についての探究によって明らかになるといういみで客観的なこうした条件は，認識の必要条件の一部でしかない。[2] 個別の思考する存在者であるわれわれにとって認識がそもそも可能であるためには，われわれは，命題とその真理（や偽）を把握し，さらには推論を行う能力を持たなければならない。こうした条件は，認識を達成するためにわれわれにどういった能力が備わっていなければならないのかを述べているのだから，[a] 認識というわれわれの体験の一般的な内実（「認識そ

---

22) ここで帰納的な認識に関連する話題が登場しない理由は，おそらく，純粋蓋然性理論の構想が導入されるのがこの箇所のあと，『プロレゴメナ』の最終節においてであるという事情による。

のものの理念」）の探究によって明らかになる，認識一般の可能性の条件である。この条件は，認識一般の客観的でアプリオリな可能性の条件にわれわれがしたがうための必要な最低限の事柄，つまり，真理や論理法則に即した思考を行うことというきわめて一般的な事柄にしか関わっていない。したがって，ここで問題になる認識の主観的な条件は，「人間の認識という経験的な個別事例」，つまり，たとえば人間が二足歩行をすることのような，認識主観が偶然備えているにすぎない能力に左右されない条件である。積極的に言い直せば，この条件は，思考する存在者が認識を達成するために必要な，アプリオリに確定できるような条件だ。

　引用文からもう少し離れて考えてみよう。認識の主観的条件と客観的条件に関する主張は，すでに見てきた論理学の性格に関するフッサールの見解から自然に帰結する。

　[b] アプリオリな規範としての論理法則は，合理的思考の可能性の条件として機能する。明証的な判断としての認識は合理的思考の一種なのだから，この規範は認識の可能性の条件でもある。だが，論理法則の規範性は命題の導出関係に関する記述的な論理法則（と特定の根本規範）に根拠を持つ。すると当然のことながら，ここで問題になっている認識の可能性の条件も命題について成り立つ一般的な特徴に根拠を持つ。したがって，そうした条件は，それを特定するためにわれわれの体験に関する語彙を持ち出さなくてもいいといういみで，認識の客観的条件だ。

　[a] また，認識体験を持つ可能性がアプリオリに確定できる規範によって規制されているならば，そうした規範によって要求される条件を満たすために最低限必要とされる事柄もまた，アプリオリに確定されている。そうした事柄を満たすかぎりでのわれわれについて語ることは，人間としての偶然的な特徴がすべて取り除かれ，ただ認識主観として捉えられたわれわれについて，それがどんなアプリオリな特徴を持つのかを語ることに他ならない。こうした特徴はあくまでもわれわれの体験に関するものであり，そうした体験に関する語彙によってのみ特定できるのだから，認識の主観的条件である。

　論理学の記述性と規範性に関する見解からこうして引き出されたフッサールの一連の見解は，われわれが先に真理と明証に関して論じたことと明らかに深い関係にある。とりわけ目を引くのは，ここでフッサールが認識の主観

3.3 客観的認識論の拡張――哲学者のもうひとつの仕事　　109

的条件と呼ぶものと，非経験的な意識概念の関連だろう。われわれの意識から人間の心に関する偶然的で経験的に発見される特徴をすべてはぎとり，それをアプリオリに考察する観点があることを，フッサールはここで論理法則の規範性に訴えてはっきりと示すのである[23]。だが，アプリオリな規範としての論理法則を，フッサールは記述的な論理法則から派生したものとみなすのだった。したがって，非心理学的な意識概念に立つことで得られる判断体験のアプリオリな特徴と同様に，認識の主観的な条件の内実も，命題について成り立つ一般的な特徴にその根拠を持つ。

　実際，フッサールは認識の客観的条件の探究（つまり純粋論理学）が主観性一般から切り離されていることをあらためて強調した後に，次のように続けている。

　　しかし当然ながら，[1]〔純粋論理学的な〕法則は明証的転用を被ることができ，そうした転用によって [2] 当該の法則は認識および認識主観への明白な関係を獲得し，[3] 認識のレアルな条件についてさえも述べるのである。[4] 他の場合と同じくここでもまた，イデア的な（純粋に一般的な文によって表現される）事柄を経験的な個別例に移行させることによって，レアルな可能性についてのアプリオリな主張が成り立つのである。(XVIII, 241 [1:262], 強調引用者)

[1] われわれは純粋論理学的法則を思考のアプリオリな規範として捉えることができる（規範的ないし明証的転用）。したがってそうした観点のもとでは，

---

23) この点に関しては，認識の主観的条件をめぐる『プロレゴメナ』の議論に「形相的学科としての現象学」という後の発想の萌芽を見て取る，ベルネットの議論も参照のこと（cf. Bernet 2004, 40）。真理と明証に関する二つの原理から非経験的な意識概念を引き出すわれわれの見解も，ベルネットの指摘に多くを負う。だが，われわれのベルネットとの相違についても述べておきたい。ベルネットは『論研』の現象学の特異性を見落としてしまっているように思われる。『論研』の現象学は，たしかに同書の後に定式化される形相的な現象学の萌芽的形態とみなすことができる。しかしわれわれの見解では，両者は決定的に異なる形態のアプリオリな探究である。『論研』の現象学がアプリオリな探究である理由は，それがわれわれの個別的な意識を，それが認識の可能性のアプリオリな条件にしたがうかぎりで論じる点にある。それに対して，『論研』刊行後のフッサールは，形相学としての現象学がアプリオリな探究である理由を，それが非個別的な意識，つまり本質ないしスペチエスとしての意識を扱うことに求めるのである。

[2] 純粋論理学の法則は個別の主観が明証的な判断，つまり認識を達成するためにしたがうべきアプリオリな規範として機能している。われわれ人間が実際に認識を達成するための条件（技術的論理学によって探究される条件）は，こうしたアプリオリな規範を満たすための条件であるのだから，[3] 特定の観点のもとでは，純粋論理学の法則は，個別の人間が実際に認識を達成するための条件のうちの，経験的な心理学から独立して探究されるアプリオリな条件ですらある。[4] 命題の水準で成り立つ事柄を個別例に適用することによって得られる観点からは，可能な個別の推論についても，それが可能であるための条件に関するアプリオリな主張ができる。

ここから分かるのは，『プロレゴメナ』のフッサールが認識の主観的条件と呼ぶものは，認識の客観的条件と同じく，われわれ認識主体から独立して存在する命題の領分に根拠を持つものであり，そのいみでは客観的なものであるという点だ。したがってこのいみでは，認識の主観的条件と客観的条件に関する体系的探究は，認識の可能性の条件に関する客観的な理論として特徴づけることができる。われわれはこれを「客観的認識論」と呼ぶ[24]。

3.3.2 無根拠な真理の根拠という問題

フッサールはこうして，純粋論理学を十全な客観的認識論へと拡張するという課題に直面する。すでに予告したように，この課題は現象学による論理学の基本概念の解明という課題と何らかの仕方で区別されるため，哲学者のもうひとつの仕事とみなせる。

とはいえ，先に引いた一節にしたがって認識の客観的条件とアプリオリな規範としての論理法則を同一視するならば，そのような哲学者の仕事には

---

24) もちろん，認識の客観的条件としての論理的規範からそれにしたがうための主観的な条件を特定する作業は，命題の領分の内部で完結するものではない。この作業を行うためには，真理によって可能性が確定された（明証的）判断という体験を，アプリオリな論理的規範にしたがうものとして考察する必要がある。つまり認識の主観的条件の特定は命題だけでなく意識にも関わるのだから，そのかぎりでこうした探究は客観的認識論と現象学の交差する場所にある，ということもできる。しかし，先に確認したように，認識の条件が主観的であるか客観的であるかは，それをわれわれが特定するために体験に関する語彙が必要になるかどうかに依存する。したがって，ある条件がこのいみで主観的であることは，その条件が成り立つ根拠がともに命題という客観的なものにあることを除外しない。そしてここでの客観的認識論が客観的認識論である理由は，もっぱら認識の条件の根拠の客観性に求められている。

3.3 客観的認識論の拡張——哲学者のもうひとつの仕事

実質的な中身はほぼないといっていいだろう。アプリオリな規範としての論理法則は記述的な論理法則から派生したものなのだから，それを特定する作業の大部分ないしすべては，純粋論理学の領分に属する数学者の仕事だ。哲学のための作業がここにわずか残されているとしても，それは，純粋論理学の公理やそれにもとづいて数学者が証明した特定の定理をひとつずつ順番に取り上げ，すでに前章で明らかにされた所定の手続きにしたがってそこから論理的規範を派生させるだけの簡単な仕事でしかない。こうした仕事にとりたてて論じるべきような内身はないだろう。

客観的認識論に哲学者のための実質的な仕事が残っているのは，実際には純粋論理学の進展によって認識の客観的条件が特定されるわけではないからである。アプリオリな規範としての論理法則は，認識の客観的条件の一部でしかないのである[25]。ただしこうした事態は，狭義での純粋論理学が演繹的な導出関係を扱うのに対して，認識には帰納的推論を伴うものもある，という理由によるわけではない。純粋蓋然性理論への拡張という課題が達成されたとしても，事情は同様だ。

以上を確認するために，純粋蓋然性理論がフッサールの構想にしたがって実際に完成したと想定しよう。このとき，自然科学の任意の根本原理がどのような経験的個別命題（の組）によってどのていど蓋然的・帰納的に根拠づけられるのかについて，われわれは完全な理論を手にしていることになる。しかしその場合にも，真なる法則命題を根拠づける経験的個別命題について，それらの真理は何によって可能になるのかという問題が残されたままになる。フッサールの考えでは，この問題に純粋論理学の守備範囲を拡張することによって答えることはできない。というのも，自然科学における根拠づけの究極の基礎にある個別命題は，数学や論理学における公理と同じく，さらに遡ってそれを根拠づけるような命題がもはやないといういみでは「無根拠（grundlos）」なのである（cf. XVIII, 139 [1:154]）。

---

25) ここで「明証的な判断をすべし」という規範的要求のことを思い出す人もいるかもしれない。たしかにこの要求は，特定の推論に関する言及がないことからも分かるように，規範的な論理法則ではない。だが，これは個別の規範とは区別される根本規範の内実をなすものであった。したがって，問題の規範的要求は，認識の客観的条件としてのアプリオリな規範を特定するという作業のそもそもの前提となるものであり，その作業によって特定されるべき何かではない。

『論研』のフッサールにとって，公理の無根拠さは特に問題を起こさない。この時期のフッサールは公理をその真理が自明であるものとみなす（公理に関する現代の標準的な考え方とは異なる）立場をとり，何らかの理由によるさらなる哲学的説明を要求するものとは考えていない[26]。だが，経験的な個別命題の真理については事情が異なる。フッサールもとうぜん認めるように，われわれはそうした命題の真偽について誤りうる[27]。ある経験的個別的命題が真であることは決して自明ではないのだから，それについてわれわれはさらなる説明を要求することができる。したがって，経験的で個別的な真理は，命題の導出関係に着目する純粋論理学的な観点からは無根拠であるにもかかわらず，何らかの「理由」を持たなければならない。こうした理由を扱うためには，命題の間に成り立つ演繹的ないし帰納的な根拠づけ関係とは別の道具立てを用意しなければならない。これが意味するのは，根拠づけや導出についての理論である純粋論理学をどのように拡張しても扱うことができない問題がここにあるということだ。

その一方で，われわれは多かれ少なかれ正しい経験的な個別的判断作用を現に遂行しているし，そうした判断が完全に正しい場面を想定することさえできるように思われる。このような判断は，経験的で個別的な認識がしたがうべき主観的条件を満たしたものである。このことが示唆するのは，経験的で個別的な認識（明証的判断）の現象学を手掛かりにすることで，客観的な認識論に対していま求められている拡張を行うことができるかもしれないということだ。経験的な個別的認識という体験をもっぱら真理の例として分析し，それが持つアプリオリな特徴を明らかすることで，われわれは当該の経験の主観的条件を特定できる。それらの主観的条件は，対応する認識の客観的な条件を明らかにし，両者の条件が命題の領分におけるどういう事情に根ざしているのかを明らかにするための，少なくとも手掛かりになる。

こうして『論研』のフッサールは，客観的認識論の拡張という課題に直面する。この課題は，命題の導出関係に着目する純粋論理学の観点からは達成

---

26) この点については本章の註 9 を参照のこと。
27) こうした事情について，フッサールは第六研究第 3 章で詳しく論じる（cf. XIX/2, 596–631 [4:83–121]）。

できないため，数学者ではなく哲学者の仕事である。またこの課題は，たしかに認識体験の現象学を手掛かりにするものの，それ自体としては体験ではなく命題の領分に関わるために，現象学とは区別される。したがって，客観的認識論の拡張問題に取り組むことは，現象学とは別の，哲学者のもうひとつの仕事であることになる。

3.4 哲学者の二つの仕事とは結局のところ何か

フッサールが哲学者の仕事として引き受ける二つの課題をもう一度整理しておこう。

第一の課題は，明証的判断としての認識という体験を現象学的に分析し，それによって論理学の基本概念を解明するというものである。こうした現象学的分析は，それが（明証的）判断という体験をもっぱら（真なる）命題の例という観点から捉え，その体験をそれがアプリオリな規範にしたがっているかぎりにおいて分析するならば，経験的心理学的な探究とは厳格に区別される。

第二の課題は，客観的認識論の対象を命題間の根拠づけの領分を超えて拡張し，一般的な形式的認識論へと仕上げるというものである。すべての判断は規範的要求への応答をその遂行のための必要条件とする。したがってある任意の判断が明証的であるとき，それは要求される規範に適っている。だが，命題と命題のあいだに成り立つ根拠づけ関係を扱う純粋論理学は，純粋蓋然性理論によって拡張されたとしても，認識の可能性の条件となる。純粋論理学が明らかにする法則は，規範的に転用されたとしても，経験的個別的判断が正しくあるためにしたがうべき規範については何も教えてくれないのである。こうした規範についての理論は，経験的個別的命題の真理の理由を，命題による根拠づけとは別のところに見いださなければならない。この課題を実行する方針は，第一の課題のなかに示されている。明証的な経験的個別的判断作用はどれも，それが明証的であるかぎりで，関連する経験的個別的命題だけでなく，その真理の理由を何らかの仕方で捉えていなければならない。明証的判断作用の現象学的分析は，目下なされるべき拡張について指針を示すことが推定されるのである。

ここで注意しなければならないのは，第一の課題が現象学そのものに課せられているのに対して，第二の課題は，現象学によって指針が与えられるものの，それ自体としては体験の現象学的分析とは関係ないということである。ここで拡張されるべき認識論とは，個別の体験とは無関係に成り立つ認識の客観的な可能性の条件を明らかにし，それによって，客観的な可能性の条件にしたがうために主観一般に要求される認識のアプリオリな条件を示すものである。こうしたいみでの認識論の問題は，現象学と密接に関係するが，それとは区別される客観的な命題の水準に位置づけられる[28]。

　『論研』第2巻は，これら二つの課題の両方を解決することを目指している。われわれは次章で，『論研』第2巻の序文に即してこうした解釈をさらに詳しく示す。

---

[28] ただし，次章で論じるように，フッサールは「認識論（的）」という語をつねにこのようないみで使っているわけではない。

第 4 章

認識の現象学と客観的認識論
―― 『論研』第 2 巻（1）――

　われわれは前章で，学問論としての純粋論理学というフッサールのプロジェクトから哲学者の仕事が二つ浮上することを，『論研』第 1 巻の議論をもとに論じた。本章では，論理学の基本概念の解明と客観的認識論の拡張というこれら二つの仕事が『論研』第 2 巻でどのように捉えられているのかを，この巻に付せられた序論に即して確認する。これによってわれわれは，この時期のフッサールにとって現象学とは何かをより明確にし，続く章での『論研』第 2 巻の本体を読む方針を手にすることになる。

　大切なのは，本章で示されるテーゼ（序文の（IV））は，本章の範囲内では暫定的なものにすぎないという点だ。これは，本章の議論が『論研』第 2 巻の序論という限定されたリソースにもとづくことによる。われわれのテーゼのより十全な正当化は，前章と本章で動機づけられる方針にしたがって『論研』全体を読み解いたときになされる。

　本章の構成は以下の通りである。

第 1 節　論理学の基本概念の解明という『論研』第 2 巻の最大の課題の内実を明らかにする。フッサールが現象学の仕事を概念の「起源」を問うこととして特徴づける際に念頭に置いているのは，その概念に属する対象が現に与えられる体験の分析を通じて，当該概念を解明するという手法である。この手法はブレンターノの記述的心理学から継承されたものであるが，その際にフッサールは，ブレンターノにはなかった発想を記述的心理学ないし現象学のなかに持ち込んでいる。それは，言語哲学的な考察が体験の記述に直接貢

献するという発想である。

第 2 節　『論研』第 2 巻のもうひとつの課題である認識論が，認識の現象学とは区別されていることをあらためて確認する。

第 3 節　『論研』のフッサールが現象学に形而上学的な中立性を要求していることを確認する。やはりブレンターノの影響下にあるこの要求は，次章で認識の現象学を概観し，また第 8 章で『論研』の整合性を問題にする際に重要になる。

4.1　概念の「起源」——ブレンターノのプログラムの継承

『論研』第 2 巻への序論（以下，本章ではこれを単に「序論」とも呼ぶ）第 1 節で，フッサールは現象学の課題を次のように特徴づけている。

> [1] 純粋現象学は中立的研究の領域を呈示し，さまざまな学問はその領域のなかに根を持つ。[2] 一方で，現象学は経験科学としての心理学のための予備考察に役立つ。現象学は表象・判断・認識体験を〔…〕分析して記述するのだが，それらの体験の発生的な説明，つまり経験的・発生的な連関にしたがった研究は，心理学のなかになければならないのだ。[3] 他方で，現象学は純粋論理学の根本概念とイデア的法則がそこに「発する（entspringen）」ような「源泉（Quelle）」を探究する。それらの根本概念と法則をその源泉に引き戻して考察することで，それらには，論理学の認識批判的な理解のために必要な「明晰さと判明さ」が与えられる。
> （XIX/1, 6–7 [2:10–1]）

表象・判断・認識体験の現象学的分析は，[1] さまざまな学問がそれに関連する中立的な領域に関係し，[2] 経験的心理学の基礎を提供すると同時に，[3] 論理学における基本概念と法則の解明に寄与する——これら三点を上の引用から読み取ることについては論争の余地がないだろう。問題はここから先だ。

4.1 概念の「起源」——ブレンターノのプログラムの継承　　117

それぞれの点について，フッサールはより具体的にはどのようなことを考えていたのか。[1] の中立性については後で論じることにして，まずは [2] と [3] のそれぞれについて，フッサールがブレンターノの記述的心理学のプログラムから着想を得ていることを明らかにしよう。そのため，われわれは一度『論研』から離れ，ブレンターノのプログラムから話をはじめる。

4.1.1　ブレンターノのプログラム

記述的心理学に関するブレンターノのプログラムは，『経験的立場からの心理学』公刊後の 1880 年代半ばに，同書以来の関心であった学問的な心理学の確立を目的として前景化したものである[1]。このプログラムの鍵となる記述的心理学（「心理考察」）[2] と発生的心理学の区別について，ブレンターノは 1895 年に発表した小著『オーストリアに対する私の最後の望み』のなかで簡潔に説明している。

> 私の学派は，心理考察と発生的心理学を区別する〔…〕。第一のものが呈示するのは，究極の心的構成要素の全体であり，すべての心的現象は，すべての語が文字からなるのとちょうど同じように，これらの構成要素の組み合わせによってできている。これの実行は，デカルトやライプニッツが目論んでいた普遍的記号法のための基礎として役立ちうる。もうひとつのものがわれわれに教えてくれるのは，〔心的〕現象がそれにしたがって生成消滅するような諸々の法則である。それらの条件は，心的機能が神経システ

---

1) ただし，以下で取り上げる記述的心理学と発生的（ないし説明的）心理学の区別が『経験的立場からの心理学』のブレンターノに認められるかどうかについては，研究者のあいだで見解が分かれている。マリガンによれば「記述的な問いと説明的な問いは 1874 年のブレンターノによって明確に区別されており，『記述的心理学』と『説明的心理学』というラベルが後に続いた」(Mulligan 2004, 67) にすぎない。それに対してアントネッリは，1880 年代のプログラムの先行形態を『経験的立場からの心理学』に読み込むような解釈は，1880 年代以前のブレンターノにおける経験科学と心理学の関係に関する微妙な立場を見えなくしてしまうと論じる (cf. Antonelli 2001, 323–30)。

2) ブレンターノは記述的心理学の別名として，「心理考察 (Psychognosie)」や「純粋心理学」という語も用いている (cf. Brentano 1989, *passim*)。また，ブレンターノのフッサール宛書簡でも「心理考察的」という語が使われているという事実は，彼らのあいだで記述的心理学のプロジェクトが周知の事実であったことの傍証のひとつとみなしうる (cf. BW I, 6, 14, 47)。

ムにおける過程に疑うべくもなく依存しているために，その大部分が生理学的なものである。そのため，ここでの心理学的探究が生理学的探究とどれほど結びついてなければならないかということは，一目瞭然だ。(Brentano 1895, 34)

発生的心理学とは，心的現象をそれが生成消滅する因果的条件から説明することを目的とする，経験科学としての生理学的心理学である。それに対して記述的心理学は，さまざまな心的現象について，それらの究極的な構成要素を突き止め，心的現象のそれぞれが構成要素のどのような組み合せによって成り立っているのかを研究する。こうした記述は，心的現象をそれに先立つ原因に遡って説明するのではなく，現に成り立っている心的現象の構造を，その要素に分解することで進められる。このようにして発生的心理学と区別される記述的心理学に，ブレンターノは二つの課題を与える。

　記述的心理学の第一の課題は，発生的心理学の基礎を提供することだ。この点について，ブレンターノは1880年代の講義で詳しく論じている（cf. Brentano 1982, 1–9）。ブレンターノによれば，発生的心理学による因果的説明が成功するためには，何が心的現象（つまり心理学の対象）なのか，さまざまな心的現象のそれぞれはどのようなものか，といったことがあらかじめ明らかにされていなければならない。というのも，因果的説明がそもそも何を説明するのかがはっきりしていないかぎり，諸々の概念的混乱が目的の達成を妨げてしまうことは避けがたいからだ。こうして，心的現象とはそもそも何か，あるクラスの心的現象が持つ普遍的で必然的な特徴は何かということを明らかにする記述的心理学が，発生的心理学の基礎として要請される。

　記述的心理学の第二の課題は，さまざまな基本概念の解明である。この課題をブレンターノが具体的に展開した事例のひとつは，1889年に公刊された『道徳的認識の起源』——『イデーンI』のフッサールによれば，「最大の感謝をすべきと私が感じている書物」(III/1, 323n [2:293])——に見られる。われわれの目的にとって重要になるのはこちらの課題なので，同書の議論について，三つのステップに分けて少し詳しく確認したい。

　(1) ブレンターノはまず，われわれの意志がその（最終的な）目的に応じて道徳的ないし不道徳的と形容されるという事実に着目して，われわれに求

4.1 概念の「起源」——ブレンターノのプログラムの継承

められる倫理的要求が「達成可能なもののうちで最善のものを選択せよ」というものであると論じる (cf. Brentano 1955, 14–6 [66–8])。だが,「最善である」とはどういうことか,あるいは一般的に「善い」とはどういうことかが明らかにされないかぎり,この定式化は空虚ではないだろうか。

> この問いに満足のいく仕方で答えるために,われわれは何よりもまず,善いもの (das Gute) という概念の起源を求めなければならない。その起源は,われわれのあらゆる概念の起源と同じように,何らかの具体的に直観的な表象のなかにある。(Brentano 1955, 16 [68])

ここで「具体的に直観的な表象 (konkret anschauliche Vorstellungen)」と呼ばれているのは,物的および心的な現象をそのようなものとして意識に登場させる,外的および内的な知覚のことだ[3]。色や音や空間などの概念が物的な現象(ここでは物的な「内容 (Inhalt)」と呼ばれている)についての外的知覚から生じるのに対して,「〔〈善いもの〉の概念〕は,正当にもそれと近しいものとみなされている〈真であるもの (das Wahre)〉の概念と同様に,心的な内容の直観的表象から取り出されるのである」(Brentano 1955, 16 [68])。つまり,それらの概念の「起源 (Ursprung)」は,内的知覚によって捉えられる心的現象に求められる。

(2) では,〈善であるもの〉の概念と〈真であるもの〉の概念は,どのような心的現象に起源を持つのか。ここでブレンターノが注目するのは,判断と情動(「愛と憎しみの現象」)という異なるクラスの心的現象が持つ共通の特徴だ。あらゆる心的現象はそもそも志向性という特徴を共有するが,これら二つのクラスは,対象への志向的関係が肯定的ないし否定的という両極のいずれかに属するという点でも類似するというのである (cf. Brentano 1955, 18–9 [71])[4]。判断と情動に成り立つこうした類比から,ブレンターノは前者だけでなく後者についてもわれわれは正しさを問えると考える (cf. Brentano 1955, 19 [71])。この発想にしたがえば,相矛盾する判断の組——たとえば,

---

[3] 物的現象と心的現象の区別については第 1 章の第 3.2 節を参照。
[4] ブレンターノの判断論については,本章の註 13 で言及される文献を参照のこと。

今日は晴れているという肯定的判断と今日は晴れていないという否定的判断——のどちらか一方だけが正しいことと類比的に，何かを愛するという肯定的情動とその同じ何かを憎むという否定的情動の組についても，正しいのはそのうちのひとつだけである。したがって，

> われわれはいまやここで，探究されてきた概念，つまり〈真であるもの〉と〈偽であるもの〉の概念や，それと同様に〈善いもの〉と〈悪いもの〉の概念の源泉となる箇所にいる。われわれが何かを真であると呼ぶのは，それに関係する承認〔＝肯定的判断〕が正しいときである。われわれが何かを善いものと呼ぶのは，それに関係する愛が正しいときである。正しい愛によって愛されるべきもの，愛する価値があるものが，もっとも広いいみでの〈善いもの〉なのだ。(Brentano 1955, 19 [71-2])

(3) 残る問題は，正しい情動とは何かということだ。この問題についても，ブレンターノは判断と情動の類比を手掛かりにして論じる。正しい判断は，それが明証的であるという特徴によって盲目的に下された判断から区別される (cf. Brentano 1955, 20-1 [73-4])。こうした明証は，それを備えるものの典型例が内的知覚であることからも分かるように[5]，われわれの意識に上る心的現象としての判断が備える独自の特徴であり，そのため，明証的な判断とそうでない判断の違いは，当該の判断を下す主観によって経験されるものでしかない。したがって明証とは何かについての「究極的な明晰化は，他のあらゆる概念と同じように，こうした経験へと注意を喚起すること (Hinweis) のうちにある」(Brentano 1955, 21 [74])[6]。こうしてブレンターノは，正

---

[5] ブレンターノは内的知覚を判断の一種とみなす (cf. Brentano 1874/1924, 200-1)。
[6] ただし，ブレンターノはあらゆる概念がその起源に遡るという手法だけで解明できると考えていたわけではない。このことは，いま引いた一節でブレンターノが「究極的な明晰化」について語っていたことにもあらわれている。この点に関するより明確な見解は，1914 年に口述筆記されその約 60 年後に公刊された「〈連続的なもの〉について」という遺稿から確認できる。この草稿でブレンターノは「われわれの概念はすべて，直観から直接取り出されているか，直観から取り出された徴表の組み合わせによってできている」(Brentano 1976, 3) という前提に立ち，〈連続的なもの〉の概念をより基礎的な概念の組み合わせによって分析する試みがどれもうまく行かず，この概念がわれわれの経験のすべてが備える連続性という特徴から獲得されたものであることを論じる (cf. Brentano 1976, 3-9)。ここから分かるのは，ブレンターノが経験を

4.1 概念の「起源」——ブレンターノのプログラムの継承　　　121

しい情動があるということを，そうした経験をわれわれの各自が持つということに気づかせることで論証する．その際に正しい情動の例として，明晰な知識を気に入ることや，喜びを悲しみよりも優先することなどが挙げられる (cf. Brentano 1955, 22-3 [76])．

　こうした一連の議論にさらに立ち入ることはわれわれの目的ではない．重要なのは，一連の議論が進められる際の手続きだ．ブレンターノによれば，あらゆる概念の起源がわれわれの意識のなかにある以上，概念の解明は，究極的にはそうした意識に登場する経験を分析することによって行われる．だが，私の意識的な経験は，私によってのみ直接アクセスできる．したがって，ある概念の解明を自分以外の他人と共有可能なかたちで行うためには，その概念の起源となる経験の種類を突き止めるだけでなく，他人に対してその経験への注意を促すという手段が不可欠になる．したがってここでは，正しい判断や情動について必然的に成り立つ一般的特徴を分析してみせるだけでなく，正しい判断や情動の具体例をいくつか出すことによって，そうした分析が適切であることを誰もが自分で確かめられるようにしなければならないのである[7]．

　ブレンターノが 1880 年代の講義で記述的心理学に与えた特徴づけは，われわれが『道徳的認識の起源』に即して述べてきた事情と密接に関連する．記

直接の源泉とみなしたのはもっとも基礎的な概念に限られるということである．そして，何がもっとも基礎的な概念なのかはいつでも自明であるわけではないのだから，基礎的な概念を突き止めその他の概念をそれらから構成するという課題は，ブレンターノのプログラムのなかで，概念の起源を示す記述的心理学と深く関連するがそれとは別の課題として位置づけられなければならない．そうであるからこそ，『オーストリアに対する私の最後の望み』から先に引いた一節で，ブレンターノは記述的心理学を普遍的記号法のための基礎として役立つものとみなしたのである．なお，概念の記述的心理学的解明に関するブレンターノの構想の根底には，概念の獲得に関する経験主義というブレンターノの基本的な発想があるが (cf. Chrudzimski 2001, 96; 2008, 27)，この発想は基礎的な概念の解明の方法としての記述的心理学という考えにとって本質的ではないように思われる（本章の註 11 を参照）．

　7）こうした手続きについても，ブレンターノは 1914 年の「〈連続的なもの〉について」でよりはっきりと語っている．「徴表の組み合せによってではなくひとつの統一的な直観から抽象によって獲得されるような他の概念——たとえば〈色がついたもの〉の概念——の場合と同じく，われわれはそうした概念を共通して含むさまざまな直観を提示 (vorführen) しなければならない．またわれわれは，おそらく，突出した点により注意させるために，そうした直観を，〈問題となる徴表がまったく欠けている他の直観〉や〈少なくともその徴表が違った仕方で与えられていることに気づくような他の直観〉と対置しなければならない」(Brentano 1976, 13)．

述的心理学の仕事は,「人間の意識の要素（Elemente）と,それらの結合様式を〔…〕確定すること」（Brentano 1982, 1）にある。そのためブレンターノは,いくつかの異なる種類の部分全体関係を導入し,さまざまな心的現象の構造を,それらの関係を用いて分析する。ここで注目すべきは,こうした分析の一例として,〈明証〉と〈明証的な判断〉のあいだに成り立つ部分と全体という関係が取り上げられているという点である。(i) 明証は,(ii) 肯定的であるという質,(iii) 真理へと関係すること,(iv) 必当然的な様相と共に〈明証的な判断〉という全体をなし,これら四つの部分はすべて「相互浸透的（sich durchwohnend）」であるとされる（cf. Brentano 1982, 20）。相互浸透的な部分とは,視野における特定の色とそれが占める特定の空間的な位置のように,相互に切り離せないにも関わらず互いに区別できるような部分である（cf. Brentano 1982, 16-7）[8]。つまり,ブレンターノによれば,明証は,〈明証的な判断〉という全体から実際に切り離して単独で示すことができるものではなく,そうした判断を実際に下すときにその他三つの部分と一緒に内的に知覚されるのである。したがって,明証を〈真であるもの〉の概念の起源として示すためには,それを含む具体的な明証的判断を実際に体験し,その一側面に注意を向け……といった手順が必要になる。つまり,より一般的に言えば,ある心的現象を何らかの基本概念の起源として示すためには,その現象を（注意による区別を通じて）要素へと分解し,当該の概念に関連するものをそこから析出することが求められるのである[9]。ブレンターノは記

---

[8] 相互浸透的な部分は,ブレンターノが「分離可能」な部分と対比した「区別可能（distinktionell）」な部分の一種である。部分と全体の関係に関するブレンターノのより包括的な議論——これはフッサールの『論研』第三研究の背景でもある——については,スミスが記述的心理学講義に即して概略的に整理している（cf. Smith 1994, 51-60）。またドゥワルクは,ブレンターノの部分全体論が心的現象と志向性の関係に関する分析にどのように貢献するのかについて,現象的意識に関する現代の論争状況も踏まえつつ論じている（cf. Dewalque 2013）。

[9] この点を踏まえるならば,ここで問題になっている発想を次のようにまとめる鈴木の解釈は正確さに欠けることが分かる。「〔ブレンターノの心理主義的学問論の〕基本姿勢によれば,もろもろの学問の基本概念は,（それが基本概念である限り）その学問内ではそれ以上分析できない単純な概念である。しかし,その概念は心理学的には複雑であり,それを記述的に解剖していくのが哲学的学問論の仕事である」（鈴木 2013, 44-5）。記述的心理学が解剖ないし分解するのは基本概念ではなく,基本概念の起源となる心的現象である。また,鈴木の解釈が正しければ,そもそも何が基本概念であるのかを確定することは鈴木がブレンターノの「哲学的学問論」と呼ぶ課題に属さないことになるが,こうした見解をブレンターノに帰することには無理がある。（さらには,鈴木がこの文脈でブレンターノの立場を「心理主義的」とみなすことについて

述的心理学講義のなかで，こうした分解のための手続きを六つ挙げ，そのそれぞれを詳しく論じている（Brentano 1982, 28–77）[10]。ブレンターノの方法論的考察に詳しく立ち入ることは，われわれの目的を大きく超える。だが，記述的心理学の特徴づけがわれわれが先に述べた事情を反映しているということを確認するためには，心的現象への注意とは何かを論じる際に，ブレンターノが他人をその人自身の心的現象に注目させるという観点を重視していたことを指摘するだけで十分だろう（cf. Brentano 1982, 36–7）。

4.1.2 フッサールによるブレンターノのプログラムの継承

さて，「起源」ではなく「源泉」という言葉が使われているとはいえ，先に引用した序論の一節でフッサールが現象学に与えた二つの特徴づけは，ブレンターノの記述的心理学の二つの課題と正確に一致する。このことはすでに明らかだろう。そして以下の一節では，論理学における概念の解明という現象学の課題が，「起源」という語と共に述べられている。

> [1] 論理学的概念は〔…〕，直観のうちにそれらの起源を持たなければならない。[2] それらは何らかの体験にもとづく抽象によって成立し，この抽象を新たに遂行するたびに，それらの概念があらためて確証され，それらの自己同一性が把握されるようなものに違いないのである。[3] 別の言い方をすれば，われわれは「単なる言葉」では，つまり，記号的な語の理解ではまったく満足できない。〔…〕[4] われわれは「事象そのもの」に立ち戻りたい。この〈顕在的に遂行された抽象のなかで与えられるもの〉が，実際に本当に〈法則の表現における意味が示すもの〉であるということを，われわれは完全な直観にもとづいて明証化したい〔…〕。（XIX/1, 10 [2:13–4]）

も疑問が残るが，それによって何が意味されているのかが明らかにされていないため，これ以上それを詮索することはやめる。）

10) ドイツ語原著では，これらの手続きが列挙される場面で最初の四つだけに（a）から（d）という番号が振られるが（cf. Brentano 1982, 28），われわれは英訳にしたがい，その直後の二文もそれぞれ必要な手続きを列挙したものとみなす（cf. Brentano 1995, 31–2）。

ブレンターノのプログラムの枠組みを踏まえるならば、われわれはこの一節に以下のような十全的な解釈を与えることができる。[1] 論理学に登場する概念（たとえば命題概念）について、その「起源」となる体験を記述的心理学的に分析し、[2] 究極的にはそこからの抽象によって当該の概念に解明を与えなければならない。[3] なぜなら、それらの概念を表現する語について、われわれはいまだ不明確な理解しか持っていないからである。[4] 論理法則の表現に含まれる語が表現する概念は、記述的心理学によって、当該の直観から抽象されたものによって究極的な解明が与えられる。

このように、論理学的な概念の解明という現象学の課題には、ブレンターノのプログラムを超える発想は特に見いだされないのである[11]。少なくとも上のような課題を担っているといういみでは、「現象学は記述的心理学なのである」（XIX/1, 24 [2:25, 250]）[12]。

4.1.3　体験の言語的側面——ブレンターノとの相違

とはいえ、フッサールは記述的心理学による概念の解明というブレンターノの発想をそのまま踏襲するわけではない。記述的心理学の記述範囲に関して、フッサールはブレンターノとは異なる見解を示すのである。

> しかしながら、言語の究明は純粋論理学の構築にとって欠かせない予備考察である。なぜなら、論理学の本来の研究対象、さらには、この対象の本質的な種類と区別は、言語の助けによってのみ誤解の余地のない明晰さへと至るからだ。だがここで問題になる

---

11) ただしフッサールは、記述的心理学による概念分析という方法を、ブレンターノの概念経験主義（本章の註6を参照）から切り離して踏襲しているように思われる。『論研』のフッサールにしたがえば、概念とは、経験から独立して存在するスペチエス、つまり普遍者のことである（cf. XVIII, 108–9, 218–21 [1:121–2, 237–41]）。したがってその場合、記述的心理学による概念の解明とは、われわれから独立して存在する概念を、その概念のもとに属する対象を直観する体験の分析によって明らかにする試みであることになるだろう。

12) 現象学は記述的心理学であるという主張に関する本書の解釈が、「概念の解明に関するブレンターノのプログラムを踏襲するかぎりで」という留保つきであることに注意してほしい。『論研』の現象学はいくつかの重要な点でブレンターノの見解から逸脱する。その一部は、ひとつ前の註や本文にある通りだ。また、フッサールは、心的現象の境界確定に関してもブレンターノと意見を異にし、『論研』刊行後の1903年には、現象学がただちに記述的心理学であるわけではないという立場に自説を修正する。これらについては第8章で論じる。

4.1 概念の「起源」——ブレンターノのプログラムの継承 125

のは，歴史的に与えられた何らかの言語に関係するような経験的ないみでの文法的考察ではなく，客観的な認識論や，さらにそれと密接に関係した思考・認識体験の現象学の領分に属するもっとも一般的な種類の考察である．こうした領分の全体こそ，純粋論理学の認識批判的予備作業と解明のために徹底的に研究されなければならない領分であり，われわれの続く諸研究はこの領分の上を動くことになるだろう．(XIX/1, 6 [2:10])

「客観的認識論」についてはすぐ後の第2節で論じる．目下の文脈で大切なのは，フッサールが思考や認識という体験を，言語について論じることで明らかにされるものとみなす点である．われわれは，思考や認識といった体験の分析によって究極的な解明が与えられるべき論理学の概念のひとつは命題概念であることを思い出そう．そしてフッサールは，命題を言表文の意味として特徴づけている（cf. XVIII, 180n [1:119]; XIX/1, 105 [2:111]）．これらの点が強く示唆するのは，命題概念の起源となる体験には言語的なものが不可欠の要素として含まれるということだ．

> したがって純粋論理学が研究目標としている対象は，まずもって文法の衣をまとって与えられる．より正確にいえば，それらの対象は具体的な心的体験に埋め込まれたものとして与えられ，これらの具体的な心的体験は〔…〕，何らかの言語表現に属し，それらの言語表現と共に現象学的統一を形成する．(XIX/1, 8 [2:10–1])

言語の有意味な使用によってはじめて遂行可能になるこうした複合的体験のうち，言語表現という構成要素を，フッサールは体験の「感性的・言語的(sinnlich-sprachlich) 側面」(XIX/1, 17 [2:19]) とさえ呼ぶ．そして，「思考することと発話することの並行性」が認められる以上，体験のこうした側面に着目することで可能になる言語表現の文法的相違に関する研究は，適切な仕方でなされるならば，論理学的な概念の解明に役立つというのである (cf. XIX/1, 17 [2:20])．つまり，フッサールによれば，思考や判断といった体験（ないし心的現象）を現象学的に分析することの少なくとも一部は，そこに構成要素として含まれる言語表現を分析することによって進められる．

こうした一連の主張は，心的現象に関するブレンターノの見解と二つの点で対立するように見える。第一に，ブレンターノによれば，心的現象は言語表現において告知される（sich bekunden）が，言語表現をそのような告知として把握する「心的状態の『客観的』な観察が，心理学的認識の『主観的』で内的な源泉となりうることは，明らかにない」（Brentano 1874/1924, 55）。つまり，言語表現そのものの分析は，記述的心理学的分析から区別されるのである。さらにブレンターノは，心的作用の分析にもとづいて，非命題的な判断論とそれにもとづいた論理学を構築している。ブレンターノの考えでは，判断作用の構造は，それを告知する言表文の見かけ上の命題的構造とは異なる構造を持ち，判断から判断への推論も，判断の非命題的構造にもとづいて研究されなければならないのである[13]。ここから分かるのは，ブレンターノは言語表現そのものの分析を，それによって表現される体験そのものが持つ構造の記述的心理学的分析に従属させるということである。以上の点を踏まえるならば，ブレンターノの記述的心理学に対するフッサールの新しさは，言葉を有意味に使うことそのものを，意識体験として現象学的に分析可能なものとみなした点にあると述べることができる[14]。ここに鋭い対比があることは明白だ。

第二に，ブレンターノは記述的心理学が扱う心的現象を内的知覚の対象と

13）ブレンターノの非命題的な判断論については，フルヅィムスキが簡潔に整理している（cf. Chrudzimski 2001, 51-8）。非命題的な判断論にもとづくブレンターノの論理学については，サイモンズが見通しを与えている（cf. Simons 2004）。また，後期ブレンターノとマルティが非命題的な判断論という立場を守るために発展させた二重判断論については，マリガンおよびブノワがそれぞれ詳しく論じている（cf. Mulligan 1989, 129-41; Benoist 1997, chap. 3）。また，フッサールによるブレンターノ／マルティの二重判断理論批判については，イェルナによる論考を参照のこと（cf. Ierna 2008）。

14）言い方を変えれば，第一研究に代表される『論研』第二巻の言語哲学的探究は，表現作用というわれわれの言語活動そのものの分析を通じて意味とは何かという問題に取り組んでいるのである。そのかぎりで，われわれも次章で論じるように，『論研』のフッサールは，言語活動から独立しそれを背後で支える体験（もしそのようなものがあるとして）の分析によって言語の有意味性を説明する立場とは一線を画する。『論研』の言語哲学のこうした特徴づけについて，われわれはブノワの一連の仕事に多くを負う。彼のフッサール解釈の方針が示される印象的な一節を引いておこう。「〔…〕存在しているのはまさに，意味の事実，言語において・言語によって『意味をなすこと』（アングロ・サクソンならば『making sense』と言うだろう）という事実，つまり，発話するという事実である。もし現象学が，現象と事実のもとに踏みとどまる思考，要するに記述的な思考という自身の企図に忠実であるならば，この純然たる事実以外の何から，意味という題材へと向かっていけるというのだろうか」（Benoist 1997, 22; cf. Benoist 2008b）。

して特徴づけ，もっぱら外的知覚によってアクセス可能になる物的現象から排他的に区別する（cf. Brentano 1874/1924, 128-9）．すると，認識の現象学が扱う体験に認められる「感性的・言語的」側面が外的に知覚可能な記号のことだとしたら，フッサールはここで心的現象に関するブレンターノ的な見解から離反していることになる．

こうした見かけ上の対立のうち，第一のものに関しては，『論研』のフッサール自身がそれをはっきりと認めていることが確認できる．フッサールは，命題の論理形式に関して言語表現の見かけがときにわれわれを欺くことを認めつつも，判断を表現する言語表現とかけ離れたかたちで論理学を改訂するブレンターノの試みを，有害なラディカリズムに陥っていると批判するのである（cf. XIX/1, 19 [2:21]）．しかし，心的現象の理解にまつわる第二の点に関しては，事情が異なる．フッサールは『論研』第一研究で，現象学的分析の範囲内に言語哲学的な考察を引き入れる際に，この点に関する対立を解消するのである．われわれはこのことを次章の第 1.2 節で確認する．

4.2　哲学者の二つの仕事の区別

さて，前章で指摘したように，『論研』のフッサールは哲学者の仕事として二つの課題に直面している．それらの課題のひとつは，『論研』の読者なら誰でも認めるはずのものだ．論理学の概念の現象学的解明が問題になることを，フッサールは『プロレゴメナ』ですでに述べているし，われわれは同様のことを『論研』第 2 巻の序論にも即して確認した．しかし，純粋論理学を客観的認識論として十全なものへと拡張するというもうひとつの課題については，事情が異なる．われわれはこの課題がフッサールが取り組むべき哲学者の仕事であるということを，前章では仮説として提出したにすぎない．そして，この仮説に『論研』の序論だけから証拠を与えることは簡単ではない．

まずは，あるいみではもっとも直截にわれわれの仮説の証拠となりうるものを挙げておこう．それは，『論研』第 2 巻に付せられた副題――「認識の現象学と認識論についての諸研究（Untersuchungen zur Phänomenologie und Theorie der Erkenntnis）」――だ．この副題は「認識の現象学」と「認識論」

が異なるものであることを含みとして持つ。もし『論研』第2巻が認識体験の現象学分析によって尽くされる主題を持つのだとしたら，この巻がそれとは違うことを示唆する副題を持つ理由が不明瞭になるように思われる。

たしかにフッサールは，「認識論」を「認識の現象学」と同じいみで用いることもある。このことは否定しがたい。たとえば序論でも，現象学による論理学的概念の明晰化が，それらの概念を「認識論的な明晰判明さへともたらすこと」へと言い換えられ，「そして，ここに現象学的分析が始まるのである」という文言がそれに続く箇所がある（cf. XIX/1, 9 [2:13]）。また，フッサールはこうした現象学の課題を純粋論理学の「認識批判的」な準備と特徴づけてもいる（cf. XIX/1, 6 [2:10]）。これらの言葉遣いを踏まえるならば，『論研』第2巻の副題が持つ含みを否定して，「認識の現象学」と「認識論」はつねに同じものを意味していると解釈できるように思われるかもしれない。

しかしその一方で，現象学的分析として解釈することができないような「認識論」の用法は，『論研』第1巻だけでなく第2巻にも散見される。先に引いた一節でも述べられていたように，『論研』第2巻は「客観的な認識論や，さらにそれと密接に関係した思考・認識体験の現象学の領分」（XIX/1, 6 [2:10]，強調引用者）に関わるのだった。もし「認識論」が認識の現象学だけを意味するのだとしたら，ここでその語に付された「客観的な」という形容はおよそ理解不可能になるように思われる。われわれはむしろ，「客観的認識論」ということで，われわれが前章で論じたような理論のことを理解すべきではないだろうか。その場合，『論研』第2巻の六つの研究において考察されていることのすべてが厳密ないみでの現象学に属するわけではなく，それらのなかには——現象学と密接に関係するものの，それとは区別される——客観的認識論に属する探究も含まれることになる。

認識の現象学と認識論を区別するという本書の仮説にとって，以上が決定的な証拠になると主張する気はない。そもそも，先の引用やその前後の箇所を見れば分かるように，そこでの「客観的な認識論」という語は，さらなる説明もなく通りすがりに用いられるものにすぎない。しかも『論研』第2巻への序論では，客観的な認識論はこの箇所でしか話題にならないのである。しかしそれと同時に，「認識論」と「認識の現象学」を常に置き換え可能な仕方で理解することによっては「客観的な認識論」という言い回しの意味が理

解できないということも，すでに明らかだろう．したがって，哲学者の第二の仕事に関する前章での仮説は，いまだ満足のいく証拠を得ていないものの，仮説としては有効なままである．われわれは，フッサールの認識の現象学を辿り直す次章の成果を用いつつ，それに続く第 6 章でこの問題に決着をつけたい．

ただし，ここであらかじめ付け加えておかなければならないことがひとつある．フッサールがときに「認識論」を認識の現象学を意味するものとして使うことがある以上，客観的認識論を認識の現象学と区別するわれわれの解釈は，「認識論（的）」やそれに類するという語を文脈に応じて二つの異なる意味で読み分けることになる．すると，こうした読み分けが恣意的にされているのではないかという疑念は，われわれの解釈にどこまでもまとわりつくことになる．以下でわれわれは，こうした疑念をなるべく払拭する論述を心掛けるが，果たしてそれが十分に説得的であるかどうかは，本書の読者の一人一人にその判断を委ねたい．

4.3　現象学の形而上学的中立性

さて，本章で一番最初に引いた序論の一節で，フッサールは「純粋現象学は中立的研究の領域を呈示する」（XIX/1, 6 [2:10]）と述べていた．本章を閉じるにあたって，現象学あるいはそれが研究する領域が持つ中立性とは何かという，先送りしていた問題を取り上げよう．

『論研』第一版のフッサールは，あくまでもブレンターノのプログラム——たとえそれが心的現象に関するブレンターノの見解とは対立する発想を含むのだとしても——のなかにいるのだから，現象学（つまり記述的心理学）の中立性についても，ブレンターノ学派を参照枠として解釈を試みることは，少なくともさしあたっての手続きとしてはもっとも妥当だろう．

『論研』の現象学が持つとされる中立性についてフッサールがもっとも詳しく論じているのは，第 2 巻序論の第 7 節である．そこでの叙述によれば，現象学的分析が学問的であるためには，現象学的に実現されていないものについてのあらゆる想定を排除するという「無前提性の原理」が満たされなけ

ればならない（cf. XIX/1, 24 [2:26]）。では，この原理を満たすこととはどのようなことなのか。フッサールは次のように述べる。

> [1] 思考作用がたまたま超越的対象に向けられていようと，あるいは存在しない対象や不可能な対象に向けられていようと，それは〔体験を根拠にした考察にとって〕妨げにならない。[2] というのも，当然のことであるが，このような対象への方向，つまり現象学的に実現されていない対象を表象・思念するということは，当該の体験の記述的特徴なのである。したがって，このような思念の意味は，純粋に体験そのものをもとにして解明・確定されるべきであり，それ以外のやり方では，おそらくそのようなことは不可能だろう。／[3] われわれ固有の自我とは区別される「心的」・「物的」なレアリテートを想定する権利についての問い，また，このレアリテートの本質とは何か，このレアリテートはどのような法則にしたがうのか，物理学者が関わる原子や分子はそれに属するのかどうか，等々の問いは，認識論から徹頭徹尾区別されている。[4]「外界」の存在と本性に関わる問いは，形而上学的な問いである。(XIX/1, 25-6 [2:26-7]，強調引用者)

ここでは，大別して二つの相互に関連する主張がなされている。第一に，[1] 現象学が分析する体験は（場合によっては存在しない）超越的対象に向かい，超越的対象は現象学の記述範囲を超え出ている。だが，[2] こうした方向性，つまり志向性には，現象学が扱える特徴（「記述的特徴」）によって十分な説明が与えられる。したがって第二に，[3] 現象学の分析が関わるわれわれ固有の自我を超越したレアルな対象についての問題は，現象学——ここでフッサールは「認識論」を現象学のいみで用いていることは，ひとつ前の文に「現象学的」という語が登場していることから明らかであるように思われる——とは区別される，[4] 形而上学の問題である。『論研』のフッサールの考えでは，現象学は体験を超越した（つまり，体験のなかに部分として含まれない）「外界」にレアルな対象が（どのように）存在するのかという形而上学の問題に対して中立的であり，この問題に対するどのような回答とも無関係なのである。

およそ以上のような現象学の形而上学的中立性というテーゼについても，

『論研』の全体を検討しないかぎり，それを明確化して評価することはできない。したがって，形而上学的中立性テーゼの詳細な検討は後の第 8 章に譲り，ここでは次の二点だけを指摘しておく。

第一に，『論研』のフッサールが現象学に認めた中立性，つまり形而上学的中立性は，ブレンターノ学派の問題圏のなかで十全に理解でき，そのかぎりで超越論的現象学の「中立性」から区別されなければならない。すでに論じたように，『経験的立場からの心理学』のブレンターノは，「魂なき心理学」という表題のもとで形而上学的に中立的な体験の記述を標榜している[15]。心的現象の構造やそれについて成り立つ法則は，心的現象を性質として持つ実体（ブレンターノによれば魂）が存在するかどうかという形而上学的問題とは無関係に探究される。そして，外界の対象とは区別された物的現象は，外界に物体という実体を想定することが認められない場合にも，探究可能な領域をなしている。したがってブレンターノの考えでは，物的現象やそれを志向的対象として自身のうちに含む心的現象について論じることは，いかなる形而上学的問題に対しても中立的になされる。そして，『論研』前夜のフッサールは，志向的対象についてのブレンターノの考えを拒否するとはいえ，記述的心理学と形而上学との関係についてはブレンターノに忠実な立場を保持し，記述的心理学と形而上学を結びつけるトヴァルドフスキに対して批判的な態度をとっていたのであった。フッサールのこうした態度は，『論研』第 2 巻への序論でも保持されているのだから，『論研』の現象学もまた，そうした路線のもとで理解できるように思われる。

第二に，『論研』の現象学が形而上学的に中立的だとみなされていることは，同書のフッサールが形而上学に対して否定的な態度をとっていたことをまったく意味しない[16]。すでに論じたように，『論研』前夜のフッサールは，形而上学に対してきわめて肯定的な態度を取っていた（第 1 章を参照）。しかもその際に考えられていたのは，「外界」の存在と本性に関わる，まさに『論研』

---

15) 本段落のこれ以降は，第 1 章第 3.2 節の成果を述べ直したものである
16) 武内は，現象学と形而上学の関係について——その他の点については示唆に富んだ——大局的な見通しを与える際に，『論研』の現象学に要請される形而上学的中立性を形而上学批判の一契機とみなすが（cf. 武内 2010, vii），こうした理解は，同書のフッサールがとる立場の微妙さを覆い隠してしまうように見える。われわれはこの問題を第 8 章で論じる。

のフッサールが現象学の問題から除外した問題なのである。こうした形而上学的問題について，『論研』のフッサールはそれを無益なものと考えていたわけではまったくない。フッサールは『論研』第1巻において，時空的な外界が存在し，外界の空間に関して三次元的なユークリッド幾何学が成り立つといった前提を形而上学な前提と呼び，外界のレアルな対象に関する学問の基礎づけだけが問題になるならば，こうした前提を研究することが有効であると述べている（cf. XVIII/1, 26–7［1:30–1］)。こうした発言が見られる以上，『論研』のフッサールは，形而上学的問題を現象学によっては探究されない，現象学の外にある哲学的問題と考えていたというのが実状だろう。

われわれは次章で，『論研』の現象学が実際にブレンターノ的な形而上学的中立性の要請のもとで展開されていたことを確認する。そして，現象学の外にある哲学的問題としての形而上学については，第8章の末尾で取り上げる。

本章のまとめと本書の後半への展望

本章の一番大きな目的は，前章で『プロレゴメナ』に即して論じた哲学者の二つの仕事のそれぞれについて，それが『論研』第2巻への序論において（どのように）引き受けられているかどうかを確認することにあった。認識の現象学による論理学の概念の解明という哲学者の第一の仕事を，序論のフッサールはブレンターノの記述的心理学のプログラムに属する課題とみなし，続く六つの研究でそれが論じられることを明言する。しかし，客観的認識論の拡張という第二の仕事については，『プロレゴメナ』と同じくここでも，それがフッサールの課題であるという確たる証拠はない。しかしながら，ごく簡単なものとはいえ「客観的な」認識論への言及が序論に見られるのだから，認識の現象学と客観的認識論を区別するわれわれの解釈を仮説としてなおも保持できる。つづいてわれわれは，『論研』序論で述べられる現象学の中立性について，それがブレンターノの「魂なき心理学」という考えに忠実な立場として理解できることを論じた。

以上を踏まえ，われわれは次の第5章から始まる本書の後半部分にあらためて見通しを与えよう。第5章では，『論研』における認識の現象学が，形而

上学的に中立的な現象学による概念の解明というブレンターノに由来する発想に沿って進められていることを確認するほか，客観的認識論の拡張の鍵となる「充実する意味」という概念がそうした現象学的分析によって獲得されることを明らかにする。第6章では，充実する意味という概念を手掛かりに，拡張された客観的認識論の概略を，『論研』第2巻の叙述に即して再構成する。第7章では，客観的認識論から帰結する三つの問題のうちの二つを論じる。最後に第8章で，客観的認識論の形而上学的含意という最後のひとつの問題について，現象学の形而上学的中立性テーゼにあらためて立ち返りつつ論じる。

第 5 章

認識の現象学
—— 『論研』第 2 巻（2）——

　本章の目的は、『論研』第 2 巻でフッサールが行った認識の現象学的分析を、これまでの議論でも取り上げられた二つの観点から辿り直すことである。われわれは一方で、『論研』における認識の現象学が論理学の基本概念の解明という目的をどのように達成したかを論じる。この観点からとりわけ重要になるのは、フッサールが『論研』第 2 巻への序論で素描した現象学の基本的な方針や制約が、具体的な現象学的分析にどのように反映されているかということだ。われわれは他方で、こうした現象学的分析が客観的認識論の拡張というもうひとつの問題にいかに寄与するのかに着目する。客観的認識論は、そのものとしては命題を対象とするが、個別的な経験的認識の条件を明らかにすべくそれを拡張するという目下の文脈では、当該の認識を体験として分析する現象学的な考察に手掛かりが求められるのであった。

　本章の構成はそれぞれ以下の通りである。

第 1 節　『論研』第一研究において導入され、認識体験に関する議論の下準備としての役割を果たす、表現作用の現象学的分析を整理する。それによって、フッサールが言語哲学的な問題設定を現象学にどうやって持ち込んだかが確認される。

第 2 節　認識作用の主要な構成要素である、意味志向と意味充実作用の関係について論じる。表現の有意味性を担保する意味志向は、その遂行の条件に関しては自律的であるが、対応する意味充実作用と関連させることではじめ

第3節 意味志向と意味充実作用の関係を，それらがスペチエスとしてそれぞれ例化する〈（端的な）意味〉と〈充実する意味〉という観点から明らかにする。また，すべての有意味な表現に充実する意味が認められることを指摘し，それによって客観的認識論に求められている拡張が充実する意味の導入であることを論じる。

第4節 意味（ないし命題）に関するスペチエス説が，『論研』の現象学のなかでどのようにして正当化されるのかを論じる。スペチエス説の正当化は，表現作用の現象学的分析そのものというよりも，現象学の形而上学的中立性という大局的な要請からなされていることが示される。

第5節 充実する意味が例化される体験としてカテゴリー的直観がどのように導入されるかを跡づける。

5.1 問題設定——充実された言表判断作用としての認識作用

　後でも詳しく見るように，フッサールは，真理をはじめとした論理学の基本概念の起源である認識体験を，有意味な言語使用によって遂行される作用の一種とみなす。この発想の背景にあるのは，真理を獲得する学問的な探究にとって言語の使用が本質的であり，それゆえ認識の現象学が記述する体験には言語表現そのものが含まれる，という考えだ。こうした考えは，『論研』における認識の現象学を，その他の点ではそれと見解を多く共有するブレンターノの記述的心理学から区別するもののひとつである。この点について，われわれは前章で確認した。

　だが，フッサールにとって，言語表現を構成要素とする体験は認識作用に限られるわけではない。認識作用はむしろ，「言表作用（Aussagen）」，つまり言表文（真偽を問うことができる平叙文）を使用することや，あるいはもっと一般的に，「表現作用（Ausdrücken）」つまり有意味な表現をなすことといっ

5.1 問題設定——充実された言表判断作用としての認識作用

う体験の類の，ごく限られた一種と見なされるのである。したがってさしあたり問題になるのは，表現作用が一般的にどのような特徴を持ち，その一種としての認識作用はそこからどのように種別化されるのかということだ。

こうした問題に，フッサールは『論研』の第一研究，とりわけその第1章で取り組む。同研究の最大の目的は，表現作用の本質的な特徴を確定し，認識作用の一般的構造についての見通しを得ることなのである。続く研究（とりわけ第五研究と第六研究）における認識作用の現象学的分析はまさにこの見通しのもとでなされ，それを通じて，論理学の基本概念のそれぞれが正確にはこの体験のどういった側面に起源を持つのかが明らかにされるのである。本節では，独自の作用としての認識をフッサールが導入した過程を，第一研究の現象学的分析に即して追跡する。

5.1.1 表現と指標——体験に定位した記号論

『論研』第一研究における現象学的分析の出発点となるのは，表現（Ausdruck）とは何かという問題である。フッサールは同研究の第5節で表現を有意味な記号として定義し（cf. XIX/1, 37 [2:41]），続く第6節で次のように述べる。

> あらゆる表現に関して，次のような二つの区別をするのがふつうである。
>
> (1) 物的な側面から見た表現（感性的な記号，分節化された音の複合，紙の上に書かれた記号など）。
> (2) 表現に連合的に結びつき，それによって当該の表現を何かについての表現にするような，心的体験の全体。（XIX/1, 38 [2:42]）

重要なのは，ここで区別された二つのものの相互関係である。有意味な記号であり，そのかぎりで物的なものでもある表現を，フッサールは〈有意味な記号を使用・理解すること〉という体験と結びつける。こうした体験が何かのものについてである（つまり志向性を持つ）からこそ，当該の記号はその何かを意味するのである。つまりフッサールは，ある記号が有意味でありしたがって表現であることを，その記号が表現として機能するときにわれわれ

が持つ体験を現象学的に分析することによって明らかにするのである[1]。

こうした考えは，記号一般に関するフッサールの見解から導きだされている。上の引用に先立って表現から区別されて導入された，指標としての記号についても，フッサールはそれを指標として把握する体験が持つ特徴の現象学的分析から解明するのである。

フッサールが「指標（Anzeichen）」と呼ぶのは，たとえば，「煙は火の存在を示す記号である」や「化石は古代の生命の存在を示す記号である」と言われるときに問題になっているような記号のことだ（cf. XIX/1, 31 [2:34]）。これらの指標は，意味を介さずにその対象を示すという機能（「指し標し（Anzeige）」）を備える点で，表現から区別される。ある記号を表現として把握するためには，その記号が属する特定の言語についての一定の知識を持っている必要がある。そして，表現の理解にとってその表現の対象の存在を信じることは必要ではない。具体例で考えよう。誰かが「Hund」を犬を意味する表現として把握できるのは，その人がドイツ語についての一定の知識を持つときに限られる。また，「Hund」を表現として理解するときに，われわれはそれによって意味されている特定の犬がどこかに存在する（あるいはかつて存在していた）と信じる必要はない。それに対して，われわれが煙や化石を火や古代の生命の指標として把握するときには，いかなる特定の言語に関する知識も必要ないが，その際にそれらが指し標す火や古代の生命が存在するということを信じていないことはありえない。別の例で考えてみよう。日本語しか知らない人とドイツ語しか知らない人が，数件となりの家から上る煙を窓から見て，屋外の安全な場所を目指して逃げ出したとする。この二人は，火事が起こっている（つまり数件となりの家に火が存在する）という共通の信念を持ち，その信念に基づいて，火事に対処する行動を起こした。だが，この二人は言語に関する知識をまったく共有しないのだから，煙を火の指標として捉える際に，この記号が特定の言語のなかで意味を持つものとして理解されて

---

1) 『論研』に現れているこうした発想は，1908 年の『意味の理論』講義においてより鮮明に打ち出されている（cf. XXVI, 14-5）。ただし第 4 章の第 1.3 節で述べたように，第一研究のフッサールが目指すのは，言語記号の有意味性をその使用という側面から明らかにすることであって，言語活動の外なり手前なりにあってそれを支える非言語的なものを見いだそうとしているわけではない。

いたわけではない[2]。このように，それを指標として把握する際に意味の理解という体験が必要ないために，指標はそもそも意味を持たないのである。

では，意味を介さずに何かを指し標すという指標の機能は，積極的にはどのように特徴づけられるのだろうか。ここで重要になるのも，われわれが記号を指標として把握する体験の現象学的分析だ。フッサールによれば，「何かが本来的ないみで指標と呼ばれるのは，ある思考者にとってそれが実際に何らかのものの指し標しとして役立つ場合に限られる」（XIX/1, 31 [2:35]）。そして，ある記号が何かを指し標す記号として思考者の役に立つことは，その記号の存在についての確信が，それとは別のものの存在の確信ないし推測を動機づけることから（より正確には，こうした動機づけが思考者によって体験されることから）解明されるのである（cf. XIX/1, 32 [2:35]）。先の例を用いて言い直せば，日本語しか知らない人とドイツ語しか知らない人がともに煙を火事の指標として把握したのは，二人がともに煙が存在することを信じており，この信念が，煙の発生源である数件となりの家が燃えていると信じることを動機づけたためである。

ここで新たに持ち出された「動機づけ（の体験）」がどのようなものかということは，たしかにフッサールにとって新たな問題であり，そのかぎりで，指標の現象学的解明はまだ終わったとはいえない。しかし，指標という特殊な場面で登場するものを，信念と動機づけというより一般的なものから特徴づけることによって，フッサールは問題を解決に近づけたということはできるだろう[3]。

5.1.2　独自の作用としての表現作用

さて，体験に定位した記号論という一般的方針のもとで表現の現象学的解明をする際に問題になるのは，表現が登場する場面の多くでは，表現が指標としての機能も発揮しているという事情である（cf. XIX/1, 39–41 [2:43–5]）。

2）　おそらくこうした点を踏まえて，フッサールは 1914 年に第六研究の改訂を目指して執筆された草稿において，指標を文法にしたがわない記号として特徴づける（cf. XX/2, 53）。この草稿におけるフッサールの記号論については，ベルネットやメレそして鈴木の論文が参考になる（cf. Bernet 1989, Melle 1999, 鈴木 2016）。

3）　現象学的な動機づけ概念については，門脇 1987 および八重樫 2007 を参照のこと。

具体的に考えよう。エトムントが私に対してこの部屋は危険だということを日本語で伝えるとき，彼が使用した記号（つまり，発された音声）は私にとって知覚可能である。エトムントと私のあいだに伝達が成り立ちうるのは，私がこの記号を知覚して日本語の言語表現として解釈し，この部屋は危険だということをその意味として理解することができるからだ。だが，ここで伝達的な記号が果たす役割は，意味を表現することに限られない。この記号を有意味な表現として理解し，この部屋が危険だという情報を得る場合，私はそれと同時に，何かを自分に伝えようとする意志をエトムントに認めてもいる。エトムントの意志そのものは，私にとって直接的に接近可能ではないのだから，私によるエトムントの意志の把握は，彼が発した記号の把握にもとづいて形成されたものである。こうした意志の帰属はエトムントが私のまったく知らない言語を話している場合にも成り立ちうるのだから（「エトムントは必死に何かを私に伝えようとしているようだが，何を言っているのかさっぱり分からない」），このとき私は，エトムントが表現として使用した記号を，エトムントの意志の指標としても把握している。

このように，伝達的な機能が実際に発揮される場合では，われわれの表現作用は，指標として把握される知覚可能な側面を持つ。だが，表現と指標は意味の介在の有無という点で区別されるのだから，表現を表現にしているものは何かを特徴づけるためには，もっぱら指標に関わる要素を除外する必要がある。こうしてフッサールは，「孤独な心的生活における表現」と題された第一研究第8節で，表現が指標としての機能を発揮しない特別な事例を分析することになる。われわれが内語を発するとき，そこで使われた言語記号は現実には存在せず，したがって知覚可能ではない。すると指標に与えられた特徴づけより，次のことが成り立つ。

> われわれにとって指標（標識）として役立つべきものは，現に存在するものとして知覚されなければならない。このことは，伝達的な談話における表現についても当てはまるが，孤独な談話における表現には当てはまらない。ここでは，われわれはふつう，現実の語の代わりに表象された語で事足りるのである。想像のうちで発された言語記号や印刷された言語記号がわれわれに対して浮

5.1 問題設定——充実された言表判断作用としての認識作用

かんでくるが，本当はそれは存在しない。〔…〕想像された語音や想像された印字は存在しないが，それらについての想像は存在している。その違いは，想像されたケンタウロスとケンタウロスの想像表象の違いと同様である。語が存在しないことはわれわれを妨げない。そのことはわれわれの関心を引かないのである。というのも，表現そのものの機能にとって，そうしたことはまったく問題にならない。（XIX/1, 42 [2:46–7]）

内語における表現は，想像された（したがって存在しない）記号を有意味なものとして理解ないし使用する体験によって現象学的に特徴づけられるのである。これを一般化すれば，伝達のためには表現は存在し知覚可能でなければならないとはいえ，ある記号が表現であるためにそれが存在する必要はないということが導きだされる[4]。

以上の考察によって，表現作用——記号を有意味なものとして使用ないし理解する際の体験——の一般的な構造について，心的現象に関するブレンターノ的な見解を保持して論じることが可能になる。前章で確認したように，認識の現象学の対象（つまり表現作用ないしその一種としての認識作用）が内的知覚によって捉えられない側面を持つのだとしたら，フッサールは記述的心理学の対象としての心的現象に関するブレンターノの見解から離反していることになる。しかし先に確認したように，われわれが内語において表現作用を持つためには，知覚可能なものとして存在する言語記号を使うことではなく，言語記号を想像することだけで十分である。すると，内語を基準にして類推すれば，伝達的な場面における表現作用にとって本質的なのは，そうした言語記号そのものではなく，それを知覚する体験だということになる。知覚体験は，ブレンターノ的な枠組みのなかでも内的知覚の対象として扱うこ

---

 4) ただし，こうした考察は，フッサールにとってより基本的な表現作用は内語であるという主張を含意しない。フッサールがここで目指しているのは，伝達的機能が実際に発揮されていない場合にも表現作用に見いだされるような特徴を明らかにすることである。フッサールが表現作用にとって非本質的とみなしたのは伝達機能の発揮であって，そうした機能そのものではない。実際，1902/03 年の論理学講義において，フッサールは「言語の根源的な使命は伝達にある」（Mat II, 54）と明言する。フッサールによる伝達的な言語使用の現象学的分析については，八重樫が『論研』およびそれ以降の展開に即して論じている（八重樫 2006）。

とができるのだから，ここでフッサールは心的現象に関するブレンターノ的見解から逸脱しているわけではない。こうしてフッサールは，言語表現と密接に関係した体験としての表現作用というブレンターノにはない見解を，最終的にはブレンターノの枠組みに沿うかたちで導入するのである。また，われわれはこうした発想の背景に，現象学の形而上学的中立性という要請を見て取ることもできるだろう。外界に属する物的な言語表現そのものは，現象学にとっては無関係なのである。

さて，第一研究第 6 節で導入された区別を第 9 節で細かく論じ直す際に，フッサールは，われわれがいま確認した第 8 節での分析の成果をきちんと踏まえている。

> われわれがさしあたり心理学的記述という地盤に立つならば，意味によって生かされた表現という具体的な現象は，一方における，表現の物的な側面がそのなかで構成される物的現象と，他方における，表現に意味を，さらに場合によっては充実を与え，表現された対象性への関係がそのなかで構成される作用とに区別される。（XIX/1, 43-4 [2:48]，強調引用者）

伝達的な場面における表現作用は，知覚可能な表現（有意味な記号）という側面を持つものの，そうした側面は，記述的心理学＝現象学の観点からは考慮する必要のないものである。しかしこのことは，現象学にとって言語表現がまったく問題にならないということを意味するわけではない。

> 直観を欠いた空虚な意味志向と充実された意味志向のあいだの根本的な区別を根底におくならば，語音としての表現がそのなかで現出する感性的な作用を除外した後にも，二つの作用ないし作用系列が区別される。（XIX/1, 44 [2:48]）

現象学的観点からは，表現の物的な側面は，語音と関係する感性的な作用へといわば純化されている。『論研』第 2 巻への序論でフッサールが現象学の分析対象に認める「感性的・言語的」側面も，この作用を意味するものとして理解できるだろう。

ただし，いま引いた一節で述べられるように，表現作用は言語表現に関係する感性的な作用によって尽くされるわけではない。続く箇所を見てみよう。

一方に，[1] 表現が表現，つまり意味によって生かされた語音であるかぎりで，表現にとって本質的な作用がある。この作用をわれわれは「意味付与作用」ないし「意味志向」と呼ぼう。他方に，[2] 表現そのものにとっては本質的ではないが，意味志向を多かれ少なかれ適切に充実（確証・強化・顕示）し，それによって対象への関係を実現することによって表現と論理的に根本的な関係に立つ作用がある。認識統一ないし充実統一において意味付与作用と融合しているこの作用を，われわれは「意味充実作用」と呼ぼう。(XIX/1, 44 [2:48–9])

フッサールはここで，先に引いた第 6 節からの一節では「意味付与的体験」と漠然と呼ばれていた表現作用の構成要素を，[1] 意味志向と [2] 意味充実作用に分類する[5]。意味志向は表現作用一般にとって本質的な構成要素であり，表現作用（より正確には命題的な構造を持った言表作用）が認識作用であるのは，当該の作用の構成要素に意味充実作用が加わっているときに限られるのである。

以上によって，真理概念の起源が求められる認識作用の構造について，大まかな輪郭が得られたことになる。認識作用とは，意味志向と意味充実作用を構成要素として含む体験なのである。

5.2　意味志向と意味充実作用

5.2.1　意味志向の自律性

先ほどの引用でもはっきりと述べられるように，フッサールによれば，意味充実作用は表現の有意味性にとって本質的ではない。われわれはある言表文を，意味充実作用なしに用いることもできるからだ。したがってフッサー

---

[5]　フッサールは「意味付与作用」・「意味志向」・「意味作用」を相互に入れ替え可能な用語として使っている。以下の地の文では，われわれは基本的に「意味志向」を用いる。

ルは，ある表現の意味を，その表現に充実を与える直観の内実と同一視する立場にはっきりと反対する。フッサールの反論は，二つに大別できる。

　第一の反論は，問題の立場から導かれる不合理な表現（「丸い四角」・「正十面体」）の有意味性の否定という帰結に対して，それが表現の意味という概念を不当に狭く規定していることを指摘するものである。この反論は，主に第一研究の第1章で与えられる。もし表現の意味がそれに対応する直観の内実だとすると，対応する直観を欠いた不合理な表現は意味を持たないことになる。しかしそうだとすると，正十面体が不可能な立体であることを示す数学者の証明は何をしていることになるのだろうか。あるいはより一般的に，不合理な表現が意味を持たないならば，それによって表現されているものが存在しないとみなすわれわれの判断はどうして可能なのだろうか——このような疑念を，フッサールはマルティの見解を引きつつ述べている（cf. XIX/1, 60-1 [2:65-6]）。

　第二の反論は，主に第一研究第2章に見いだされる。この反論の標的は，意味を想像心像と同一視する説である。不合理ではあるが有意味な表現（「丸い四角」）が示すように，表現には対応する対象が欠けていることがある。だが，対象が存在しない場合にも，われわれは当該の対象を想像することができる。すると，こうした想像において浮かんでいる心像を表現の意味とみなすことができるかもしれない。この考えに対するフッサールの反論の骨子は，同じ意味を持つ表現の理解において想像心像が一定しない場合があるのだから，両者は同一視できないというものである（cf. XIX/1, 68-9 [2:73-4]）。こうした事情は，典型的には数学の言明のような，抽象的な対象や概念についての表現の場合に顕著であるが，個別的で具体的な対象についての表現の場合にも事情は同様である。「馬」という語を理解したときにわれわれが馬のイメージをつねに思い浮かべるのだとしても，そのイメージは人や状況によって異なることがありうる。それに対して「馬」という語の意味は，つねに一定である。したがって「馬」の意味と馬のイメージは同一ではない。フッサールは第一研究第18節で意味の心像説側からの予想される反論を取り上げ，さらに再反論を加えるが，そこでも基本的な論点は変わらない（cf. XIX/1, 69-72 [2:74-7]）。

　このようにフッサールは，有意味な表現の使用ないし理解から，当該の表

5.2 意味志向と意味充実作用

現の対象の直観や想像といった作用を非本質的な作用として除外する。その結果，言語記号に関係する作用と一緒に表現作用を表現作用たらしめている経験が残されたものとして特定される。

> 記号をそれにともなう想像心像の支えなしに理解する場合，われわれに対してあるのは単なる記号では決してない。むしろそこには理解がある，つまり，〔…〕表現に意味を，したがって対象への関係を付与するこの独特な作用体験がそこにある。(XIX/1, 71 [2:76])

われわれは，ある記号を有意味な表現として理解するとき，その記号をまったく理解せずに知覚するときには見られない，独自の体験を持つ。たとえば，意味も分からず聴いていた英語の歌を，英語の聴き取り能力を身につけてから聴くとき，われわれは二つの体験のあいだに違いを見いだすだろう。こうした違いを説明する〈理解という体験〉こそ，フッサールが「意味志向」と呼ぶものに他ならない[6]。こうした意味志向は，（通常のケースでは）言語表現から区別される何かへと関係する体験として特徴づけられる[7]。われわれはある記号を有意味なものとして理解するとき，その記号と何らかの仕方で関係している。だが，記号の意味を理解した際にわれわれの関心が向けられているのは，当該の記号そのものではなく，それによって表示された事柄である (cf. XIX/1, 71–2, 47 [2:77, 51])。こうした事情は対応する直観がまったく欠けている場合にも成り立つのだから，表示されたものに対する関心を説明するためには，それに充実を与える直観作用とは遂行のための条件が異なる，別種の作用を認めなければならない[8]。こうしてフッサールは意味志向

---

[6] ここでのフッサールの議論は，思考には独自の現象的特徴（いわゆる cognitive phenomenology）があるのかという問題をめぐる現代の論争と内容上の深い関係にある。この点については Jorba 2010 を参照のこと。

[7] 「この紙の上に現れている文字列」のように，ある言語表現がそれ自身を意味するときには，もちろんこうした事情は成り立たない。しかしこれは例外的で周縁的な事例と見て構わないだろう。

[8] フッサールは第五研究の第 19 節で，記号に対する関心と意味されたものに対する関心の違いについて，注意の理論という観点からさらなる分析を与えている (cf. XIX/1, 419–25 [3:204–10])。こうした分析は，1908 年の『意味の理論』講義にも引き継がれる (cf. XXVI, 22–4)。

を，独自の志向性と遂行条件を備えた作用とみなすのである．

5.2.2 充実を目指す作用としての意味志向

しかしながら，意味志向の遂行条件を対応する意味充実作用のそれに対して自律させる一方で，フッサールは意味充実作用を「表現と論理的に根本的な関係に立つ作用」と特徴づけているのだった（cf. XIX/1, 44 [2:49]）．この点は，『プロレゴメナ』において命題のスペチエス説が真理と明証的判断の関係として特徴づけられていることと同じく，低く見積もられてはならない．第五研究でよりはっきりと表明されるように，フッサールは意味志向（あるいは，充実を必要とするものとしての志向一般）を〈達成されるべき充実を狙うこと〉として特徴づけ，意味充実作用との目的論的な関係のなかに置くのである[9]．ここから明らかになるのは，意味志向の対象への関係も，充実によってそれが実現されることとの関連で理解されなければならないということである．つまり，意味志向の対象への関係とは，〈もしその意味志向が充実されているならば実現するであろう関係〉なのである．充実の想定ができることは，表現の有意味性を担保する意味志向にとって本質的であり，そのいみで，意味充実作用は表現と「論理的に根本的な関係」に立つ．

したがって，『論研』で示された意味志向の自律性とは，それを遂行することに関する自律性であり，フッサールは意味志向そのものを意味充実作用と完全に無関係にしているわけではない．意味志向は充実を通じた正当化を目指す作用として特徴づけられているのだから，それに対して充実による正当化の可能性という規範的な問いが立てられうることは，意味志向にとって本質的な事柄なのである．その意味では意味志向は意味充実作用から切り離すことができず，したがってそれに依存する．われわれはこのことを，意味と充実する意味の問題に即してより詳しく論じよう．

---

9) 「比喩的に言えば，目標を狙う（Abzielen）働きには，達成する（Erzielen）働きが相関者として対応している（発射と命中）．まったく同様に，志向（たとえば判断志向・欲求志向）としての作用には，別の作用が『達成』ないし『充実』として対応しているのである」（XIX/1, 393 [3:176]）．こうした特徴づけは，志向を充実への傾向（Tendenz）として分析する 1914 年の草稿においてより前景化することになる（cf. XX/2, 138–9 *et passim*）．

5.3 意味と充実する意味

5.3.1 充実する意味の導入

　意味志向と意味充実作用が互いに密接な関係に置かれることは，意味に関するフッサールの見解にも大きな影響を与えている．フッサールは表現に互いに密接に関連する二種類の意味（「端的な意味」と「充実する意味」）を認め，それによって客観的認識論を拡張するのである．われわれはまず，二つの意味概念の導入がどのようになされているかを見ていこう．

　フッサールは第一研究第 11 節で，そのつど時間のなかで生成消滅する意味志向と，複数の意味志向がその内容として共有する同一の意味そのものを区別する．偽であろうと，あるいは不合理な内容であろうと，言表文はつねに同一の意味を表現し，その文の使用ないし理解という体験において同一の内容として登場する（cf. XIX/1, 48–50［2:53–5］）．こうした事情は言表文の部分をなす表現（名前や述語など）に関しても同様である（cf. XIX/1, 51［2:56］）．だが，続く第 12 節で述べられるように，ある表現が持つ同一の意味は，その表現の対象そのものと単純に同一視できない．「イエナの勝者」と「ワーテルローの敗者」のように，明らかに意味を異にした二つの名前を使って同一の対象を名指すことがわれわれには可能であり，適切な変更を加えれば，同じことが文に関しても成り立つ（cf. XIX/1, 53–4［2:58–9］）．「ある表現によって表現されたこと」は当該の表現の対象と意味の両方を示す多義的な表現である（cf. XIX/1, 51–2［2:56–7］）[10]．

　「表現されたもの」のこうした多義性は，表現作用に充実がともなう場合にも同様に成り立つ．だが，そこにはある重要な相違も認められる．

〔…〕[1] 一方で，対象そのもの，より詳しくはしかじかのように思念されたものとしての対象〔について「表現された」という言い方が可能である〕．[2] 他方では，しかじかのように思念された

10）正確にいえば，当該の表現が指標として機能することによって告知される意味志向も「表現されたもの」と見なされている．

ものとしての対象を構成する意味充実作用における，そうした対象のイデア的相関者，すなわち充実する意味が，より本来的なみで〔「表現された」と言われうる〕。[3] つまり，意味志向が対応する直観にもとづいて充実される場合，別の言い方をすれば，〔その対象を指示する〕表現が実際の名指しにおいて〈与えられた対象〉に関係する場合，その対象は何らかの作用のなかで与えられたものとして構成され，しかも，その対象はその作用のなかで──表現が直観的に与えられたものに実際に適合するかぎり──意味がその対象を思念するのと同じ仕方でわれわれに与えられているのである。（XIX/1, 56 [2:61]）

表現作用が充実される場合にも，[1] 当該の表現において表現されるのは，一方では志向された対象そのものである（ただし，充実をともなわない表現作用の場合とは異なり，この対象はいまや直観されてもいる）。[2] しかし他方で，もうひとつの〈表現されたもの〉は，充実されていない表現作用の場合とは違い，「充実する意味（erfüllender Sinn）」である。こうしたことが言われなければならない理由は，フッサールが意味充実作用による意味志向の充実ないし「合致統一」を，両者の融合として特徴づけている点に求められる。充実という関係に立つ二つの作用は「〈ただ単に同時に与えられている〉というような単なる共在を意識のなかで形成しているのではない。それらはむしろ内的に融合された，独特な性格をもつ統一を形成する」（XIX/1, 45 [2:50]）[11]。第六研究で述べられるように，充実された意味志向は意味充実作用と緊密に結びついているため，充実していない時点における当該の意味志向を持ち出すことによって抽象的に区別することしかできないのである（cf. XIX/2, 571 [4:55]）[12]。だが，単なる共在を超えた緊密な関係が二つの作用のあいだ

---

11) 正確には，言語記号と関係する表象作用もこうした融合のなかに含まれている。
12) こうした文脈で登場する「融合（Verschmelzung）」は，たとえば和音の知覚において感覚与件のあいだに成り立っているような独特の共時的関係を説明するためにシュトゥンプフが導入した関係を一般化したものである（cf. XIX/1, 249–50 [3:33–4]）。ただしフッサールは，「融合」を共時的な関係を示すものとみなすシュトゥンプフ的な用法につねにしたがうわけではない。知覚の連続的経過が部分作用の綜合によって成り立つわけではないことを示す際には，異なる時点に属する部分作用の通時的関係が「融合」と呼ばれるのである（cf. XIX/2, 677–8 [4:173–4]）。この点については，本章の第 5.2 節でくわしく論じる。また，われわれは第 8 章

5.3 意味と充実する意味

に成り立つためには，[3] 意味充実作用は，意味志向が空虚に思念する対象を与えるだけでなく，それが当該の対象を思念する通りの仕方で対象を与えなければならない。特定の意味充実作用だけが当該の志向を充実するという特異な関係に立ちうることを説明するためには，意味充実作用にも「意味」と呼ばれるべき内容が認められなければならないのである[13]。したがって，充実された表現作用において表現されている意味は，意味志向と融合した意味充実作用の内容，充実する意味でなければならない。

　第一巻に即して確認したように，『論研』のフッサールは表現の意味を体験に例化されるスペチエス（ないし「イデー」）と考えている。この点は充実する意味に関しても変わらない。

> [1] 意味付与作用の志向的本質のイデア的把捉が，イデーとしての志向する意味をわれわれにもたらすのと同様に，[2] 意味充実作用における相関的本質のイデア的把捉は，充実する意味——これもまたイデーである——をわれわれにもたらす。[3] 充実する意味とは，知覚の場合，〈同じ対象を——しかも実際に同じ対象として——知覚するという仕方で思念するような，すべての可能的知覚作用〉に属する同一の内容である。[4] したがってこの内容は，ひとつの対象のイデア的相関者であるが，しかしこの対象は虚的であっても一向に差し支えない。(XIX/1, 57 [2:62])

[1] 表現の端的な意味が意味付与作用つまり意味志向に例化されるのに対して，[2] 充実する意味は意味充実作用に例化される。そして端的な意味と同様に，[3] 同一の充実する意味を例化した作用はどれも，同一の対象に（同一的な仕方で）関係する。そして，[4] 以上の事情は，対象が「虚的 (fiktiv)」であっても何も変わらない。

でも，このいみでの融合概念が『論研』の現象学にとって重要な役割を果たすことを論じることになる。なお，19世紀ドイツにおける感覚心理学において「融合」は，一般的には感覚の通時的な関係を表す用語として用いられている（cf. Holenstein 1972, 119–22）。

13)「〔「意味」という〕術語を志向から充実へと転用させているのは，充実統一が同一化の統一・合致統一という特性を持つためである〔…〕」(XIX/1, 58 [2:63])。

5.3.2　充実する意味の「不可能性」とは何か

　最後の [4] に関してはさらなる考察が必要である[14]。フッサールは虚的な対象にも充実する意味を対応させることで，そうした対象に関係する意味充実作用を認めている。つまり，意味志向に関して述べられている以下のような見解が，意味充実作用についても（適宜変更の上で）成り立つというのである。

　　ある表現を有意味に使用することと，表現しつつ対象に関係することは〔…〕，同じである。対象が存在するかどうか，まったく不可能でないにしても，虚的であるかどうかということは，ここではまったく問題にならない。(XIX/1, 59 [2:64–5])

この主張が「対象を欠いた」表現（「黄金の山」や「丸い四角」）を無意味とみなす見解に反論する文脈に置かれていることからも明らかなように，虚的な対象ということで考えられているのは，単に存在しないばかりか存在することがそもそも（ほとんど）ありえない対象のことである。そうした対象にさえも充実する意味を対応させることによって，フッサールはあらゆる表現に意味だけでなく充実する意味（つまり充実の可能性）を認める。

　こうした解釈に対して，次のような反論が寄せられるかもしれない。フッサールは，「丸い四角」のような有意味だが不合理な表現にとっては充実する意味がアプリオリに不可能であると述べ，さらには，意味の領域を可能な充実化の領域全体よりも広いものとみなす (cf. XIX/1, 61 [2:66]；XIX/2, 721 [4:219])。こうした発言は，充実する意味を持たない表現にフッサールが余地を認めていることを示してはいないだろうか。もしそうだとすると，フッサールは充実する意味に関して不整合な主張をしていることになる。われわれの解釈は，充実する意味に関するフッサールの発言を部分的に切り出すことで，こうした不整合を強引に突破しようとしていないだろうか。

　この疑念に対して，われわれは，フッサールが「充実」という語を広狭二つ

---

　14)　以下の三段落における解釈・議論について，われわれはブノワの一連の論考に多くを負う (cf. Benoist 2008a; 2008c; 2015)。

5.3 意味と充実する意味　　　151

のいみで用いていたと解することができるのだから，ここにはそもそもはじめから不整合はないと応答できる。フッサールによれば，「〔…〕われわれは意味充実の不可能性を，〈志向された充実統一における部分的意味の『非両立性』〉を体験することにもとづいて把握する」（XIX/1, 61 [2:66]）。つまり充実する意味の不可能性は，充実する意味の可能性と同様に，体験のなかで把握されるものである。このことが示唆するのは，充実の不可能性もまた充実の一形式であり，そのかぎりで，不合理な表現にさえもいわば「不可能な充実する意味」が与えられるということだ（cf. Benoist 2008a, 199 [258]; 2015, 107–9）。つまり，不合理な表現が持つ意味が「不可能」であることがその表現の有意味性を損なわないのと同様に，ある表現にとってその充実する意味が不可能であることは，その表現が充実する意味を持つということを除外しないのである。こうした解釈は，充実を「狙うこと」として志向一般を特徴づける第五研究での主張とも整合する。

　さて，可能な充実と不可能な充実を包摂する広いいみでの充実概念を保持する一方で，フッサールは充実が認められない表現（あるいは意味志向）を認める際には，より狭いいみでの充実概念に依拠している。「対象を欠いた」表現や意味志向には，このいみでの充実が成り立たない（つまり，狭いいみで「充実化」ができない）。だが，第六研究でフッサールがはっきりと述べているように，ある意味志向が狭いいみで充実化できないこととは，その意味志向に「幻滅（Enttäuschung）」が成り立つことと同じであり，幻滅は充実化の単なる欠如とは区別される独自の体験なのである（cf. XIX/2, 574 [4:59]）。そして，充実する意味の不可能性に関する第一研究での議論で予備的に特徴づけられたように，ここでフッサールは幻滅を，包括的な統一における背反によって特徴づけるのである（cf. XIX/2, 576 [4:61]）[15]。

　すると，意味の領域を可能な充実化の領域よりも広範なものとみなすフッサールの見解は，そこで問題になる充実を，幻滅と対置される狭いいみでの充実であるとみなすならば，「不可能な充実する意味」を認める第一研究での主張と何の問題もなく両立する。意味の領域は（狭いいみでの）可能な充実

15）幻滅の現象学的分析については，第 6 章の第 1.5 節で詳しく論じる。

化の領域と可能な幻滅化の領域に二分され，意味はどれもそのどちらか一方に属するのである[16]。つまり，意味（あるいは，意味が例化された意味志向）はどれも，広いいみで充実可能であり，そのかぎりで，充実する意味を持つのである。あるいはブノワにならって「別の言い方をすれば，『意味』があるときにはいつでも，その意味には対象が与えられる可能性に関する何らかの規範の成立が，その意味に適った仕方でともなっているのである」(Benoist 2008a, 200 [257])。問題を意味志向の水準に戻してさらに言い直すならば，意味志向を遂行することとは，その充実可能性という規範的構造のなかに身を置くことに他ならない。こうした帰結は，われわれがもっぱら『プロレゴメナ』に即して引き出した帰結と一致する（第3章の第3.2節を参照）。あらゆる判断作用に対して「真である命題だけを判断せよ（あるいは，真でない命題を判断してはならない）」という規範的要求が課せられることは，現象学的観点からは，判断作用が意味志向を不可欠の要素として含むこととして捉えられるのである。

5.4 志向性理論と命題のスペチエス説

5.4.1 意味のイデア性

すでに確認したように，フッサールは意味と充実する意味の両方を，作用に例化されるスペチエスとみなす。だが，こうした考えがとられなければならない理由は，まだ完全に明らかなわけではない。命題のスペチエス説が最初に導入される『プロレゴメナ』では，フッサールは自分の立場を議論なしに提示するにすぎなかった。スペチエス説が意味全般へと拡張され再び導入される第一研究第4章でも，事情は変わらない。フッサールは第一研究の第30節から第31節にかけて，そのつどの意味作用と共に生成する心理学的ないみ

---

16) 第六研究において，意味を可能なものと不可能なものに二分し，意味の可能性を対応する充実する意味を持つことと同一視する際に，フッサールはこうした事情を念頭に置いている (cf. XIX/2, 632–3 [4:122–3])。この区別については，第6章の第1節で論じる。

5.4 志向性理論と命題のスペチエス説

での内容から複数の作用を通じて同一である内容を区別し，意味と同一視されるべき内容は後者であると論じた上で (cf. XIX/1, 102-5 [2:107-11])，次のように述べる。

> われわれがここで主張する意味の真の同一性とは，スペチエスの同一性に他ならない。〔…〕イデア的単一的意味に対するさまざまな個物とはもちろん，対応する意味作用の作用モメント，すなわち意味志向である。したがって，意味のそのつどの意味作用に対する〔…〕関係は，たとえばスペチエスにおける赤の，これと同じ赤色を「持つ」ここにある細長い紙片に対する関係と同じである。(XIX/1, 105-6 [2:111])

ここでもフッサールは，命題のスペチエス説が採用されるべき理由をほとんど示していない。第一研究の残りの部分における議論の主題は，スペチエスを対象として捉えることの正当性（第 31 節の残り），スペチエスのイデア的な存在様式と規範的ないみでのイデア性の区別（第 32 節），意味はスペチエスであるがすべてのスペチエスが意味であるわけではないということ（第 33 節），意味作用において意味は主題化されていないこと（第 34 節），そして意味にとってそれが表現されることの偶然性（第 35 節）によって尽くされる。これらの主題をめぐる議論はどれも，スペチエス説を前提とした上でそれを明晰化するためになされているのであって，この説を採用する積極的かつ直截な理由を与えているわけではない。

　もちろん，意味を意味作用のスペチエスとみなすならば，同一の意味が個別の意味作用に繰り返し登場することに対して説明を与えることができるという利点が生まれる。そのかぎりで，『論研』第 1 巻および第一研究第 4 章におけるスペチエス説の導入は，最低限の根拠を持つ。しかし，スペチエス説によって説明されるべき事柄に説明が与えられることは，それが正しい説であることを必ずしも意味しない。同じ事柄を説明できる対抗学説があるかどうか，もしあるならば，なぜそれではなくスペチエス説を採用するべきなのかについて，フッサールは当該箇所では何も述べないのである。だが，『論研』第 2 巻に散在する議論をまとめ直すことによって，なぜフッサールがスペチエス説を採用したのかについて，われわれはきちんとした理由を与えること

ができる。ただしその理由は，作用の現象学的分析そのものではなく，現象学的分析についての大局的な方針に強く依拠したものである。

5.4.2　フッサールのもうひとつの意味概念

フッサールは第一研究の第1章で，ある表現の意味を，その表現の使用によって対象に関係すること（つまり，当該の表現作用に含まれる意味志向）の分析によって明らかにしようとしていたのだった。有意味な表現の使用はどれも，それが有意味であるかぎりで対象への関係を持つ。重要な一節をもう一度引けば，「ある表現を有意味に使用することと，表現しつつ対象に関係することは〔…〕，同じなのである」(XIX/1, 59 [2:64–5])。これにともなって，有意味な表現の使用という水準においてはじめてわれわれが関わることができる対象が認められ，対象概念は極端に拡張されることになる（cf. XIX/1, 45n, 106, 321–2 [2:49, 111–2; 3:106–7]）。知覚や想像によっては決して出会えない数やスペチエス（つまり意味）も対象であり，ペガサスや正十面体も，「ペガサス」や「正十面体」という名辞の有意味な使用（「名指し作用（Nennen）」）の対象であるかぎりでは，馬や立方体と何の違いもない。

たしかに，表現の有意味性を表現作用の志向性へと結びつける一方で，フッサールは表現の対象と意味の区別の必要性も説いていた。したがって，表現の意味を表現作用の対象への関係と単純に同一視することはできない。だがこのことは，フッサールが意味についての考察から対象への関係（指示）に関する考慮を除外したことを意味しない。

> 表現はそれが〔何かを〕意味することによってのみ，対象的なものへの関係を得る。したがって次のことが正当にいわれる。つまり，表現は意味によって対象を表示する（名指す），あるいは，意味するという作用は，そのつどの対象を思念する特定の仕方である，ということである——有意味に思念するこの仕方，したがって意味それ自体は，対象的関係を同一に保持していても変動しうる。(XIX/1, 54–5 [2:59–60]，強調引用者)

表現の意味とは，その表現の使用によってわれわれが対象に関係する「仕方（Weise）」である。別の言い方をすれば，表現の意味とは，その使用において

5.4 志向性理論と命題のスペチエス説

意味される対象が与えられる仕方なのである。このような観点を優先するならば，フッサールにとっての言語表現の意味は，言語表現とその指示対象を媒介する第三項としてのイデア的存在者というよりも，前者から後者に至る過程や手続きのあり方そのものとして理解されるものに近い[17]。

こうした考えは，フッサールの意味の理論にとってたしかにきわめて重要である。だが，フッサールのもっとも独創的な点は，そこからもう一歩先に進んだところにある。それは，表現の意味を表現作用の志向的対象とみなすという発想である。とはいえ『論研』以前の志向性をめぐる議論と同様に，フッサールは志向的対象を「たとえばわれわれが一軒の家を表象しているならば，まさにその家」とみなし，現実の対象と数的に同一のものとする（cf. XIX/1, 414 [3:198]）。志向的対象としての意味という発想は，意味と指示対象を区別するという考えとどのように調和するのだろうか。

この点を理解するためには，志向的対象と現実の対象を同一視した直後にフッサールが導入する，「志向されているがままの対象」と「志向されている当の対象それ自体」の区別に着目する必要がある。現実の対象の構成要素を，ある作用によって〈志向されているもの〉とその〈志向の外にあるもの〉とに区分することで，フッサールは，当該の作用によって志向されているものに着目する観点から捉えられた対象そのものを，〈志向されているがままの対象〉と特徴づけるのである（cf. XIX/1, 414–5 [3:198–9]）[18]。問題の作用が表現作用である場合，それに含まれる意味志向によって〈志向されているがままの対象〉は，対応する言語表現の意味であることになる。

---

17) ここでフレーゲの意義（Sinn）についてのダメットの見解を引き合いに出すことは，フッサール理解にとっても有益だろう。「意義は指示対象へと至る過程の途中にある停留所ではない。意義それ自体は，その過程全体なのである」（Dummett 1991, 256）。同様の洞察を『論研』のフッサールのなかに読み取る試みとして，富山による仕事も参照のこと（富山 2009）。

18) フッサールはこの箇所で，現実の対象がもつ構成要素を「内容（Inhalte）」と呼んでいる。対象の構成要素，つまり，「対象のなかで区別可能なもの」という広いいみでの部分（Teile）——そのなかには，全体の分離可能な部分（フッサールの用語では，「断片（Stücke）」）だけでなく，全体から分離不可能な非独立的部分（「モメント（Momente）」）も含まれる——を示すためにこのような言葉遣いをする傾向は，第三研究の前半部において顕著である。このような事情は，部分と全体の関係に関するフッサールの理論が，視覚野や聴覚野に与えられた内容（感覚与件）についてのブレンターノやシュトゥンプフによる分析を下敷きにして形成されたことに由来するのだが，本書でその詳細を論じることはできない。フッサールの広いいみでの部分の定式化については，第三研究第 2 節を参照（cf. XIX/1, 231 [3:12–3]）。

この考えにもとづくより具体的な分析は，第一研究に見いだされる。名辞を例にして導入した意味と指示対象の区別を文へと拡張する際に，フッサールはこの区別を，同一の事態の述定的な把握のされ方の違いから説明する。「a は b より大きい」と「b は a より小さい」という意味が異なる二つの文は，a・b・大小関係からなる事態がそれ自体で備えている構造に，それぞれ異なる観点から関係している[19]。すると，二つの文が数的に同一の事態に関係することを認めつつも，その事態の構成要素の一部を志向的なものとしてそれぞれの文に相対化することによって得られる〈志向されているがままの対象〉の相違に訴えることによって，両者の認識価値（それらの文を用いたときの対象への関係の仕方）の相違を保持できる。

> われわれが言表文の対象という言い方を一方の意味と他方の意味のどちらで定義するかに応じて（しかも，どちらの定義もそれぞれ正当なのだが），同一の「対象」に関係する意味の異なる諸々の言表文が可能になる[20]。(XIX/1, 54 [2:59])

〈志向されているがままの対象〉としての志向的対象をこのように導入すれば，われわれがある表現を用いる際にその表現の対象だけでなく意味にも何らかの仕方で関わっていることを，意味を対象から数的に区別されたものとして物化せずに説明できる。すると，対象概念の拡大にともなって「存在し

---

[19]　「より大きい」と「より小さい」は，一方の意味だけを理解しているということが考えにくい表現の対であるため，二つの文の意味が本当に異なるのかということは問題にされてしかるべきだろう。しかしここではこの問題には深入りせず，二つの文の意味が異なることを前提とする。

[20]　つまりフッサールの考えでは，非対称的な関係 R とその逆関係 R'（たとえば，〈…は…より大きい〉という関係と〈…は…より小さい〉という関係）がレアルな対象 a と b についてそれぞれ成り立つとき，それら二つの関係のどちらでもないような関係 R'' が a と b について成り立つ。そして R'' は，R および R' とは異なり，端的な対象，「事象（Sache）」の水準に位置づけられる。意味の異なる複数の文が共通して関係し，それ自体で何らかの構造を備えたものが（それらの文が真である場合に）存在するという発想は，すでに 1896 年の論理学講義に見てとられる（cf. Mat I, 92-7）。

　なお，『論研』第一版では，「事象（Sache）」は「事態（Sachverhalt）」とも言い換えられるが（cf. XIX/54 [2:59, 253]），こうした言い方はミスリーディングである。というのも，フッサールは「事態」を，端的な対象とは区別されるカテゴリー的対象の水準に属するものの名称としても導入しているのである。なお，1913 年の『論研』第二版では，おそらく 1908 年の『意味の理論』講義における考察の成果を下敷きにして（cf. XXVI, 29-30），フッサールは当該箇所に登場していた「事態」をすべて「状況（Sachlage）」に修正している。

ない対象」を認めさえすれば，意味を体験の成分と同一視するという誤謬を避けつつも，スペチエスを持ち出さずに意味の存在論的身分を明らかにできるだろう。

5.4.3 現象学の形而上学的中立性の要請と命題のスペチエス説の導入

しかしながら，現象学の形而上学的中立性という要請にしたがう『論研』のフッサールは，こうした見解を採用することができない。フッサールは第五研究で，『論研』第2巻への序論で述べた主張をあらためて繰り返す。

> [1] 現象学的考察にとって，対象性それ自体は無に等しい。[2] なぜなら，一般的に言って対象は作用にとって超越的なのである。[3] どのような意味で，またいかなる権利で対象性の「存在」という言い方がされようと，あるいはまたその対象性がレアルであろうとイデア的であろうと，あるいは真なるものであろうと可能ないし不可能なものであろうと，それとは無関係に，作用は「対象に向かって」いる。[4] 〔…〕対象に関係することは体験可能な特性であり，そしてこのような特性を示す体験は，（定義より）志向的体験または作用といわれる。対象への関係の仕方の相違は，すべて志向的諸体験の記述的相違である。(XIX/1, 427 [3:211-2])

[2] 志向的対象は（場合によっては存在しない）現実の対象である。したがって，それについて語ることは何らかの形而上学的含意を持つのだから，[1] 形而上学的に中立的な現象学にとって，志向的対象そのものはまったく問題にならない。志向的対象としての意味という発想は，現象学の限界内ではそのまま用いることができないのである。[3] 志向的対象への関係は，作用の内部の現象学的に記述可能な特性へと還元される。よって，[4] どのような身分のものであれ，作用の志向的対象に関する相違もまたこうした特性の相違に還元される。

第五研究におけるこうした理論的決定に先立って，フッサールは作用の対象への関係をより適切に扱うために，個別の作用の構成要素として「質料 (Materie)」ないし「作用質料」と「性質 (Qualität)」ないし「作用性質」という区別を設ける (cf. XIX/1, 425-6 [3:197-8])。たとえば，エトムントが火

星に人がいるということを信じる一方で、私がそれを疑わしく思っているならば、エトムントの信念と私の疑念は、異なるタイプの作用であるにもかかわらず、内容を共有している。また、さらにエトムントが地球が動くということを疑わしく思っているならば、エトムントの疑念と火星人に関する私の疑念は、内容が異なるが同じタイプの作用である。作用質料と作用性質の区別の導入は、こうした共通性と相違の説明を目的としている。

> 性質が規定するのは、特定の仕方ですでに「表象されているもの」が、望まれたもの・疑念がかけられたもの・判断によって定立されたものなどとして志向的に現在しているかどうかにすぎない。〔…〕質料は、作用の現象学的〔＝実的〕内容に伏在する作用の特性であり、作用がそのつどの対象性をどのようなものとして統握し、かつまたどのような徴表・形式・関係を対象性に割り振るかを規定する特性なのである。(XIX/1, 429–30 [3:214])

フッサールにしたがえば、エトムントの信念と私の疑念が同じ内容を共有することは、それらの作用の作用質料が同一のものを共有していることに等しく、エトムントの疑念と私の疑念が疑念という同一のタイプの作用であることは、それらの作用の作用性質が同一のものを共有していることに等しい。すべての作用は、作用質料と作用性質の両方を必須の構成要素として持ち、どちらか一方を欠いた作用は存在しない。そのかぎりで、作用質料と作用性質は作用一般が持つ本質的な構成要素（「作用本質（Aktwesen）」）なのである（cf. XIX/1, 431 [3:216]）[21]。

フッサールが『プロレゴメナ』で特に議論なく導入したスペチエスとしての命題という考えは、こうしてより明確になる。命題（あるいは意味）とは、同一の〈志向されているがままの対象〉に関係する意味志向の作用質料が共有するスペチエスなのである[22]。対象への関係によって意味概念を解明すると

---

21) したがって、作用本質は「本質」と呼ばれてはいるものの、作用のスペチエスではなくそれに実的に含まれたモメント・非独立的な部分とみなされている（cf. Bernet 1979, 49）。
22) ブノワが詳しく論じているように、作用質料と作用性質という概念対の導入こそ、ボルツァーノの命題自体概念を適切に救い出すことをフッサールに可能にしたものである（cf. Benoist 2002, 151–71）。

いう第一研究の基本方針は，意味のスペチエス説にも深く浸透している。スペチエス説としての意味は，スペチエスとして捉えられた志向性であり，対象への関係という性格を本質的な構成要素として持つのである[23]。別の言い方をすれば，スペチエスとしての意味には，かならず何らかの可能な意味志向が対応するのである[24]。

とはいえ，意味に関するスペチエス説を要請するのは，意味志向の現象学的な分析というよりも，作用の対象への関係を志向的対象を持ち出さずに作用が持つ作用質料によって説明するという，現象学に関する『論研』第一版の一般的な方針である。命題のスペチエス説は，こうした方針にしたがいつつ，意味の客観性についての説明を現象学のなかにどのように埋め込むのか，という問題設定によって必要とされるのである。したがって，判断体験の現象学的分析そのものは，命題のスペチエス説を明確にするとはいえ，他の立場ではなくこの説を取らなければならない根拠については何も語らない[25]。というのも，もし現象学が志向的対象の分析を許容するならば（つまり，現象学が何らかの形而上学的含意を持つならば），意味志向の対象への関係をより直接的に反映した意味についての考えの可能性もフッサールに与えられるからである[26]。

5.5 認識作用の現象学的分析と充実する意味の位置

充実する意味に関しても事情は同じである。フッサールは充実する意味を，

---

23) この点もブノワによって繰り返し強調されている（cf. Benoist 1997, 33-4, 53-4; 2002, 99; 2015, 98）。

24) こうした主張は，スペチエスはその可能な個別例の範囲を境界画定するという一般的な存在論的原理の帰結でもある。この原理については第3章の第2.3節を参照。

25) たしかにフッサールは，第二研究の第1章においてスペチエスを対象とした体験が独自のものであることを論じている。だが，これによって根拠が与えられるのは，スペチエスを独自の対象として認めることであって，そうして認められたスペチエスのなかに命題が含まれるということではない。

26) 実際，1908年の『意味の理論』講義において志向的対象としての意味——「現象学的」ないし「存在的意味」——を導入する際に，フッサールはスペチエス説が意味の把握についての現象学的に疑わしい帰結をもたらすことを指摘し，それを新たな意味概念を採用する理由のひとつとしている（cf. XXVI, 38）。

意味充実作用の作用質料に例化されるスペチエスとみなす。そして充実する意味もまた，それが例化される（可能な）意味充実作用の志向性と切り離して理解することはできない。だが，われわれはいまのところ意味充実作用について最低限の議論しかしていないのだから，こうした特徴づけもまだ不十分である。われわれはまず，意味充実作用とは何かを『論研』第六研究を手掛かりに明らかにすることから始めよう。

5.5.1 認識作用の独自性と充実作用の位置づけの問題

まず注意しなければならないのは，『論研』のフッサールは認識作用を，直観作用とも志向作用とも区別される第三の作用とみなすという点だ[27]。充実された判断（つまり認識）とそうでない判断は，それに直観がともなっているかどうかということだけによって区別されるわけではないのである。認識においてわれわれは，判断作用の意味志向と直観とを統一しているのであり，この統一の働き（認識の綜合）もまた独自の作用（認識作用ないし「充実作用（Erfüllen）」）として認められるのである。

> われわれが表意（Signifikation）〔＝意味志向〕と直観だけでなく，〔両者の〕一致つまり充実の統一をも作用と特徴づけて構わないのは，それが独自の志向的相関者を，すなわちそれが「向かう」対象的なものを持つからである。しかし〔…〕同じ状況は，別の観点から認識作用という言い方によって表現されている。つまり，意味志向が充実という仕方で直観とひとつになることで，〔…〕直観のうちに現出する客観に，認識されたものという性格が与えられる。〔…〕したがって認識作用という言い方が表現しているのは，直観される対象（つまり充実する作用の対象）の立場から見た〔…〕同じ統一状態についての把握なのである。（XIX/2, 568–9 [4:52]）

意味志向の充実，つまり認識作用の遂行とは，意味志向に単に直観作用がつ

---

[27] この点は多くの論者によってすでに指摘されている（cf. Bernet 2004, 58; Benoist 2008a, 207; Sokolowski 1981, 134–5）。

5.5 認識作用の現象学的分析と充実する意味の位置　　　161

け加わることではなく,〈意味志向と直観を充実という仕方で統一すること〉である。というのも,認識作用は単に直観の対象に関係するのではなく,認識されたものという性格を担ったかぎりでの直観の対象に関係するからだ。だがフッサール自身は,充実の統一といういみでの認識作用だけでなく,統一の項となる直観も「充実する」作用と呼んでいる。そして,「意味充実作用」に対応するのは,認識作用ではなく,認識作用によって統一される項のひとつとしての直観作用だ。というのも,直観作用が充実する意味を例化し,意味志向と対応することによってはじめて,両者は統一可能になるのである。

5.5.2　感性的直観の端的さ

ここでフッサールは,本書ではこれまで先送りしてきた問題に直面することになる。われわれがふつう直観(知覚と想像)ということで理解しているような感性的な体験は,(少なくともここで問題になっているようなタイプの)充実する意味を例化することができないのである。

充実する意味という概念をフッサールが導入した経緯を思い出そう。ある意味志向が対応する意味充実作用とひとつになるのは,意味充実作用が意味志向と同じ仕方で対象に関係するためであり,この仕方をフッサールは「充実する意味」と呼んだのだった。すると,判断(に含まれる意味志向)と統一されて認識を成り立たせる直観作用は,判断と同じ仕方で対象に関係していなければならない。ここから帰結するのは,そうした直観が持つ充実する意味は,命題と同じ構造を備えるということである。

命題が文の意味であり文が文法的な構造を持つことが示唆するように,命題の構造は単純ではないように見える。フッサールはこうした示唆にしたがって,命題を主語や述語へと区別可能な構文論的構造を備えるものとみなす。こうした構造の分析を可能にするのが意味カテゴリーの区別であることを,われわれは第3章で簡単に確認した。また,この点については次章でより詳しく論じる。目下の文脈で重要なのは,スペチエスとしての命題を例化する判断などの体験にも対応する構造が認められるという点だ。フッサールは判断作用を,さまざまな作用から複合されるが,それらの単なる和には解消されない独自の作用とみなすのである (cf. XIX/1, 476–80 [3:260–3])。たとえば「この車は赤い」と表現される判断作用は,〈「この車」に対応し,その意味

を例化する〈名指し作用〉と〈「は赤い」に対応し，その意味を例化する〈述語づけ作用〉から合成され，そのかぎりで二つの作用に依存して存在するが，それらとは区別される独自の作用とされる。そして，判断作用が全体として持つこうした命題的構造は，それに含まれる意味志向に備わるものである。というのも，フッサールは判断と対比されるいみでの「単なる表象」を名辞的な作用と同一視するブレンターノに反対し，命題的な構造を備えた単なる表象に余地を与えるからだ（cf. XIX/1, 462-3, 499-500 [3:246-7, 282-3]）。

　したがって，判断作用と統一可能な直観作用は，命題的な構造を備え，主語や述語に対応する作用から複合されていなければならない。しかしフッサールの考えでは，われわれの感性的な経験としての直観は命題的な構造を持たないのである。フッサールはこうしたある種の単純さが感性的な直観に備わっていることを踏まえ，感性的な直観を「端的な（schlicht）」知覚ないし想像と特徴づける。では，こうした端的さは現象学的にはどのように特徴づけられるのか。フッサールには相互に関連する二つの分析が見られる。

　第一に，感性的直観の端的さは，それが関係する対象のあり方を判断の対象と対比することで特徴づけられる。たとえば「この机は四角くて茶色い」と判断するとき，われわれの判断作用は，第一義的にはこの机についてのものであるが，この机は四角くて茶色いという，命題的な構造を備えた「事態（Sachverhalt）」にも関係する（cf. XIX/1, 462 [3:246]）。感性的な直観には同様の事情は見られない。われわれは眼の前の机の四角さや茶色さを知覚することはできるが，〈その机が四角いことや茶色いこと〉は直観できないというのである（cf. XIX/2, 666 [4:163]）。フッサールはこのことを示すために，感性的に直観されるものが描写できるのに対して，命題が備える形式（「カテゴリー的」形式）は描写できないということに着目する（cf. XIX/2, 688-9 [4:185]）。たとえば，ひとつの籠のなかに乱雑に並ぶリンゴの静物画は，われわれが知覚ないし想像する光景を描写したものとみなすことができる。この絵画にはひとつひとつのリンゴや籠を，そしてそれが直観的な体験のなかでどのように配置されているかが描かれている。しかしフッサールにしたがえば，たとえば〈少なくとも12個のリンゴが籠のなかに入っている〉という事態は描かれていないというのである。

　以上のような主張には説得されない人もいるだろう。われわれは問題の静

5.5 認識作用の現象学的分析と充実する意味の位置 163

物画を見て「少なくとも 12 個のリンゴが籠のなかに入っている」と判断できるのだから，〈少なくとも 12 個のリンゴが籠のなかに入っている〉という事態がそこに描かれていないという主張は受け入れがたいように見えるかもしれない。少なくとも，フッサールに自分の主張を守る議論が不足していることはたしかだ。

しかしわれわれはフッサールにかわって，ここで生じている疑念に以下のように答えることができる。われわれが同じ絵画によって描写されたものについて無数の（正しい）判断を下せるという事実は，判断に対応する事態は絵画のなかに描かれているのではなく，鑑賞者の判断によってはじめて作り出されるものであるということを強く示唆している。さもないと，その静物画を描いた画家は，「少なくとも 11 個のリンゴが籠のなかに入っている」や「両手の指でも数えきれないほどの果実が何かのなかに入っている」といった判断に対応する無数の事態をキャンヴァスに描き込んでいたことになってしまうが，これは信じがたいのではないだろうか。これとは別の応答もできる。たとえば一頭の馬が走る姿の絵とある女性が手紙を読む絵に，それぞれ〈一頭の馬が走る〉という事態と〈ある女性が手紙を読む〉という事態が描かれているとしよう。それらの事態は「〜が…する」という形式を共有し，そのかぎりで同型である。だが，二つの絵には，主題はもちろん画材の選択やタッチなどに関しても，何ひとつ共有するものがないかもしれない。そうしたもののあいだに同じ構造を備えたものをそれでも描くことができるというのは，理解しがたい事柄ではないだろうか[28]。われわれはむしろ，二つの事態はそれぞれ，絵のなかに描き込まれているわけではなく，鑑賞者の判断によってはじめて作り出されるとみなすべきではないだろうか。

感性的直観の端的さに関する以上のような説明が持つ難点は，われわれの体験の志向的対象のあり方に訴えるため，現象学の形而上学的中立性という要請のもとでは，そのまま通用させるわけにはいかないというものである。だが，次に取り上げるフッサールの第二の説明は，あくまでも感性的な直観

---

[28] フッサールにしたがえば，たとえば「S は p である」という形式の判断作用のうち，端的な直観によって充実されるのはアルファベットで表記されている変項の部分（「素材的（意味）契機」）に限られる（cf. XIX/2, 664 [4:159–60]）。こうした主張の背後には，本文でいま述べたような事情があるように思われる。

作用が持つ特徴だけを利用することで，こうした難点を回避している。

　フッサールの見解にしたがえば，われわれは判断作用をそれ自身とは異なるさまざまな部分作用に区別することができる。たとえば眼の前の机について下された「この机は茶色くて四角い」という判断作用は，その机を名指すという作用を部分として持つが，前者と後者は異なる種類の作用だ。だが，同じことはこの机を対象とした感性的な知覚作用（および想像作用）には生じない。

> [1]〔…〕事物は〈後から個別に考察することで区別できる無数の個別の規定〉の単なる総和として現出するわけではない。[2] そうした考察が事物を個別の特徴に分解するわけではないのと同様に，そうした考察はむしろ，完全で統一的な事物に対してつねに注意を向けているのである。[3] それと同様に，知覚作用はいつでも，対象を単純で直接的な仕方で現前させる同質的な統一である。したがって知覚の統一は〔…〕固有の綜合によって成り立つわけではない。分節化や，したがって顕在的な結合といったものは，必要ないのだ。[4] 知覚の統一は端的な統一として，部分志向の直接的な融合として，新たな作用志向がつけ加わることなく成り立つのである。(XIX/2, 677 [4:173])

[1] 知覚の対象としての事物は，それが持つ色やかたちといったさまざまな特徴を単にすべてまとめて足し合わせた和ではない。[2] われわれが知覚するのは，そのような構成要素の総和としての事物ではなく，完全なひとつのものとしての事物であり，構成要素への着目というのはそうした事物に対して後から行われることに過ぎない。[3] それと同様に，ある事物を知覚する作用は，その事物の構成要素に関係する無数の部分的な作用をまとめ合わせること（「綜合（Synthesis）」）によって成り立つわけではない。[4] 知覚作用はその対象の構成要素に関係する作用が融合することによって統一されるのである。

　フッサールのこうした主張は，知覚体験をどうやって互いに区別するのかという観点から擁護可能であるように見える。『論研』公刊後の 1905 年に行われ，1928 年に公刊された『内的時間意識の現象学』講義のなかで，フッサールは同じものを二度見るという体験の例を，次のように導入する。

5.5 認識作用の現象学的分析と充実する意味の位置　　　165

　　一片のチョークに眼をやってみよう。われわれは目を閉じ，そし
　　て開く。このときわれわれは二つの知覚を手にしている。(X, 8
　　[15])

この例が示すのは，時間的に持続する連続的な知覚体験のなかに明白な断絶が見られるとき，われわれはその断絶の前後の体験を数的に異なる二つの知覚体験として区別できるということだ[29]。別の例を挙げれば，紙飛行機を飛ばしてからそれが地面に落ちる一部始終を見ているとき，われわれは少なくとも〈その紙飛行機が飛ぶことの知覚〉と〈地面で動かなくなっている同じ紙飛行機の知覚〉という二つの知覚体験を持つことになるだろう。もちろん，ある一定の時間内にわれわれが持つ知覚体験の数を，こうした基準だけですべて確定することはほぼ不可能だろう。しかし，ここまでの簡単な考察だけでも次のことが分かるだろう。それは，ある知覚体験の過程のなかに明白な断絶がまったくない場合には，われわれはその過程をいくつもの段階に分けることができるとはいえ，それらの段階のそれぞれをひとつの知覚（作用）とみなすことはできないということだ。それゆえフッサールは，たとえば同じひとつの机をさまざまな角度から連続的に見回すという知覚体験を志向とその充実によって成り立つ過程と見なしつつも（cf. XIX/2, 572-4 [4:57-8]），先の引用で見たように，そうした過程を部分志向の連続的な融合として分析するのである。

5.5.3　直観概念の拡張——カテゴリー的直観

以上のように，直観ということでわれわれがふつう理解するような体験は，判断のように命題的な構造を持たず，したがって充実する意味を例化することができない。しかしその一方で，フッサールは判断が充実される例をわれわれが手にしていることを強調する。

　　まず第一に，われわれがこれまでたやすく前提してきたように，
　　〔カテゴリー的な〕形式も実際に充実されるということ，そして，

---

29) ここで「明白な」断絶という言い方をしなければならないのは，知覚体験のごくわずかな一瞬の断絶を除外するためである。さもないと，われわれは同じひとつの動かない対象を見ているときにも，まばたきをした回数＋1つの知覚体験を持っていることになってしまう。

しかじかの形式を与えられた意味の全体も充実される〔…〕ということは，正確な知覚言表のいかなる例を思い浮かべてみても，疑いえない。（XIX/2, 671 [4:167]）

われわれは知覚にもとづいた判断，あるいはより一般的に，想像も含めた直観にもとづいた判断ができるのだから，カテゴリー的な形式を備えた判断作用の全体が，そうした形式を含めて充実されることは明らかに可能である。

フッサールはさらにここから，カテゴリー的な形式も含めた全体が充実された判断を，われわれが文によって表現できるということに着目する。

〔…〕[1] 表現の「カテゴリー的形式」が，単なる感性的知覚といういみで理解されるかぎりでの知覚を目指していないならば，この場合の知覚の表現という言い方の根底には，それとは別のいみがあるに違いない。とにもかくにも，単なる感性的知覚が素材的な意味内容に対して行うのと同じ働きをカテゴリー的な意味要素に対して行う作用がそこになければならない。[2] 充実機能と，一定の法則にもとづいてこの機能と関連するあらゆるイデア的関係とが本質的に等しいものであることによって，確証的・自己呈示的に充実する作用がすべて必然的に知覚と呼ばれることは避けがたくなり，[3] さらに，あらゆる充実する作用一般とその志向的相関者がそれぞれ直観および対象と呼ばれることも避けがたくなる。（XIX/2, 671 [4:167]）

[1] 知覚判断（知覚によって多かれ少なかれ充実された判断）において用いられた表現は，知覚の内容と対象を表現しているのだから，〈感性的な知覚としての端的な知覚を超えた知覚作用〉と〈端的な知覚の対象とは区別される新たな対象〉が，ここでそれぞれ認められなければならない。[2] このような知覚概念，さらには直観概念の拡張が必要とされるのは，ここで問題になっている作用が狭いいみでの知覚と本質的な機能や特性を共有しているためであり，それにともなって，狭いいみでは端的な知覚の志向的相関者として定義される対象概念も，拡張されなければならない。[3] こうした概念の拡張は，知覚だけでなく想像に関しても成り立つ。というのも，知覚概念の拡張は，広狭両方のいみでの知覚が〈対象を現実的なもの・それ自体で与えられるもの

として現出させる〉という性格を備えているかぎりで適切であり，同じことは直観一般にも当てはまるのである（cf. XIX/2, 672–3 [4:168–9]）。このように，カテゴリー的形式を備えた（広義での）対象をそれ自体で与える（広義での）直観，つまり「カテゴリー的直観」が認められるのである[30]。こうしたカテゴリー的直観こそ，充実する意味をその作用質料として例化し，充実する意味とは何かという問題に現象学的な解明を与えることを可能にする体験である。

5.6 『論研』の現象学はどのようなものなのか

　本章でわれわれは，『論研』第2巻における認識の現象学的分析の主要部を取り上げ詳しく検討してきた。最後に，前章までに確認してきたいくつかの観点から，それらの分析を大局的に眺めてみよう。

　まず，フッサールの現象学的分析において，〈問題となっている体験の具体例を示しそれに着目させる〉というブレンターノ的な手法（第4章第1.1節を参照）がどのように用いられているのかという観点から，本章の第1節をまとめよう。指標と表現という別種の記号を現象学的に区別する際に，フッサールは，ある記号が純粋に指標として機能する事例（煙や化石）を挙げ，そうした記号を指標として把握する体験に，知覚・信念・動機づけという道具立てを用いた現象学的分析を与えていた。フッサールはさらに，ある記号が指標としての機能を発揮せずに表現としてだけ機能する場面を「孤独な心的生活における表現」の例から確認し，その際にもわれわれは想像によって表現に関係していることを示した。こうした事例からの一般化によって，有意味な言語記号の使用ないし理解としての表現作用は，〈言語記号に関する知覚ないし想像（「語音表象」）を構成要素として含み，そのかぎりで言語記号と分かちがたく結びついた体験〉として特徴づけられる。また，語音表象と一

---

[30] 意味志向の自律性にもとづいた第一研究における対象概念の拡大は，ここでの知覚概念の拡大によってはじめてそのきちんとした根拠を得ることになる。こうした事情も，意味志向と意味充実作用のあいだに緊密な関係が認められていることの証拠のひとつである。

緒に表現作用を構成する意味志向を特定するために，フッサールはある記号を有意味なものとして理解するという例から，それにとって非本質的な要素（たとえば，その記号が意味する対象の想像）を，具体的な事例の現象学的分析を通じて取り除いていく。

次に，意味充実作用と充実する意味に関する第 2–3 節の議論を，非経験的な意識概念の可能性と客観的認識論の拡張問題（第 3 章第 2.5 節および第 3 節を参照）という観点からまとめ直そう。判断体験をもっぱらアプリオリな規範への要求という観点から分析することで，『論研』のフッサールは，それ自体としては経験的に探究できる個別的な心的出来事としての判断を，そうした経験的探究から独立した仕方で解明する可能性を手にしている。実際，第一研究のフッサールが一方で意味志向の遂行に関する自立性を強調しながらも，他方でそれを意味充実作用と関連づけるとき，その背後にあったのは，こうした可能性であったように思われる。というのもフッサールにしたがえば，あらゆる判断には，「明証的であれ（つまり，充実を求めよ）」という規範的要求が課せられるからだ。こうしてあらゆる意味には充実する意味が対応させられ，充実する意味には可能性と不可能性の区別が設けられることになる。次章の内容を先取りして言えば，こうした区別こそ，充実する意味の導入によって拡張された客観的認識論が扱う問題に他ならない。

最後に本章の第 4–5 節を，現象学の形而上学的中立性という要請（第 4 章第 3 節を参照）という観点から振り返ろう。フッサールは意味と充実する意味を共に体験に例化されるスペチエスと考えているが，それと同時に，作用において〈志向されているがままの対象〉とそこで〈志向されている当の対象それ自体〉と区別し，前者を意味とみなす発想も見せている。この発想にしたがうならば，意味の一種である命題や真理（真なる命題）の例として，われわれはそうした志向的対象を示せばいいことになる。しかし，志向的対象を例示することは現象学の形而上学的中立性という要請に抵触する。そのためフッサールは，意味を体験の質料として例化されるスペチエスと見なすことで，一方で意味を現象学的に例示可能なものとして確保しながらも，そのイデア的な客観性を確保しようとしたのである。また，スペチエスとしての充実する意味が例化されるカテゴリー的直観という体験を感性的直観から区別する際にも，フッサールは志向的対象に訴えることのない現象学的な例示

を行っている。

　このようにフッサールによる認識の現象学的分析は，『論研』第1巻で扱われた問題と密接に関わり，同書の第2巻への序論で示された一般的な方針にもとづいて進められている。

第6章

客観的認識論
—— 『論研』第2巻（3）——

　本章でわれわれは，客観的認識論の拡張問題に対するフッサールの回答を再構成する。第3章での議論を簡単に振り返っておこう。論理学が探究する論理法則は命題の真理の形式的条件の一部であるため，フッサールはそうした法則を，真理を把握する認識という体験の客観的で形式的な条件とみなす。こうした認識の客観的条件は，それを満たすためにわれわれの体験があるべき姿として，認識の可能性の形式的な主観的条件にも示唆を与える。だが，論理学はそれだけでは認識の可能性の条件についての一般的な理論たりえない。経験的な個別の命題の真理は，根拠づけ関係を帰納的なものへと拡張したとしても，論理学的観点からはなお無根拠なのである[1]。こうした命題の真理について，認識論としての論理学は何の理由も明らかにしないため，経験的な個別的認識の客観的な条件について論じるためには，認識論を命題の根拠づけの領分――つまり（拡張された）純粋論理学の領分――を超えて拡張しなければならない。われわれの見るところでは，こうした問題に取り組むに際して，フッサールは認識の主観的条件の探究を拡張のための手掛かりとしている。明証的な経験的個別的判断が持つ一般的な特徴の分析から遡ることで，そうした判断の可能性の客観的条件が明らかにされるのである。

　以上のように要約できる客観的認識論の拡張問題について，たしかに『論研』のフッサールは――その問題の所在も含め――何も明示的には述べてい

---

[1] この観点からは経験的な個別的命題だけでなく公理もまた無根拠であることになるが，すでに何度も述べたように，本論では公理の真理についての問題は扱わない。

ない。だが，『論研』第 2 巻の課題を認識の現象学と客観的認識論に区分する解釈方針に対して，われわれはすでに第 4 章で文献上の根拠を与えたのだった。実際，『論研』第 2 巻に含まれる六つの研究には，厳密ないみでは体験の現象学的分析に分類できない議論が散見される。意味の合成の可能性について論じた第四研究，意味の可能性と不可能性を区分する第六研究第 4 章，そして本来的思考と非本来的思考それぞれの法則を扱う同研究第 8 章といった箇所でのフッサールの議論は，体験の現象学的分析と密接に関連しながらも，そのなかにすべてが収まりきるものではない。これらの議論が『論研』第 2 巻に配置されていることを，われわれは真剣に受け止める必要がある。以上の点を踏まえるならば，認識論の拡張をフッサールが課題とする問題に数え入れ，『論研』第 2 巻にこの問題への解答を読み取るわれわれの解釈は，少なくとも作業仮説としては十分な根拠を持つといえる。本章でわれわれは，この作業仮説にもとづいて『論研』第 2 巻を読み解き，それによってこの仮説の正しさを示す。

本章の構成は以下の通りである。

第 1 節 フッサールが『プロレゴメナ』で認識論に与えた役割とその際に生じてきた問題が，『論研』第 2 巻でどのように捉え直されているかを確認する。その際に鍵になるのは，意味を可能なものと不可能なものに区分する第六研究第 4 章の議論である。

第 2 節 客観的認識論の問題が『論研』第 2 巻で具体的にどのように再論されているのかを，本来的思考と非本来的思考の法則について論じた第六研究第 8 章と，純粋文法を扱う第四研究を中心にして再構成する。

6.1 客観的認識論の課題の再設定

6.1.1 充実する意味の導入による客観的認識論の拡張

『論研』第 2 巻における客観的認識論を論じるにあたってまず重要になる

のは，判断作用が対象を思念するのと同じ仕方でその対象を直観しないかぎり認識は成り立たない，というフッサールの考えである。直観が判断作用と共有する思念の「仕方」，つまり充実する意味こそ，認識論の拡張を可能にするものである。

　フッサールによれば，ある経験的な個別的命題が真であるとき，それを真とみなす明証的な判断作用が遂行可能である。こうした可能な明証的判断作用はカテゴリー的直観を構成要素として含み，このカテゴリー的直観は，充実する意味を例化する。したがって経験的な個別的命題の真理は，充実する意味がそれに対応することを成立の必要条件としている。これを一般化すれば，われわれは命題の真理（Truth of a Proposition）の可能性の条件について，次のような原理を得ることができる。

(TP) あらゆる命題について，それが真でありうるためには，充実する意味がそれに対応していなければならない。

フッサールは第六研究第4章において，(TP) にもとづいて，意味を可能な意味と不可能な意味に区別するのである。この区別こそ認識論の拡張にとっての鍵に他ならない。

　(TP) について二つの点を確認しておこう。第一に，ここで問題になるのは，狭いいみでの充実する意味である。というのも，もしこの充実する意味を広いいみで理解したとすると，(TP) は空疎な原理になってしまうからだ。第一研究に即して確認したように，フッサールにしたがえば，あらゆる意味には広いいみでの充実する意味が対応する（第5章第3.2節を参照）。したがって，あらゆる言表文の意味つまり命題には，広いいみでの充実する意味が対応する。だが後で確認するように，少なくともいくつかの命題は真であることができない。すると，真ではありえない命題にさえも，それが命題であるかぎりで，広いいみでの充実する意味が対応することになる。つまり，広いいみでの充実する意味が対応していることは，真であることができる命題だけでなく，そうでない命題にも成り立つ事柄なのである。したがって，そこに登場する充実する意味を広いいみで捉えた場合，(TP) は，真であることができる命題の特徴を捉えるためには役立たない。こうした空疎さを避けるためには，(TP) における充実する意味は狭いいみで理解されなければなら

ない。この点には本章の第1.4節で立ち戻る。

第二に,「対応」という言い方がされているにもかかわらず,（TP）に登場する命題とそれに対応する充実する意味は,実際には数的に同一のものである。フッサールは次のように述べている。

> 同一化的合致の静的ないし動的な統一のうちで,意味志向およびそれに相関する直観とを比較することで獲得されたのは,意味の質料として限定されたこの同じものが,それに対応する直観にもまた見いだされ,同一化を媒介するということであった〔…〕。（XIX/2, 618 [4:107], 強調引用者）

意味志向に対応する直観（つまりカテゴリー的直観）のなかに見いだされるとされている作用質料とは,充実する意味のことである。意味と充実する意味は,それが何に例化されているかという観点から区別されるにすぎないのである。したがって,「何らかの命題に充実する意味が対応する」と述べるときにフッサールが考えているのは,その命題がカテゴリー的直観に例化されうるということに他ならない[2]。

6.1.2　意味の可能性と不可能性の区別——認識論の課題

充実する意味の導入によって拡張された認識論の課題とはどのようなものなのか。フッサールは第六研究の第4章で,認識論の課題に新たな定式化を与える。鍵となる一節を引こう。

> [1] 直観作用は,あらゆる表意的志向に対して「客観的に完全な直観化」という仕方で適合しうるわけではない。[2] したがって,表意的志向は,可能な（それ自身で両立的な）ものと不可能な（それ自体では非両立的な,虚的（imaginär）な）ものに分かれる。[3]

---

2)　すると問題の原理は,次のように定式化する方がより適切だろう。
　　(TP′) あらゆる命題について,それが真であることができるためには,その命題は充実する意味でもなければならない。

ただし本論では,フッサール自身の言葉遣いにあわせるため,「命題に充実する意味が対応する」といういささか不正確な言い方も許容する。

6.1 客観的認識論の課題の再設定

この区分ないしこの区分の根底にある法則が関わるのは，〔…〕個別の作用ではなく，〔…〕個別の作用から一般的な仕方で把握される質料である。[4] というのも，たとえば，質料 M を持つある表意的志向には何らかの直観の充実の可能性が認められるが，同じ質料 M を持つ別の表意的志向にはこの可能性が認められないということは，ありえないからである。[5]〔…〕したがって，次のような公理が成り立つ——（スペチエスにおける）意味（つまり，概念と命題）は，可能な意味と不可能な意味（レアルな意味と虚的な意味）とに分かれる。（XIX/2, 632 [4:122]）

[1] 直観作用がそれに適合しえないような意味志向（「表意的志向」）[3]も存在するのだから，[2] すべての意味志向は，直観との適合可能性ないし不可能性に応じて可能な意味志向と不可能な意味志向に区別される。[3] しかしこの区別は，第一義的には個別の意味志向ではなく，意味志向の作用質料が例化するスペチエスに関する区別である。[4] というのも，ある意味志向が直観と適合可能であるならば，それと同じスペチエスを例化する作用質料を持つ意味志向はどれも，直観と適合不可能ではありえないのである。[5] よって，可能なものと不可能なものに区別されるのは，意味志向に例化される作用質料のスペチエス，つまり意味である。

ところで，〈ある意味志向に適合する直観作用が遂行可能であること〉は，〈その直観作用によって例化される充実する意味が存在すること〉に等しいのであった。したがって，「意味の可能性とは〔…〕意味が充実する意味を持つこと」に他ならない（XIX/2, 633 [4:123]）。するとわれわれは，（TP）を次のように書き換えることができる。

(TP-2) あらゆる命題について，それが真であることができるためには，その命題は可能な意味でなければならない。

あらゆる命題の真理の可能性の条件——これは認識一般の可能性の条件でもある——は，究極的には，その命題が可能な意味であることに求められる。命

　　3）　なお，フッサールは 1920 年に公刊された第六研究の第二版において，[2] に登場する「表意的志向」を「意味志向」に書き換えている。

題がそれに対応する充実する意味を持つための条件が，その命題の可能性と同一視されるのである。こうして『論研』第2巻では，認識の一般的な条件の探究という認識論の課題が，意味の可能性と不可能性を境界画定するという課題として捉え直されるのである。

したがって問題は，意味の可能性とは何かだ。可能な意味と不可能な意味が導入される第六研究第4章において，フッサールはすでに予備的な考察を始めている。われわれは本節の残りでこの予備的な考察を辿り直し，『論研』第2巻における認識論の課題の再設定をより正確に見積る。続く第2節において，こうした課題が本格的に取り組まれる第六研究第8章および第四研究を取り上げる。

6.1.3 意味の可能性

フッサールは意味の可能性と不可能性を，それによって意味される対象が全体として統一をなす可能性と不可能性から特徴づける[4]。こうした統一可能性の根拠を，フッサールは当該の全体に位置づけられる部分のスペチエスにおける統一可能性に求める。具体的に考えよう（cf. XIX/2, 635 [4:126]）。赤くて丸い対象が現実に存在するならば，その対象が部分として持つ赤さと丸さは現に統一されているのだから，それらは統一可能でもある。だが，赤さと丸さの統一可能性は現実のあり方に依存するわけではない。赤くて丸いものがたとえ現実にひとつも存在しなかったとしても，赤さと丸さがある対象のなかで統一されて共存する可能性は残り続ける。したがって，個別の赤さと丸さという部分の統一可能性は，第一義的には赤さと丸さのスペチエスに帰属する。個別の赤さと個別の丸さの統一可能性は，それらのスペチエスの統一可能性から説明されるのである。すると，対象の統一（Unity）の可能性について，さしあたり以下のように定式化できる二つの原理が成り立つ。

(U-1) ある個別の部分 a と b が統一されているのは，それらが属するスペチエス A と B が統一可能だからである。

---

4) したがって，（統一の）「可能性」や「不可能性」といった言い方は，意味に関しては派生的な仕方でなされる（cf. XIX/2, 636 [4:127]）。

(U-2) 個別の部分 a と個別の部分 b が統一されているということが可能であるのは，それらが属するスペチエス A と B が統一可能だからである。

だが，この定式化は，実際にはいささか正確さにかける。フッサールによれば，「〔…〕『統一可能性』という言い方はいつでも，何らかの（論理学的関心にとってまさに決定的であるような）全体の種類と関係する」(XIX/2, 635 [4:126])。つまり，ある二つのものが統一可能であるかどうかは，それらの統一がそのなかで成り立つような全体がどういう種類のものかによる。たとえば，赤さと丸さのスペチエスが統一可能であるのは，それらの例を（非独立的な）部分として持つ全体がある種の時空的対象であるときに限られる。赤くて丸いボールは存在することができ，現実に存在する。それに対して，赤くて丸い素数や，赤くて丸い交通事故は存在しえない。したがって，数や出来事といった種類の対象を全体にとったとき，赤さと丸さは統一不可能である。したがって対象の統一可能性に関する二つの原理は，より正確には次のように定式化される。

(U-1′) ある個別の部分 a と b が個別の全体 c において統一されているのは，それらが属するスペチエス A・B・C について，A と B が C において統一可能であるからである。

(U-2′) 個別の部分 a と個別の部分 b が個別の全体 c において統一されているということが可能であるのは，それらが属するスペチエス A・B・C について，A と B が C において統一可能であるからである。

では，意味の可能性は，対象の統一可能性，あるいはその根拠となるスペチエスの統一可能性からどのように特徴づけられるのか。

> [1] このような内容の統一可能性の相関者が，複合的な意味の「可能性」である〔…〕。[2] [a] 適切な本質が，ないしは [b] それに対応する複合的内容の完全な直観化が，その複合的内容の部分の統一可能性を根拠づけているのであり，[3] 逆に言えば，こうした統一可能性に対して，[a] ある本質と [c] ある対応する意味が存在しているのである。[4] したがって，意味の実在性〔＝可能性〕とは，その意味が〈直観的な内容の統一可能性〉の客観的に完全な

「表現」であるということと同じである。[5] 単純な内容という極端な事例の場合は，単純なスペチエスの妥当性を，「それ自身との」統一可能性として定義できるだろう。（XIX/2, 636 [4:126]）

ここでフッサールが論証しようとしているのは，要するに，意味の可能性は，それを例化した意味志向によって思念された対象が統一的なものとして存在可能であることに等しいということだ。この論証は極端に圧縮されているが，これまでの成果を踏まえれば理解可能である。まず，上の引用に二回登場する「内容」は，部分と全体の関係が問題になっているという文脈からして明らかに，「(広いいみでの) 対象」と交換可能である[5]。するとこの引用は次のように再構成できる。

[1] 対象の統一可能性には可能な意味が相関する。その理由は以下の通りである。

[2] 部分の統一が成り立っている全体の個別例，たとえば，赤さと丸さを非独立的部分として含む対象が全体として現実に存在することは，対応するスペチエスの統一可能性の十分条件である。したがって，その対象の統一可能性は，[b] 赤くて丸い個別の対象についての意味志向を充実することによっても確証される。だが，対象の統一可能性の根拠は，第一義的には [a] 赤さと丸さが統一可能なスペチエスの組（「適切な本質」）であることに求められる。よって，[b] 赤くて丸い個別例を思念する意味志向を直観化することで確証が成り立つことや，そもそもそれが成り立ちうることについても，その根拠は [a] 対応するスペチエスの組の統一可能性に求められる。

[3] ところで，赤くて丸い個別の対象を思念する意味志向が可能であることは，それによって例化されるスペチエス（つまり意味）が存在していることに求められる。したがって，そうした対象についての志向の充実の

---

5) 実際，フッサールは同じ第 31 節の冒頭で，「内容一般（最大限に広いいみでの対象）」(XIX/2, 635 [4:125]) という言い方をしている。この点については第 5 章の註 18) も参照のこと。

可能性は，[a] その対象に対応するスペチエスの組が統一可能なものとして存在し，かつ [b] 当該の志向に例化される意味が存在することに根拠を持つ。

[4] 上のような充実の可能性が意味と本質の対応関係によって成り立つことは，対応する充実する意味が存在することに等しい。すでに述べたように，意味の可能性とは，充実する意味がそれに対応することに他ならない。したがって，ある意味が可能であることは，それに対応する直観可能な個別例が統一可能であることと同じである。

[5] ある意味が思念しているのが単純な（複数の部分を持たない）対象である場合には，その対象の統一可能性とは，対応するスペチエスの自分自身との統一可能性である。（したがって，単純な対象はどれも統一可能であり，それを思念する意味はどれも可能である。）

さて，対象の統一可能性はスペチエスの水準における統一可能性に根拠を持つのだから，より厳密には，意味の可能性（Possibility of Meaning）は次のように定義される[6]。

(PM) 意味 M は可能である $\leftrightarrow_{\text{def.}}$ M に志向的に相関するスペチエス $F_1, ..., F_n$ と G が存在する ＆ $F_1, ..., F_n$ は G において統一可能である（ただし，F が複合的でないスペチエスならば，$F_1, ..., F_n$ と G はすべて同一である）。

たとえば「あるリンゴは赤くて丸い」という日本語の文の意味が可能であることは，それに志向的に相関するスペチエス，つまり赤さ・丸さ・リンゴのスペチエスが存在し，赤さと丸さはリンゴにおいて統一可能であるということに等しい。ここでわれわれの議論にとって重要なのは，ある意味の可能性を示すことは，その意味が充実する意味を持つことを示すことと同じだという点である。繰り返し述べておけば，『論研』第 2 巻において，認識論の問題は，意̇味̇の̇可̇能̇性̇と̇不̇可̇能̇性̇の̇境̇界̇画̇定̇に関する問題として再設定されているのである。

---

[6] （PM）の右辺に登場する志向的相関については，補注 III で詳しく論じる。

6.1.4　意味の不可能性

　意味の不可能性に関しても，事情は意味の可能性と同様である。不可能な意味は，それに対応する対象の部分の統一不可能から特徴づけられるのである。したがって，(i) 対象の部分の統一可能性の根拠がスペチエスの統一可能性にあるということや，(ii) その際に全体の種類が考慮に入れられなければならないということは，意味の不可能性に関するフッサールの議論においても（適切な変更が加えられた上で）重要な役割を果たすことになる。順番に確認しよう。

　(i) 二つの部分のある全体における統一の不可能性が意味するのは，それらが統一された個別例が現に存在しないだけでなく，そのようなものが存在・で・き・な・いということである。だが，任意の二つの部分について，(1) それらが統一された個別例がたまたま現実には存在しないが統一可能性は成り立っているという場合と，(2) そもそもそれらが統一不可能であるという場合とは，個別例の水準だけでは区別できない。(1) の場合にはスペチエスの水準において両立性が成り立つが，(2) ではそれが成り立たない——スペチエスに関する相違を持ち出すことで，両者の事例は区別されるのである。

　(ii) 赤くて丸い素数や交通事故を例にした先ほどの考察からも分かるように，二つの部分の統一不可能性は，統一がそのなかに位置づけられる全体が何かということと本質的に関連する。「諸々の内容がある・全・体・の・統・一・の・な・か・でお互いに両立しえない場合，それらは統一不可能である」（XIX/2, 637 [4:128], 強調引用者）。別の例を挙げれば，（ある特定のニュアンスの）白さと赤さが統一不可能であるのは，個別の白さと赤さが部分として位置づけられる全体が，ある同時点におけるひとつの対象の同じ空間的部分であるときに限られる。白から赤への変化を通じて同一であるようなイチゴや，赤白のボーダーシャツを全体としてとるならば，白さと赤さは統一可能なのである。両者の統一不可能性が成り立つのは，それらが属するある特定の全体が設定されたときにかぎられる。

　とはいえ，こうした類比が見られることは，意味の不可能性の分析が可能性の分析とまったく同型であるということを意味しない。

6.1 客観的認識論の課題の再設定

[1] 可能性には，それと等しい権利を持つ理念として不可能性が対置されるのだが，この不可能性は，[a] 単に可能性の否定として定義されるだけではなく，[b] ある固有の現象学的事実によって実現されるべきものである。〔…〕[2] そしてまた，「〔意味の〕不可能性」と「〔全体における部分の〕非両立性」という言い方が同値であることは，この現象学的事実が背反（Widerstreit）の領域に求められることを示唆している。（XIX/2, 634 [4:125]）

[1] たしかに意味の不可能性は，[a] 意味の可能性の定義（PM）に登場する統一可能性を否定することで定義できる。フッサールはそうした定義を実際に示しているわけではないが，われわれはそれを次のように定式化できるだろう（「IM」は「Impossiblity of Meaning」の略である）。

(IM) 意味 M は不可能である $\leftrightarrow_{\text{def.}}$ M に志向的に相関するスペチエス $F_1, ..., F_n$ と G が存在する ＆ $F_1, ..., F_n$ は G において統一不可能である。

[b] だが，こうした定義だけでは不十分である。フッサールの考えでは，意味の可能性はそれが充実する意味を持つことに等しいが，意味の不可能性は，それが充実する意味を持たないことに尽きるわけではない。[2] 不可能な意味は，それを内容として持つ意味志向が単に充実されないだけでなく，そうした意味志向がかならず背反の体験によって幻滅されるという特徴を持っている。第一研究ですでに予告的に述べられているように，「われわれは意味充実の不可能性を，〈志向された充実統一における部分的意味の『非両立性』〉を体験することにもとづいて把握する」のである（XIX/1, 61 [2:66]）[7]。

このように，不可能な意味には，それを内容として例化した意味志向に関する現象学的な事実としての幻滅が関連する。「つまり，〔不可能であるような〕複合的意味とは，客観的に完全な直観化によって充実されず，むしろそれによって幻滅される，もしくは幻滅されうるような意味なのである」（XIX/2, 643 [4:135]）。ある意味の不可能性とは，それが充実する意味を持たないこと

[7) この一節に集約されるようなフッサールの見解について，われわれはすでに第 5 章の第 3.2 節で論じている。ただしそこでは，意味の充実の不可能性は，その意味が「不可能な充実する意味」を持つこととして特徴づけられていた。

だけでなく，それがいわば「幻滅する意味」を持つこととして特徴づけられるのである。こうした幻滅する意味と充実する意味を包括する意味概念を，広義での「充実する意味」と呼ぶことも可能だろう。そうした広いいみでは，すべての意味は同時に充実する意味でもある。第六研究におけるフッサールの考察は，充実する意味に関する第一研究の見解と整合する。

6.1.5 意味の可能性と不可能性の把握——現象学的観点から

われわれが (PM) として再定式化した意味の可能性の定義を，フッサールは意味の可能性の「必要かつ十分な基準 (Kriterien)」とも特徴づける (cf. XIX/2, 633 [4:123])。つまりわれわれは，スペチエスの統一可能性がある特定の例に成り立つことを把握することによって，対応する意味の可能性を知るのである。実際にフッサールは，意味の可能性の把握が，対応する二つの部分がある全体において統一されていることの直観によってもたらされると述べていた（cf. XIX/2, 636 [4:126–7]）。同様に，われわれはある意味が不可能であることを，それに対応する対象の部分のある全体における統一不可能性を把握することによって知る。では，意味の可能性や不可能性をわれわれはより詳しくはどのように把握するのだろうか。

フッサールは第六研究第 5 章において，非常に概略的で断片的で図式的なものではあるが，意味の可能性と不可能性の把握に関する現象学的分析を与えている。不可能性に関する次の発言を手掛かりにすることで，こうした分析の全体像を浮かび上がらせよう。

> q という種類の内容と p という種類の内容は決して端的に両立しないわけではなく，それらの非両立性という言い方は，p を含み，さらに q をも含んでいなければならないような G(α, β, ..., p) というふうな特定の種類の内容の結合とつねに関係する。しかしながら，〔ここで登場する〕「ねばならない (soll)」は，次のようなある志向，表象志向および大抵の場合には意志志向を示唆している。つまりその志向とは，ある任意の直観 A(q) のなかに与えられる q を G の直観の内部に移行させて考えようとする志向，つまり，G の直観において q を表意的に表象する志向である。(XIX/2, 638

6.1 客観的認識論の課題の再設定

[4:128–9]）

pとqという部分の統一不可能性（「非両立性」）が成り立つという言い方ができるのは，それらの両方が含まれていなければならないような全体Gが設定されているときにかぎられる。こうした全体の設定は，多くの場合に意志とも特徴づけられるような，表意的な表象という志向，つまり意味志向に求められる。pとqがGにおいて統一不可能であることの把握は，pだけでなくqをも含んだGを直観しようと意志する意味志向との深い関連にある。

ここでいささか唐突に意志が持ち出されていることについては，二つの説明が可能である。第一に，われわれも前章で確認したように，フッサールは意味志向を，充実を〈狙うこと〉として特徴づけている。意味志向はこうした目的論的な性格を持つのだから，直観という目的を意志するという側面を（少なくとも判断に含まれるような）意味志向に認めることには特に問題がないように思われる。第二に，上の引用で意味志向に関して意志という言い方がわざわざ明示的にされていることは，『論研』に先立つ時期のフッサールが様相概念の起源を意志作用に求めていたことに関連しているように思われる。1893年に執筆された草稿において，フッサールは様相概念の起源を意志作用に求めている。

> 様相的述語の心理学的起源は，疑いなく意志の領分にある。必然性は意志の強制（Willensnötigung）を，つまり，意志の主題が自分の意志とその実行において体験するような強制を示唆している。可能性は，〈意志されたこと〉あるいは〈意志されたこととして表象されたこと〉を実行できること（Tunkönnen）を示唆している。（XL, 2）

必然性概念は何かに反する意志が実現不可能であることから，可能性概念は，意志の実現可能性からそれぞれ現象学的に解明されるのである[8]。たしかに『論研』では，様相概念を意志の現象学から解明するという目論みがはっきり

---

8) ここでの引用文からも明らかなように，概念の現象学的解明は，必ずしもその概念の還元的分析であるわけではない。少なくとも様相概念の分析においては，フッサールは体験の現象学的分析のなかに様相的な概念を持ち込んでいる。

と語られているわけではない。だが，問題になっているのが部分の両立不可
能性であり，『論研』のフッサールは意味志向に充実への意志という特徴を与
えてもいるのだから，同書の公刊前夜における試みを議論の理解のために補
助的に参照することには，一定の正当性があるように思われる。

　さて，フッサールは部分の統一不可能性の把握を次のように説明している。

> 〔…〕統一不可能性という言い方だけでなく，統一可能性という
> 言い方も，何らかの——主観的に言えば，志向において優勢を占
> める——全体と必然的に関係している。こうした全体のスペチエ
> ス的内実に目を向けつつ，われわれは〔その全体に含まれる〕部
> 分を「両立的」と呼ぶのである。ここで部分として機能している
> 同じ内容 p・q…を「非両立的」とわれわれが呼ぶことになるのは，
> 〈まさにそのような全体の内部におけるそれらの統一〉の表意的
> な思念において，直観的な統一の代わりに直観的な背反を体験す
> る場合においてである。（XIX/2, 639 [4:130]）

　ここまでの議論を踏まえるならば，フッサールが統一不可能性の把握に与
えた現象学的分析を図式的には次のように言い換えることができるだろう。p
とqの両方を部分として持つGを思念する意味志向は，それが持つ充実への
意志が現に実現されないだけでなく，そうした意志の実現がつねに失敗に終
わるようなものであるのだから，それは幻滅されるしかない——こうした背
反の体験が必ず訪れること，それに抗してpとqを統一しようとする意志が
実現不可能であることから，われわれはpとqのGにおける統一不可能性を
把握する。こうしてわれわれは，当該の意味志向が例化する意味——たとえ
ば「あるGはpでありかつqである」によって表現される意味——が不可能
であることも把握する。

　上の引用でも示唆されるように，意味の不可能性の把握に関するフッサー
ルの分析は，適宜変更を加えれば意味の可能性の把握の分析として成り立つ。
pとqを部分として含む全体Gを思念する意味志向において，それに伴う直
観への意志が実現できる場合（想像による実現でもよい），われわれはpとq
のGにおける統一可能性と，さらには当該の意味志向が例化する意味の可能
性を把握する。ところで，部分の全体における統一可能性は，第一義的には

6.1 客観的認識論の課題の再設定

それらのスペチエスに成り立つのであった。こうした可能性にとって，統一された全体が実際に存在していることは重要ではない。したがって，意味の可能性の把握が問題になるかぎりでは，意味志向を充実する直観は，それによって志向される全体を現に存在するものとして知覚する直観である必要はない。そうした全体の想像も，充実する直観の役割を果たしうる。

以上からも明らかなように，フッサールにしたがえば，何らかの全体が意味志向によって設定されていないかぎり，部分の両立可能性と不可能性の把握は可能にならない。こうした考えは，不可能性の把握の分析に際してとりわけ重要になる。pとqがGにおいて統一不可能であるならば，それらの部分を含んだ全体は実際には存在しないし，存在しえない。したがって，それらがGにおいて現に統一されていない（背反している）という状況は，直観だけによってわれわれにもたらされるわけではない。こうした状況は，pとqを含んだGを思念する意味志向を充実する試みにおいてはじめて，そうした試みの挫折としてわれわれに与えられる。つまりどんな背反も，特定の意味志向によって設定される全体の内部における背反としてしか特徴づけられないのである。

すると，部分同士の背反がそのなかで成り立つような全体さえも，意味志向の相関者としては，あるいみで統一されていなければならない。pとqを部分として含む全体Gが当該の意味志向の志向的相関者として確保されていないかぎり，背反が何における背反であるのかが分からなくなってしまうのである。こうした全体は，pとqをいわば背反を通じて統一しているのである（cf. XIX/2, 638 [4:129]）。とはいえ，ここでフッサールは，〈背反を通じて統一された対象〉を意味志向の対象として認めているわけではない。『論研』の現象学は形而上学的中立性の要請にしたがって，意味志向の志向性を，それがスペチエスとしての意味を例化していることによって説明する。そのため，〈背反を通じて統一された対象〉を意味志向が思念することは，現象学的な観点からは，当該の意味志向が例化する意味が不可能であることであって，それ以上でもそれ以下でもない。

以上の考察から明らかになるのは，対応する対象が統一不可能であるような結合は，意味の氷準では現に成り立ちうるということだ。正多面体であることと十面体であることは，どんな全体においても統一不可能であり，たとえ

ば正十面体のサイコロは存在しえない。だが，われわれは立方体のサイコロと同じく正十面体のサイコロについても考えることはできる。そうした思考作用には，正多面体性と十面体性を統一しようとする意味志向が含まれ，この意味志向は「正十面体のサイコロ」によって表現されるひとつのまとまった意味を例化するのである。したがって，意味の（統一）不可能性は，意味そのものが存在する可能性とは厳格に区別されなければならない[9]。フッサールにとって，ある意味が不可能であることは，それが意味であることを損ねない。前章において志向性理論という文脈のなかで取り上げたこうした事情は，認識論においても重要な役割を果たす。われわれはこのことを，『論研』第2巻における認識論の問題の再設定がどのようなものであるのかを論じることではっきりさせよう。

6.1.6 認識論における意味の可能性と不可能性の区別

定義（PM）と（IM）にしたがえば，意味の可能性と不可能性は，意味と志向的に相関するスペチエスの特徴から定義される。しかしすでに確認したように，認識論が考察の対象とするのは，（広義での充実する意味でもあるような）意味の領分だけに成り立つ特徴にかぎられる（本章の第1.1節を参照）。認識論におけるフッサールの課題は，もっぱら意味の水準に成り立つ特徴からそれらを可能なものと不可能なものに区別することなのである。すると，（PM）や（IM）の右辺にあらわれるスペチエスの統一可能性・不可能性は，それ自身は意味ではなく意味の相関者なのだから，認識論の範囲内では区別のための基準として用いることができない。すると，第六研究第4章の議論は，認識論そのものに属するというよりも，認識論の課題の再設定のための予備的な考察と見なされるべきだろう。では，もっぱら意味の水準だけを問題にするという制限のなかで，意味の可能性と不可能性を区別するという認識論の課題にフッサールはどのように取り組んだのだろうか。

第六研究の第34節において，フッサールは部分の統一に関するいくつかの

---

[9] 「意味（『概念』）についてなされる『統一不可能性』という言い方が意味するのは，意味の統一があらゆる場合にイデア的不可能であること，たとえば純粋文法的に不可能であることではない」（XIX/2, 643 [4:135]）。意味の純粋文法的な不可能性については，本章の第2.3節を参照。

公理を導入する。ここでは,「二重否定の公理」と呼ばれる公理を取り上げよう (cf. XIX/2, 642 [4:134])。この公理は次のように定式化できる(「DN」は「Double Negation」の略である)。

(DN) スペチエス p と q がスペチエス G において背反しないならば,それらは G において統一されている。

この公理にしたがえば,ある全体において部分の背反が成り立っていないこととは,それらの部分の統一に等しい。(DN) は,その内実や名称からも,そしてフッサール自身も問題の節の最後で示唆するように,二重否定についての論理法則

(DN-L) S は p でないのではないならば,S は p である。

あるいは,「S」に複雑な名辞の形式的表現を代入して得られるこの法則の例

(DN-L′) p であるような G は q でないわけではないならば,p であるような G は q である。

と深い関係にある。

それがより詳しくはどのような関係であろうとも,(DN) と (DN-L) ないし (DN-L′) に何らかの関係が成り立つことは,対象における背反(スペチエス p と q がスペチエス G において背反している)と否定命題(p であるような G は q でない)に何らかの相関関係があるということを示唆している。この示唆にしたがえば,背反が必然的に成り立つこと,つまり統一の不可能性には,必然的に真であるような否定的命題が相関する。ところで否定的命題のなかには,命題が持つ特徴だけにもとづいて必然的に真であるようなものも存在する。それは,形式的に偽である命題を否定したものである。

たとえば,「すべての F について,それが G でありかつ G でない,ということはない」という形式の命題は,F と G に適切に代入される内容がどのようなものであろうとも,その形式に基づいて必然的に真である。したがって,たとえば「雪は白くかつ白くないということはない」という文によって表現される命題は,この形式を持つために必然的に真である。つまり,〈白であるということ〉と〈白でないということ〉が,たとえば雪のようなある全体に

おいて統一不可能であるのは，それらの統一を意味する文「雪は白くかつ白くない」がつねに偽であり，したがってこの文の否定がつねに真であることと相関している。そして，「雪は白い」や「雪は白くない」といった文が意味として持つ命題は共に，形式的な観点からは偽ではなく，したがって真でもありうるようなものである。したがって，雪であることと白いということはある全体のなかで統一可能であり，また現に統一されている。そして，雪であることと白くないということについても，それらは現に統一されてはいないが，少なくとも形式的な観点からは統一可能性が成り立つ。

こうした考察を一般化すれば，次の二つの見解が得られる。

- 形式的に偽であるような命題は，対応する対象が統一不可能であるのだから，不可能な意味である。

- 形式的に偽でないような命題は，対応する対象が統一可能であるのだから，形式的な観点からは可能な意味である。

もちろん，形式的な観点から可能である意味は，実質的な観点からは不可能であるかもしれない。たとえば，ある丸は四角いという命題は，形式的には可能だが，実質的には不可能である（丸い四角は存在することができない）。だが，意味の形式的な可能性は，意味の実質的な可能性の必要条件である。したがって，形式的に偽である命題をそうでないものから区別することには，認識論にとって意味がある。こうして認識論の課題は，意味の可能性と不可能性のあいだに形式的観点から境界線を引くこととして再設定される。われわれは次節で，この課題がより詳しく論じられる第六研究の第8章と，そこで頻繁に参照される第四研究を取り上げよう。

6.2 拡張された客観的認識論

6.2.1 本来的思考と非本来的思考

第六研究で拡張され再論される客観的認識論の概略を，もう一度確認しておこう。認識論の目的は，命題が真であるための形式的な一般的条件を探究

6.2 拡張された客観的認識論

することによって，真なる命題の把握としての認識の可能性の条件を，もっぱら形式的観点から明らかにすることである。そのため，認識論が直接的に明らかにする認識の可能性の条件は，もっぱら意味の水準に成り立つ事柄にかぎられる。だが，こうした客観的条件は，それを達成するために主観の側に備わっていなければならない能力に関するアプリオリな制約——人間であろうとも，人間とはまったく異なった生物学的特徴を備えたその他の知的な存在者であろうとも，認識主観がまさに認識主観であるために必要な条件——を与えているのだから，認識論は，認識の一般的な主観的条件についての形式的な理論でもある。

こうした課題を課せられた認識論を再論するにあたって，フッサールは第六研究の第 63 節において認識論の法則による制約をうける主観の体験を，「本来的思考」と「非本来的な思考」に区分する。

> （述定的表意としての）判断に充実を与え，さらには認識的価値の全体を与えるこれらのカテゴリー的作用のすべてが「思考作用」という名称に包摂されるならば，われわれは本来的な思考作用と非本来的な思考作用とを区別すべきだろう。非本来的思考作用とは言表の意味志向——さらにこれを自然に拡大解釈すれば，そのような述定的志向の部分として役立ちうるすべての表意作用——のことだろう。とはいえ，自明なことではあるが，すべての表意作用はそのような部分として役立ちうる。本来的な思考作用とは，対応する充実のことであろう。したがって本来的な思考作用とは，事態の直観や事態直観の部分として機能しうるすべての直観のことであり，ここでもまた，あらゆる直観は一般的にこうした機能を果たしうる。(XIX/2, 722 [4:220])

ここでの定式化にしたがえば，本来的思考とはカテゴリー的直観作用（とその可能な部分）であり，非本来的思考とは判断作用の意味志向（とその可能な部分）である。

すると，以下のような解釈が成り立つかもしれない (cf. Bernet 1989, 42)。フッサールは，カテゴリー的直観を言語記号の使用なしでも遂行されうるものと考えていた。すると，ここでの本来的・非本来的という区別は，非言語

的・言語的という区別に重なるように見える。つまりその場合，言語の使用は本来的な思考にとって本質的ではなく，直観に基づけられ，言語の使用を必ずしもともなわない思考こそが本来的な思考であることになる。このことは，言語の使用によってはじめて遂行されるものである意味志向が「非本来的」思考と呼ばれていることとも一致している。

　だが，このような解釈をここで下すのは早計である。フッサールは先の引用文において，「カテゴリー的直観が思考と見なされるならば」という仮定のもとで話を進めている。つまりここで問題になるのは，カテゴリー的直観を包摂する広義の思考概念を採用したとするならば，本来的な思考と非本来的な思考の区分はどのように確定されるだろうか，ということでしかない。別の言い方をすれば，フッサールは思考を本来的なものと非本来的なものに区別するための手掛かりをカテゴリー的直観に求めているにすぎず，ここで下されているように見えるカテゴリー的直観と本来的思考の同一視が実際に（つまり仮定なしで）認められるかどうかは，開かれたままにされている。このことは，フッサールが問題の同一視を原文では接続法第二式を用いて表明していることによっても裏書きされるだろう。さらにその引用の直後で，フッサールは同じ問題を，本来的判断作用と非本来的判断作用を区別するという問題として取り上げ直す。

　　よくあるように思考作用と判断作用を同一視するならば，本来的判
　　断と非本来的判断が区別されなければならないだろう。（XIX/2,
　　723 [4:220]）

フッサールはここでも帰結を述べる際に原文では接続法第二式を用いている。したがってこれら二つの引用だけを取り上げても，本来的思考と非本来的思考の区別によってフッサールが実際に何を救おうとしていたのかについて，正確な解釈を与えることはできない。われわれは，フッサールが本来的思考と非本来的思考のそれぞれについて成り立つと考えている法則の内実を明らかにする必要がある。われわれは本章の残りでこれら二つの法則について論じる。本来的・非本来的思考について，さらには本来的な思考の理論としての認識論について，フッサールは結局のところ何を考えていたのかという問題は，続く第7章の前半で扱われる。

6.2.2　本来的思考の法則としての論理法則

本来的思考の法則から取り上げよう。フッサールの議論の出発点は，思考と端的な直観との対置だ。ある時空的（「レアル」）な対象の端的な直観が与えられたとき，われわれはその対象を統一された全体として端的に受け取る。端的な直観の対象はつねに統一された全体であり，この段階では，対象の部分を統一する自由や統一しない自由といったものはわれわれに与えられていない。別の言い方をすれば，「われわれが統一する自由あるいは統一しない自由という言い方をする場合には，われわれは内容〔＝対象を構成する部分〕を，時空的規定もそこに一緒に含まれるような完全なレアリテートにおいて受け取っているわけではない」(XIX/2, 716 [4:214])。その一方で，端的な直観にもとづいてなされる思考（カテゴリー的形式を持った作用）に関しては事情が異なる。「レアルな内容と一緒に，それらに適合する〔確定した〕カテゴリー的形式が必ずしも与えられているわけではなく，ここには，結合・関係づけ・一般化・包摂などについての大幅な自由が成り立つ」(XIX/2, 716 [4:214])。

　具体的に考えよう。われわれは端的な直観において，それによって与えられる対象の全体を端的に受け取っている。したがって端的な直観の水準では，たとえば眼の前に広がる机とマグカップからなる光景の全体を，〈…は…の上にあるという関係によって統一された，二つの対象からなる全体〉として把握することはできない。机とマグカップが立っている空間的な関係そのもの――これこそが，われわれが端的な直観において受け取っているものである――には，〈…は…の上にある〉という関係が持つような非対称性は見いだされないのである[10]。だが，こうした端的な直観の対象について，われわれはその直観にもとづいて自由に考えることができる。たとえば，眼の前の状況を机の上にマグカップがあることとして把握できるならば，われわれは同じ状況を，マグカップの下に机があることとして考えることもできる（関係づけに関する自由）。また，そのマグカップを取っ手がその部分として属する

---

[10] この点に関しては，第 5 章の註 20 も参照のこと。

全体として考えることも，その取っ手をマグカップという全体に属する部分として考えることもできる（結合に関する自由）。さらには，マグカップが上に乗っている机を自室の一部として把握すること（包摂）も，机の上にマグカップがあることから，机の上に何かがあるということを引き出すこと（一般化）も，われわれの自由にゆだねられている。

「しかし，カテゴリー的な統一および形式付与の自由がそれほど大きいのだとしても，それらには法則的な制限がある」（XIX/2, 716-7 [4:215]）。われわれが眼の前の状況を机の上にマグカップがあることとして把握できる場合にも，われわれは同じ状況をマグカップの上に机があることとして把握することはできないし，すべての机の上にはマグカップがあるという一般化をすることもできない。ここには一定の法則がある。こうした法則についてフッサールは次のように述べている。

> [1] これらの可能性と不可能性の関連を規制するイデア的法則は，スペチエス的なカテゴリー的形式に，したがって客観的ないみでのカテゴリーに属している。[2] それらの法則は，ある特定の任意の素材の同一性が前提されている場合に，あらかじめ与えられた何らかのカテゴリー的形式にとってどのような変更が可能であるかを規定する。つまりそれらは，同一のままの素材にもとづいたカテゴリー的形式の転換や変形に関する，イデア的に閉じた多様性を境界画定するのである。（XIX/2, 717-8 [4:216]）

[1] 個別的な状況の把握に関して成り立つ可能性と不可能性は，それらの状況に置かれた対象に属するカテゴリーにもとづく法則によって規制されている。[2] こうした法則が示しているのは，任意の端的な直観の対象が何らかのカテゴリー的形式に即して把握された場合——つまり，当該の端的な直観にもとづいて何らかのカテゴリー的直観が遂行された場合——に，その対象の同一性を保ったままで別様に把握することがどの程度可能であるのかということである。つまり，問題の法則は，思考が内容として持つ意味の可能性を境界画定する。フッサールが「本来的思考の法則」と呼ぶのはこうした法則である。

重要なのは，「〔…〕ここで問題になっている法則は，完全に純粋な分析的法則という性格を持ち，素材の個別性から完全に独立している」（XIX/2, 718

6.2 拡張された客観的認識論

[4:216])，という点だ。われわれは，端的な直観によって与えられたどのような状況についても，それを〈このサイコロが正十面体であること〉として把握することができない。正十面体は不可能な立体だからだ。したがって，「このサイコロは正十面体だ」が表現する命題は不可能な意味である。しかしこうした不可能性は，十面体であることと正多面体であることの実質的な内実にもとづいて成り立つものであり，そのかぎりで綜合的に不可能であるにすぎない。この命題は，「このサイコロは正八面体だ」という文によって表現される命題と同じ形式を共有し，後者と同じく前者も，形式的・分析的な観点からは可能である。また，端的な直観の対象の種類と可能なカテゴリー的把握の関係に関する制限に関しても，事情は同様である。

> 知覚と想像のどちらによるのだとしても，あらかじめ与えられた任意の素材が，どのようなカテゴリー的な形式付与を事実上許容しているのかということ，つまり，そうした素材を構成する感性的直観をもとにして遂行可能なカテゴリー的作用はどのようなものであるのかということ——こうしたことについて，問題のイデア的制限・分析的法則は何も語らない。（XIX/2, 719 [4:217]）

たとえば，床についたガムの染みの端的な直観にもとづいて，床に虫がいると考えることは，あるいみではできない——ガムは無生物なので，虫であるわけでも虫でないわけでもない——のだが，本来的な思考の法則はこうした制限とは無関係なのである。思考の内容となっている命題が形式的に偽であるわけではない以上，本来的な思考の法則は，こうした把握の不可能性についての議論には貢献しない。

このように，第六研究第8章で「本来的思考の法則」と呼ばれるのは，ある思考が充実された思考つまり認識であるために満たしてなければならない形式的な条件である。この形式的条件は二つに大別できる。第一の条件は，任意の端的な直観に基づけられたカテゴリー的（述定的）思考が可能になるための，あるいは任意のカテゴリー的思考が充実可能であるための条件である。そして第二の条件は，任意の端的な直観が任意のカテゴリー的思考を基づけている場合に，それを基盤としたさらなる思考が，当該の直観に基づけられているために満たさなければならない条件だ。床の染みが目についたことか

ら床に虫がいると考えることや，さらにそれにもとづいて，少なくとも一匹虫が存在すると考えることは，それぞれ第一と第二の条件を満たしているのだから，形式的な観点からは本来的な思考である。

　では，こうした条件を設定する本来的思考の法則とは結局のところ何なのか。不可解なことではあるが，こうした点についてフッサールは第六研究第8章でははっきりとしたことを述べていない。しかし，上で扱った事柄からして，本来的思考の法則ということで問題になっているのが，純粋論理学の法則であることは明らかである[11]。われわれの思考は，論理法則に反していないかぎりで形式的に本来的なのである。だが，フッサールが第六研究第8章において繰り返し参照する第四研究では，このことが述べられている。

> [1]〔純粋文法的な〕意味の法則，規範的な言い方をすれば無意味を避けるための法則は，論理学に対して可能な意味形式を割り当てるのだが，論理学は何よりもまずこうした可能な意味形式の客観的な価値を規定しなければならない。[2] そして論理学は，そうした規定を，形式的な（形式的に可能な）意味を形式的反意味から区別する，まったく別種の法則を立てることで行うのである。／〔…〕[3] 矛盾律やモードゥス・ポネンスといった法則は，規範的に転用するならば，形式的な反意味を避けるための法則である。〔…〕[4] われわれが対象の特殊性を考慮する前に偽が帰結してはならないならば，これらの法則に抵触してはならない。（XIX/1, 342-4 [3:127-8]）

[1] 純粋文法的な法則が何かということについては，われわれはすぐ後で詳しく論じる。ここでは，この法則が〈（可能であろうと不可能であろうと）意味が意味であるかぎりで満たす法則〉であることを理解しておけば十分である。[2] 純粋文法的法則によって与えられた意味の全体は論理学の対象であり，論理学は純粋文法とは別の法則に依拠して，意味の全体を形式的に可能なものと不可能（「反意味的（widersinnig）」）なものに区分する。[3] こうした法則

---

11) 1902/03 年の講義では，本来的思考の法則は論理法則であるというはっきりした主張と共に議論が進められている（cf. Mat III, 174-94）。

とは，論理法則のことである．論理法則に抵触し形式的に偽であるような命題はそれが持つ実質的内容にかかわらず偽であるのだから，[4] われわれが真理を獲得しなければならないならば，そうした命題を内容とした思考を行ってはならない[12]．

このように，命題の形式的関係に関する純粋論理学の法則は，真理を把握する思考つまり認識を価値あるものとみなす根本規範のもとでは，本来的思考を規制する規範として捉えられる．このように，『プロレゴメナ』における心理主義批判の過程で導入された純粋規範的論理学を認識論として自らの枠組みのなかに位置づけ直す議論は，『論研』第2巻にも引き継がれ，発展させられるのである．

以上の考察によって，われわれは本来的思考ということでフッサールが実際に考えていたことを明らかにできる．しかし，われわれの議論をより説得的なものにするためにも，非本来的思考の法則に関するフッサールの見解を先に取り上げよう．

6.2.3 非本来的思考の法則としての純粋文法

非本来的な思考について，フッサールは次のように述べている．

> 非本来的思考，つまり単なる表意（Signifikation）の領域においては，われわれはカテゴリー的法則のあらゆる制約から自由である．この領域では，ありとあらゆるものが統一されうる．だが，正確に見てみると，この自由の根底にも一定の制約がある．このことについて，われわれはすでに第四研究で述べ，〈意味と無意味の領分を，複合と変様の法則として区別する「純粋文法的」法則〉を示した．非本来的なカテゴリー的形式付与および変形においては，われわれは，意味を無意味に寄せ集めないかぎりで自由なのである．（XIX/2, 723 [4:221]）

非本来的思考とは，意味と意味を自由に統一するような思考のあり方である．

---

12) 見方を変えれば，真理の獲得が目標となっていないような場面では，論理法則はわれわれの思考に対する規範としては機能しない．この点については第7章の第2節で立ち戻る．

とはいえこうした自由にも一定の制約があり，非本来的思考が成り立つためには，意味と意味が単に無意味に寄せ集められることが避けられなければならない。

　非本来的な思考の条件をなす統一，つまり，それが思考であるかぎりどんな思考によってももたらされる意味の統一こそ，フッサールが意味を可能なものと不可能なものに区分する際に必要としている統一に他ならない。可能な意味も不可能な意味も，意味である以上，ひとつのものとして，広いいみで統一されている。この広義での統一が確保されていないかぎり，意味に対応する直観の統一可能性ないし不可能性（つまり，その意味の可能性と不可能性）を問うことはできない。こうしたことは，フッサールがこの統一の条件として純粋文法法則に言及していることからも明らかである。

　ここでわれわれは，ふたたび第四研究に着目しよう。第四研究で概略が与えられている純粋文法とは，第三研究で概説された部分と全体に関する一般的な理論を，意味の領域に適用したものである[13]。こうした適用の際に重要になるのは非独立的部分である。直観的に言えば，非独立的部分とは，それを包括する全体のなかでしか存在できない部分である。フッサールはこうした非独立的ないし依存的な部分に対して，次のような定義を与える（cf. XIX/1, 244 [3:26–7]）（「DP」は「Dependent Parts」の略である）。

(DP) x は非独立的部分である $\leftrightarrow_{def.}$ x が属する類 A が存在する & 必然的に，A に属する対象 y はどれも，ある類 B に属する何らかの対象 z の部分として存在する

たとえば，このペンが持つ個別の赤さが非独立的部分（「モメント」）であるのは，色という類に属するどのような個別の色も，必ず空間的対象という類に属する対象の部分として存在しているためである。空間的対象はどれも延長モメントを必ず構成要素として含むのだから，(DP) の右辺で述べられていることを，色モメントは必ず何らかの延長モメントとともにひとつの全体

---

13) なお，第二版では純粋文法は「純粋論理文法」という名称に改められているが，本書では第一版にしたがって表記する。改称の理由は，『論研』第二版で第四研究の末尾に追加された注記で述べられている（cf. XIX/1, 348–9 [3:133]）。

のなかで存在し，そのかぎりで前者は後者に依存していると述べることもできるだろう。

こうした非独立的部分の概念を意味の領分に転用することによって，フッサールは非独立的意味という概念を理論に導入する。われわれはまず，意味に関する独立性と非独立性という区別をフッサールが導入した経緯を簡単に確認しておこう。

フッサールの議論の出発点となるのは，マルティによる「自義的 (kategorematisch)」および「共義的 (synkategorematisch)」記号の区別である。自義的記号はそれ自身で有意味であるような記号として，共義的記号は他の記号と一緒になってはじめて意味を持つ記号としてそれぞれ特徴づけられる (cf. XIX/1, 311 [3:96])。こうした定義は，「セーター」のような名辞と「緑色の」のような形容詞の相違に関するわれわれの直観を救っているように思われる。つまりマルティの定義にしたがえば，「セーター」はそれ自体で意味を持つ自義語として，「緑色の」は「緑色のセーター」のような表現の一部としてしか意味をなさない共義的としてそれぞれ区別されるのである。

だがマルティの定義からは，共義語は単独では意味を持たないということが帰結する (cf. XIX/1, 313 [3:97])。フッサールはこうした帰結に抗って，共義的記号を単独で有意味な記号とみなし，自義的記号と共義的記号の区別が救っている直観の根拠を，それらの記号の意味が持つ特徴に求める。

> われわれは単に自義的表現と共義的表現を区別するだけでなく，自義的な意味と共義的な意味を区別しなければならない。だがわれわれは，より適切な仕方で，「独立的」意味と「非独立的」意味という言い方をしよう。(XIX/1, 314 [3:98])

自義的記号とは独立的意味を持つ記号のことであり，共義的記号とは非独立的意味を持つ記号である。両方の記号がそれ自体で有意味なものと認められる以上，表現を有意味な記号として定義するフッサールの枠組みにおいては，それらは自義的ないし共義的な「表現」と呼ぶことができる。

では，非独立的意味とはどのようなものなのか。フッサールは第三研究で導入した非独立的部分という概念を持ち出し，非独立的意味を次のように特徴づけている。

[1] ある意味がひとつの具体的な意味作用の完全な意味の全体を形成しうるような場合に，われわれはそれを独立的意味と呼び，そうでない場合には，非独立的と呼ぶだろう。[2] したがってこの非独立的意味は，ある具体的意味作用の非独立的な部分作用のなかでのみ実現され，この意味を補足するその他の諸々の意味と結合することによってのみ具体性を獲得しうるのであり，意味の全体のなかでのみそれは存在しうるのである。（XIX/1, 320–1 [3:105]）

フッサールは [1] で独立的意味と非独立的意味を直観的に特徴づけ，[2] で非独立的な意味に定義を与えている。この定義を，われわれは次のように再定式化することができる（「DM」は「Dependent Meaning」の略である）。

(DM) x は非独立的意味である $\leftrightarrow_{\text{def.}}$ x を例化するような任意の意味志向 y について，何らかの意味志向 z が存在し，y は z の非独立的部分である

一言でいえば，非独立的意味とは非独立的な意味志向に例化される意味のことである。

この定義に関して着目すべき点は，非独立的意味を定義するために，フッサールが意味作用に言及しているということである。意味というイデア的存在者に成り立つ非独立性を問題にする文脈でこうした体験が持ち出されていることには，きちんとした理由がある。非独立的意味を (DM) のように定義することによって，共義的表現がそれ自身で非独立性意味を持つというフッサールの見解に対して後ろ盾が与えられるのである。フッサールの見解の背景にあるのは，「孤立した共義語，たとえば孤立した『と（und）』という語が理解されるという否定しえない事実」だ（XIX/1, 324 [3:109]）。フッサールはこの事実を，たとえば「A と B」という仕方で未規定的なものによる補足がなされた理解として説明している。つまり，「と」が持つ非独立的意味をわれわれが正常に理解するならば，われわれはその意味を例化した意味志向を，「A と B」が持つ独立的意味を例化する意味志向の非独立的部分として遂行しているのである（cf. Benoist 2008d, 130–1）。意味の非独立性をそれを例化した意味志向が非独立的部分であることから定義するフッサールの戦略は，孤

6.2 拡張された客観的認識論

立した共義的記号の理解についての現象学的分析と深い関係にある[14]。

以上を踏まえることによって，フッサールが非本来的思考の法則ということで何を考えていたのかが明らかになる。「意味複合のアプリオリな合法則性」と題された第四研究第10節において，フッサールは，非独立的部分一般の場合と同様に，非独立的意味の補足必要性にも法則性が存在することを指摘したうえで，次のように述べる。

> 特に意味の領域に関して言えば，少し考えれば分かるように，意味と意味の結合に関してわれわれは自由であるわけではなく，有意味なものとして結合して与えられた統一において，それらの要素を任意の仕方でごた混ぜにすることはできない。意味は，あらかじめ定められた仕方によってのみ調和し，有意味な統一的意味を構成する。(XIX/1, 326 [3:110–1])

有意味と無意味なものの境界画定を与えるこの法則こそ，純粋文法法則（つまり第六研究の言い方では非本来的思考の法則）として特徴づけられるものである。とはいえ，フッサールは純粋文法的法則にもとづいて意味や表現の有意味性を還元的に定義しようとしているわけではない。別の言い方をすれば，この法則は，

- あるタイプの記号列 S は有意味である ↔ S に含まれている記号はこれこれの特徴を持つ

という形式の文（ただし，右辺には有意味性概念を前提した表現が登場しない）によって定式化されるわけではない。

この戦略は先の引用からも窺うことができる。フッサールは純粋文法的法則がわれわれに課す制約を「有意味なものとして結合して与えられた統一において，それらの要素を任意の仕方でごた混ぜにすることはできない」と表

[14) また，第四研究ではっきりと表明されているわけではないが，非独立的意味の定義が複雑になったもうひとつの理由として，次のような問題を指摘することもできるだろう。非独立的意味は，非独立的部分とは異なり，複数の作用に例化されうるスペチエスである。したがって非独立的意味は，他のスペチエスと同じく，他の何かに依存して存在しているわけではない。つまり，非独立的意味は非独立的部分ではないのだから，(DP) の定義を単純に意味の領域に応用することによっては非独立的意味の非独立性を救うことができない。

現している．つまりそうした制約は，有意味な表現から別の有意味な表現を新たに作り出すときにわれわれがしたがうべきものにすぎず，純粋文法的法則は有意味性の概念を前提しないと定式化することはできないのである．

　こうした考えは，次の一節ではよりはっきりと示されている．

> [1] 質料を同じカテゴリーに属する範囲で自由に置き換える場合，偽の意味・馬鹿げた意味・可笑しい意味（命題ないし命題の可能な部分）が結果として生じることがあるとしても，かならず統一的な意味が，あるいは統一的に遂行されるような意味を持つ表現が結果として生じている．[2] カテゴリーを踏み越えたとたんに，こうしたことは成り立たなくなる．[3] たしかに，われわれは「この軽率なは緑である」・「より強烈なは丸い」・「この家は等しい」といったふうに語を互いに並べることができる．あるいは，われわれは，「a は b に似ている」というかたちの関係言明のなかの「似て」に「馬」を代入することができる．しかしその場合にわれわれが得るのはつねに語の列でしかなく，そのなかの語はそのものとしてはどれも意味を持っているか，あるいは完全な意味の連関を示しているが，われわれは統一的な意味を得ることが原理的にできないのである．（XIX/1, 327–8 [3:112–3]）

　まずは全体的なことを三つ確認しておこう．第一に，この一節で二回登場している「カテゴリー」は，その少し前でフッサールが導入した意味カテゴリーを意味する．意味カテゴリーとは，個別の意味がそれに属する類であり，非独立的部分の場合と同様に，非独立的意味を支配する法則において重要な役割を果たす（cf. XIX/1, 326 [3:111]）[15]．第二に，前半部分では「意味の質料の置き換え」という言い方がされているとはいえ，[3] を見れば明らかなよう

---

15) こうした事情を踏まえるならば，(DM) はより正確には，

(DM′) x は非独立的意味である $\leftrightarrow_{\text{def.}}$ x が属するような意味カテゴリー C_1 が存在する & C_1 に属する何らかの意味を例化する任意の意味志向 y について，何らかの意味志向 z と意味カテゴリー C_2 が存在し，次の [1] と [2] が共に成り立つ．[1] z は C_2 に属する何らかの意味を例化する [2] y は z の非独立的部分である（ただし C_1 と C_2 は異なる意味カテゴリーである）

と定式化される．

6.2 拡張された客観的認識論

に，フッサールの議論が対象としているのは表現の置き換えに関する問題である．第三に，[1]でフッサールが問題にしている（表現の）置き換えは，この一節が置かれている文脈からして，有意味な表現の部分の置き換えである．（フッサールは上で引用した一節の前の段落で，「この樹は緑である」という文を出発点にとり，「この樹」を名辞的な意味カテゴリーに属する任意の表現によって置き換えても得られた文はどれも有意味である，と論じている．）

以上の三点を踏まえるならば，上の一節は以下のように理解される．[1] 有意味な表現が持つ部分表現はどれも，それが持つ意味と同じ意味カテゴリーに属する意味を持った表現で置き換えたとしても，必ず有意味である．このことは，結果として得られる表現の奇妙とは無関係である．[2] だが，意味カテゴリーによって課せられる制限を踏み越えて置き換えを行った場合，その結果として得られる表現は有意味ではない．[3] そうした置き換えによって得られる全体は，表現ではなく単なる記号の羅列である．

つまり，フッサールがここで純粋文法（Pure Grammar）の法則として考えているのは，次のようなものであるように思われる．

(PG-1) 任意の有意味な表現について，その部分表現をそれと同一のカテゴリーに属する意味を持つ任意の表現に置き換えた場合，新たに得られる記号列は有意味である．

あるいは，表現の有意味性に関する規則であることをより分かりやすくするならば，(PG-1) を用いて次のようなさらなる法則を定式化することもできるだろう．

(PG-2) ある記号列 S が有意味なものであるのは，S が何らかの有意味な表現から (PG-1) にしたがって作られた記号列であるときであり，そのときにかぎられる．

フッサールのこうした発想は，複合的命題に関する法則にもはっきりと現れている．われわれはたとえば次のような法則を定式化することができる（cf. XIX/1, 339–40 [3:123–4]）．

(PG-3) 命題的意味を持つような任意の有意味な表現について，それらを「かつ」で結びつけた場合，新たに得られる記号列も命題的な意味を持つ．

「または」や「ならば」についても，これに類した法則が成り立つ。それらを用いれば，複合文の有意味性についての一般的な法則を，次のように定式化することができるだろう。

(PG-4) ある記号列 S が有意味な複合文であるのは，S が (PG-2) にしたがって作られた文から (PG-3) やそれに類するその他の規則にしたがって作られた記号列であるときであり，そのときにかぎられる。

これらの定式化を見れば分かるように，フッサールは純粋文法的法則の定式化に際して有意味性の概念を前提している。純粋文法法則——つまり，非本来的思考の法則——によってフッサールが明らかにしようとしているのは，有意味性概念の還元的な定義ではなく，有意味性が及ぶ範囲なのである。純粋文法の法則にしたがった表現の意味のすべてを有意味とみなすことによって，われわれは可能な意味と不可能な意味を包括する意味概念を確定することができる。ここで獲得される意味は，それに対応する対象が存在しえないものであってもまったく構わない[16]。

6.3 本章のまとめ

われわれは本章の冒頭で，客観的認識論の拡張問題が充実する意味の導入によって解決されることを論じた。経験的な個別的命題を含めたあらゆる命題が真であるのは，それが（狭いいみでの）充実する意味であるときに限ら

---

16) 「〈統一的な意味が，互いに非両立的ないくつかの意味によって，ある対象に統一的に帰属するものとして表象しているもの〉をすべてそれ自身のうちに統一しうるような対象（たとえば事物や事態）は存在せず，かつまったく存在しえないが，しかしその意味それ自身は存在している。『木の鉄』や『丸い四角』といった名辞や，『すべての四角形は五角を有する』という文は，他のもの同様に，れっきとした名辞ないし文である」(XIX/1, 335 [3:120])。

ただし，後年の『形式的論理学と超越論的論理学』では，フッサールはカテゴリー・ミステイクを犯した表現（われわれの例に即すならば「全ての鉄は木製である」）を形式的には有意味だが実質的には無意味なものとみなしている (cf. XVII, 223–4)。その場合，実質的に無意味な表現は意味をまったく持たず，それゆえそもそも表現（「有意味な記号」）ではないということになるだろう (cf. Benoist 2015, 112)。したがって，フッサールは初期から後期にいたるどこかで有意味性に関する立場を変えたことになる。それが何によるものであるのかということは，本書の主題を大きく超えるものの，重要な問題である。

6.3 本章のまとめ

れるのであり，意味が（狭いいみでの）充実する意味であることは，それが可能であることによって特徴づけられる。こうして拡張された客観的認識論には，命題を可能なものと不可能なものに分けるための法則を確定するという課題が与えられるのであった。この課題を達成するために，フッサールは論理法則を本来的思考の法則として捉え直すことによって，それを意味の可能性に関する形式的な条件とみなす。それと同時に，非本来的な思考でさえもそれが思考であるためにしたがうべき法則として，純粋文法が論じられる。

『論研』第2巻における認識論の再論は以上の通りである。本章の成果を踏まえ，われわれは次章で，論理法則と純粋文法的法則がそれぞれ「本来的」ないし「非本来的」思考の法則と呼ばれるのはなぜか，本来的・非本来的思考とはそもそも何かという問題を扱う。

第 7 章

客観的認識論の帰趨
—— 『論研』第 2 巻（4）——

　本章の目的は，充実する意味の導入によって拡張された客観的認識論に登場する本来的思考や非本来的思考とは何かを明らかにしたうえで，客観的認識論から生じる三つの未解決問題を指摘することである。われわれの見るところでは，『論研』のフッサールはこれらの問題に満足のいく解決を与えないが，同書の刊行以降にはそれらへの取り組みが確認できる。つまり本書の解釈方針は，『論研』の問題点をその後のフッサールの思想の歩みに即したかたちであぶり出すのであり，そのかぎりで正当なものだ——われわれはこう論じたい。

　本章の構成は以下の通りである。

第 1 節　本来的思考とは世界についての関心のなかに置かれうる思考のことであり，非本来的思考とは世界についての関心の外にしか登場できない思考であるという解釈を提示する。

第 2 節　第 1 節で示されたわれわれの解釈と対抗する解釈を退ける。この対抗解釈にしたがえば，本来的思考はカテゴリー的直観として，非本来的思考は空虚な意味志向（を含んだ作用）としてそれぞれ特徴づけられる。だが，この解釈が依拠している論拠はどれも強固なものではなく，われわれの解釈を正しいとみなす方が合理的である。

第3節 本来的・非本来的思考の特徴を踏まえ，第6章で明らかにした客観的認識論がフッサールにもたらした以下の三つの問題について論じる。

7.1 （非）本来的思考とは何か

7.1.1 解釈の戦略

「本来的」および「非本来的」な思考ということで，フッサールは結局のところ何を考えていたのだろうか。すでに予告的に述べたように，われわれの解釈にしたがえば，本来的な思考とは，世界についての関心のなかに置くことができ，そのかぎりで世界についてのものであるような思考のことである[1]。本来的思考はどれも，それが直観と関係づけられる（つまり，充実ないし幻滅へと至る）場合には，世界のあり方についての何らかの認識をもたらす。それに対して非本来的思考とは，そもそも世界についてのものではないような思考である。つまりそれは，〈世界のあり方についての認識〉という関心を離れた思考，あるいは，そうした関心のなかに置くことが不当でしかないような思考だ。

こうした解釈ができるかどうかは自明ではない。そればかりか，われわれの解釈は，カテゴリー的直観を本来的思考と同一視するように見える第六研究の叙述と相性が悪いかもしれない。だが前章で述べたように，カテゴリー的直観と本来的思考の同一視という見解にフッサール自身がどこまでコミットしていたかどうかは，フッサールの叙述を持ち出すことだけで決定できる問題ではない。

すると，以下のような手続きの議論がうまくいくならば，われわれの解釈に一定の正当化が与えられるだろう。われわれはまず，本来的な思考と非本

---

[1] こうした言い回しによる特徴づけは，『論研』の現象学が標榜する形而上学的中立性と齟齬をきたすように思われる。だが，本来的思考について明確な規定を与えるためには，こうした言い回しを避けることはできない。このことがフッサールにもたらす問題は，本章の最後で確認され，続く第8章において包括的に考察される。それまでのあいだ，われわれは形而上学的中立性の問題をいったん脇に置く。

来的な思考に関するわれわれの解釈の内実を，フッサールの枠組みのなかでそれぞれより詳しく定式化する．この定式化がうまく行けば，われわれの解釈が『論研』全体を考慮に入れても不整合に陥るわけではなく，同書の解釈として可能であることが示される．その上で，本来的思考をカテゴリー的直観と同一視する解釈に対して，何らかの大きな不備を指摘できるならば，われわれの解釈の方がより優れたものであることになる．すると，さらに優れたものが登場しないかぎりは，われわれの解釈を正しいとさしあたり信じるための十分な理由が与えられるだろう．ただしあらかじめ述べておけば，われわれは一連の議論において，『論研』では必ずしも明確にされていなかったフッサールのある見解に言及することになる．それは，第 1.4 節の議論で用いられる，表現の意味の「曖昧な理解」と「判明な理解」という区別だ．

われわれは本章の議論が決定的だと主張するつもりはない．しかし，フッサールの明示的な発言が典拠としてそれほど強くないという事情があるのだから，いま概略したようないささか込み入った戦略にもとづいて解釈に議論を与えることは，われわれにとって許されているだけでなく，本来的思考に関するどのような解釈もしたがうべき手続きであるように思われる．われわれの解釈がこの手続きにしたがう以上，対抗解釈との議論において挙証責任をこの先負うことになるのは，われわれではなく対抗解釈の支持者であるはずだ．

7.1.2 世界についての思考としての本来的思考

すでに述べたように，『論研』第六研究における本来的思考の規定は，純粋に形式的なものである．すると，正十面体のサイコロが少なくともひとつ存在すると考えることや，すべての鉄は木製である考えることも，ここでの基準にしたがうならば本来的であることになる．それらの思考は，前章の終わりで定式化した純粋文法的法則（PG-2）を満たすかぎりで有意味であり，そして形式的に矛盾しているわけでもないからだ．

もちろん正十面体サイコロや木製の鉄は存在しない．それどころか，たとえ世界がどのようなものであろうとも事情は同じなのだから，それらは存在で・き・な・い・．要するに，正十面体のサイコロが少なくともひとつ存在するという命題や，すべての鉄は木製であるという命題は必・然・的・に・偽である．したがっ

てそれらの命題は，偶然的に偽である（に違いない）命題——地球より大きなサイコロが少なくともひとつ存在するという命題や，すべての机は木製であるという命題——とは異なり，世界の現実的なあり方については何も教えてはくれない[2]。すると，正十面体のサイコロが少なくともひとつ存在するという命題や，すべての鉄は木製であるという命題は，どのようないみで世界についてわれわれに何かを教える命題であり，それらを内容として持つ思考はどのようないみで本来的思考であるのか。

　ここで重要になるのは，二つの命題のそれぞれが世界の現実に即していないと知るためには，われわれは純粋に形式的な考察を超え出る必要があるということだ。形式的には真でも偽でもありうるそれらの命題が偽である——しかも，必然的に偽である——ことを知るためには，われわれはそれらを内容とした思考を直観に関係づけようとしなければならない。こうした試みの果てに思考と適合する直観の遂行不可能性を体験すること，つまり幻滅によってのみ，われわれはそれらの命題が必然的に偽であることを認識するのである。ここで問題になっているのが命題の必然的な偽，別の言い方をすれば〈狭いいみでの充実〉の不可能性である以上，思考と直観の適合の試みは，世界の現実的なあり方をわれわれにもたらす知覚だけでなく，世界の可能なあり方を思い描く想像にも及ぶ必要がある。このように（可能な）世界へと向けられた直観による幻滅（〈広いいみでの充実〉）が成り立つといういみで，正十面体のサイコロが少なくともひとつ存在すると考えることや，すべての鉄は木製である考えることも，形式的な観点に限定された『論研』の規定にしたがうならば，本来的な思考に数え入れられる。論理法則に抵触せず，それゆえ反意味的ではない命題はどれも，少なくともその形式的な特徴だけを問題にするような観点からは，世界について成り立つ肯定的ないし否定的な情報を含むのである。

　とはいえ，反意味的ではない内容を持つ思考は，直観と適合させる試みのもとにいつでも置かれるわけではない。われわれは，形式的な観点からは真でも偽でもありうるような表現を目にしたとしても，それが表現する命題が

　2）偶然的に偽であるような命題については事情が異なる。そうした命題が偽であることの確証は，世界が現実にどのようでないかについての認識をわれわれにもたらす。

7.1 (非) 本来的思考とは何か 209

世界のあり方を捉えているかどうかを知ろうとするとはかぎらない。だが，ひとたび命題と世界の関係にわれわれが関心を持つならば，われわれはいつでも，それを内容とした思考を直観と適合させようとすることができる[3]。したがって，本来的な思考とは，世界についての関心のなかに置くことができる思考のことである。

7.1.3 世界に関心を持たない思考としての非本来的思考

非本来的思考とは，論理法則に抵触し，形式的に反意味的でそれゆえ不可能な意味であるような命題を内容として持つ思考のことであった。われわれの解釈にしたがえば，こうした思考は，世界についてのものではないような思考，世界のあり方に関する認識をもたらすことがない思考としてとりあえず特徴づけられる。では非本来的思考は，どのようなみで世界についてのものではないのだろうか。

具体的に考えよう。丸いボールは丸くないということを（メタファーとしてではなく）字義通りに考えることは，形式的な論理法則である矛盾律に抵触するのだから，フッサールの基準によれば非本来的思考である。われわれが実際に非本来的な思考を持つ典型的な事例は，以下の二つのタイプに分けられるだろう。

第一に，丸いボールは丸くないとわれわれが実際に考えるのは，それが矛盾していることを承知のうえであえてそうする場合である。たとえば，不可能なことが生じる世界についてのフィクションの構想を練ることが，その例として挙げられるだろう。このときになされる思考において，われわれは，世界がどのようなものであるかということについて何の関心も持っていない[4]。

　3）　ただし，この試みが（幻滅という否定的な形ですら）達成されないこともももちろんある。たとえば，1010 年に日本列島で散った桜の花びらの枚数は偶数であるという命題のように，われわれが（少なくとも事実上）真偽を決定できないような命題が数多く存在するのである。だが，こうした命題についても，われわれは（それが確実に徒労に終わるのだとしても）その真偽を確かめようと試みることは不可能ではない。もちろん，そのような振る舞いは不合理であるといわれうる。だが，ここでの不合理さは，形式的に反意味的な思考を直観と適合させようとすることの不合理さとは区別されるべきだろう。前者は，原理的には認識可能なもののうち，われわれが実際に達成できる事柄の範囲を明白に見積もりそこねるという不合理さである。それに対して後者は，原理的に認識可能なものの範囲を見積もりそこねるという不合理さだ。

　4）　とはいえ，われわれはフィクションの構想を練りながら，資料として買った本が机に積

第二に，丸いボールは丸くないという思考をわれわれが実際に持つのは，誰かが「丸いボールは丸くない」と言うのをたまたま耳にしたり，この文が何かに書かれているのをたまたま目にしたりして，それを理解する場合である。このときわれわれは，意図的にではないが，世界への関心の外で思考している。ここでの思考が意図的でないのは，十分な能力を持った日本語話者にとって，「丸いボールは丸くない」という文がほとんど自動的に理解できるものであるためだ。この文を提示されたとき，われわれは，それによって表現されていることを考えようかどうか決めるよりも前に，丸いボールは丸くないと（単に）考えてしまっている。ここでの思考が世界への関心の外にあるのでなければならない。なぜなら，そうでないかぎり，われわれは反意味的な文を目にするたびに不合理な振る舞いをしているという信じがたい帰結が出てくるからだ。世界への関心のもとでの思考とは，それを直観に適合させようとすることが可能な思考のことだった。すると，もし「丸いボールは丸くない」という文を理解したときにわれわれが丸いボールは丸くないという世界についての思考を持つならば，われわれはこの思考と直観の適合を試すことが可能だと見なしていることになるが，これは不合理な振る舞いだ。「丸いボールは丸くない」を理解するたびにわれわれがそうした不合理に陥っているとは考えがたい。したがって，「丸いボールは丸くない」という表現に出逢うとき，われわれは，丸いボールは丸くないという世界への関心の外にある思考に，いわば否応無しに付き合わされるのである。

7.1.4　非本来的思考の解釈に対する可能な反論と再反論

　われわれの分析に対する予想される反論にひとつだけ答えておこう。このことは非本来的思考についてのわれわれの解釈の明確化にも役立つ。「丸いボールは丸くない」は，十分な言語能力を備えた日本語話者がそれを理解するならば，それが矛盾した（「反意味的な」）ものであることが同時に分かる

んであるから参考にしようと同時に考えたり，パソコンのデータが消失するかもしれないことを気にかけてバックアップをとるかもしれない。こうした考えや配慮は世界の（可能な）あり方への関心に貫かれている。世界についての関心を持たないのは，丸いボールは丸くないと考えているかぎりでのわれわれである。つまり，非本来的な仕方で何かを考えるためには，世界についての関心から全面的に離れる必要はない。

7.1 （非）本来的思考とは何か

ような表現である。だが，反意味的な表現のすべてがそうであるわけではない。論理法則に反した主張を行うことは，われわれにとってそれほど珍しいことではない。

すると，われわれの解釈に対して以下のような反論が可能であるように思われる。

(1) たとえば，誰かが「頭のいい人は料理がうまい，私は料理がうまい，したがって私は頭がいい」という推論をしたとしよう。これは，日常生活でも目にすることがある典型的な誤謬推論の一例である。こうした一連の誤謬推論における思考は，論理法則に反している。

(2) すると，フッサールの基準にしたがえば，一連の思考は論理法則に抵触するのだから，非本来的である。

(3) ところで，この誤謬推論を行っている思考の主体は，世界についての関心にもとづいている。この主体はそのとき，世界の一部である自分自身について，頭がいいという主張をしている。

(4) (3)および(4)より，一連の思考過程は非本来的思考であるにもかかわらず，世界についての関心にもとづいている。

(5) したがって，非本来的思考を世界についての関心の外にある思考として特徴づける解釈は誤っている。

この反論に対して，われわれは以下のように再反論できる。たしかに，いま挙げられた事例では，論理法則に抵触する誤謬推論が世界についての関心のなかで行われている。だが，こうした誤謬推論は，非本来的な思考であるかどうかが問題になる以前に，そもそも言葉の強いいみでの思考なのだろうか。「頭のいい人は料理がうまい，自分は料理がうまい，したがって自分は頭がいい」と表現されるような推論をする際に，そうした推論の思考主体がこの表現の意味を判明に理解しているとはいいがたい。ある表現の意味を判明に理解していることにとって，そこから論理的に導かれることと導かれないことの区別を（ある程度）つけられることは，必要条件であるように思われるからだ。

具体的に考えよう。

(a) この本は優れていないわけではないわけではないわけではないわけではないわけではない。

という文がわれわれに与えられ，その後で「結局のところ，(a) が真である場合にはこの本は優れているのか」と質問されたとする（われわれはフッサールに倣い，二重否定の除去規則を妥当なものとみなす）。われわれがこの質問に答えられなかったり，間違った答えを与えてしまった場合，われわれは (a) の意味をはっきりとは理解していない。もちろんその場合にも，われわれは (a) の意味をまったく理解していないわけではない。われわれは (a) が有意味なことを理解しているし，この本の優劣が問題になっていることも理解しているだろう。つまり，このときわれわれは，(a) の意味について，判明ではなく曖昧な理解を持っている。

表現の曖昧な理解にもとづいた思考（あるいは，自分では判明な表現を与えることができない思考）において，われわれはそうした思考の論理的な性質をきちんと把握できていない。そうした思考は，当該の表現が反意味であろうとなかろうとも，意味の判明な把握にもとづいた思考よりも思考として劣っているように思われる。自分が考えていることの論理的な帰結にきちんと答えられないときに，われわれは「まともに考えていない」という評価を下される。この事実に忠実になるためには，われわれは判明な思考と曖昧な思考（あるいは似非思考）に序列を設ける必要がある。曖昧な思考は，言葉の強いいみでは思考ではないのである。

判明な思考と曖昧な思考に以上のような区別を認めるならば，上の議論における (1) から (2) への移行は決して自明なものではない。誤謬推論をしてしまうとき，われわれの思考の内容は曖昧である。そうした思考は，反意味的であることが分かるほど判明な内容を持たず，そもそも言葉の強いいみでの思考ではないのだから，それを非本来的な思考とみなすことはできない。ある思考が本来的か非本来的かを判断するためには，その内容の判明さが必要だが，誤謬推論における思考はこの条件を満たしていないのである[5]。この

---

5) なお，フッサールは『形式的論理学と超越論的論理学』で，曖昧な思考と判明な思考を

ように，上の反論はわれわれの解釈に対する有効な反論にならない。

　判明な思考と曖昧な思考の区別は，〈世界に関心を持たない〉という非本来的思考の特徴の正確な理解を可能にしてくれる。思考の内容をなす命題を，それが反意味的であることが分かるくらい判明に把握した場合，われわれは，その命題を内容にした思考（つまり，非本来的な思考）を世界についての関心のなかに置くことはできない。反意味的な命題を判明に把握している以上，われわれはその命題が必然的に偽であり，世界のあり方について何も教えてくれないということを知っている。こうしたことを知りながら，反意味的な命題を内容にした思考を世界についての関心のなかで行うことは，端的に不合理な振る舞いである。そうした振る舞いを頻繁に見せる人に出逢ったならば，われわれはその人に合理的に思考する能力を帰属させることをあきらめるだろう。つまりその場合，その人は世界についての関心のなかで非本来的な思考を行っているのではなく，そもそも言葉の強いいみでの思考を行っていないことになる。われわれは，非本来的思考をまさに思考として，世界のあり方についての関心のなかで行うことはできない。非本来的な思考は，世界のあり方についての関心の外にしか登場しないのである[6]。ところで，世界についての思考，本来的思考は，それが持つ世界への関心を（想像も含めた）直観との適合によって満たす思考のことであった（関心の満たされ方は，必ずしも肯定的な充実ではなく，幻滅でもありうる）。別の言い方をすれば，ある思考と直観を適合させようとすることは，その思考が本来的なものである

区別し，後者を本来的思考の一種と特徴づけている（cf. XVII, 61–2）。

[6] したがって，（可能なものも含めた）世界のあり方について関連を持つ表現だけを有意味なものとみなす立場，たとえば『論理哲学論考』のウィトゲンシュタインからすれば，矛盾した表現は有意味な記号の結合（「シンボル」）ではなく，そのかぎりで「無意味（sinnlos）」なものであることになる（cf. Wittgenstein 1922/33, 4.4661）。だがブノワによれば，矛盾における無意味な記号の結合を不合理なナンセンス（Unsinn）から厳格に区別する『論考』のウィトゲンシュタインの見解と，反意味的（widersinnig）な表現を無意味（unsinnig）な記号列から区別する『論研』のフッサールの見解の違いは，後者が非理論的な言語の用法——非本来的思考——も視野に入れて有意味性についての理論を形成している点にもっぱら求められる（cf. Benoist 2003b, 248）。そのかぎりで，（理論的用法における言語についての見解に関しては）両者の隔たりは見かけほど大きいわけではないというのである。(とはいえブノワが別の機会に論じたように，何をナンセンスとみなすかについて，フッサールは『論考』のウィトゲンシュタインとは決定的に異なった立場にある（cf. Benoist 2004）。「視野の同じ場所を異なる色が占める」（Wittgenstein [1922/33], 6.3751）は，フッサールにおいてはナンセンス（フッサールの語法では「無意味」）な記号列ではない。)

ことを前提している。すると，この関心の外にしかありえない非本来的思考は，それを直観と適合させようと試みることが意味をなさないような不合理な思考でもある。したがって，非本来的思考が「存在論的な認識をもたらしえない」思考であるのは，それが直観によって充実ないし幻滅されたとしても存在論的認識を生み出すことがありえない思考であるからではない。非本来的思考は，それを世界についての存在論的な関心のもとに置くことができないといういみで，存在論的な認識をもたらしえないのである。

7.1.5　フッサールの枠組みとの整合性

本来的思考と非本来的思考に関する以上の解釈をまとめ直しつつ，これらの解釈が共にフッサール解釈として不整合ではないことを確認しよう。これまでの箇所でわれわれが与えてきた解釈は，以下のような仕方でフッサールの枠組みに即している。

- われわれは本来的思考と非本来的思考を，世界についての関心のもとに置くことができる思考とそれができない思考としてそれぞれ解釈した。われわれの特徴づけは，世界についての関心の有無という，『論研』には登場しない区別を用いている。だがこれに相当する区別は，作用における対象の措定の有無という区別として，第五研究に登場する（cf. XIX/1, 483 [3:266–7]）。

- われわれの解釈にしたがえば，本来的思考を世界についての関心のもとに置くことができるのは，それに対応する対象が（すくなくとも形式的観点からは）存在しうるためである。非本来的思考についてそうしたことが成り立たないのは，それに対応する対象が（形式的観点から）存在しえないためである。これらの区別は，可能な意味と不可能な意味の区別（第 6 章の第 1.2–1.4 節を参照）に正確に対応している。これを踏まえるならば，本来的思考とは可能な意味を内容とした思考であり，非本来的思考とは不可能な意味を内容とした思考であると言える。

- またわれわれの解釈は，『論研』第 2 巻で再設定された認識論の課題（第 6 章第 1.6 節を参照）の成果として理解できる。再設定された認識論の

課題とは，可能な意味と不可能な意味の区別を純粋に意味の水準における特徴によって区別するというものである。純粋文法的法則を意味の可能性についての理論として導入し，論理法則を可能な意味の条件と捉え直す，『論研』第四研究および第六研究第 8 章の議論は，こうした課題に導かれている。世界への関心という概念を用いた本来的・非本来的思考の特徴づけは，こうした課題の設定と齟齬をきたすように見える。だが，この概念を用いてわれわれが思考に設けた区別は，思考の内部における下位区分にすぎない（本章の第 1.2 節を参照）。そして，この概念を導入することそのものは，二種類の思考をその内容の形式的特徴から区別することによって正当化が与えられている。

このように，少なくとも主要な論点に関して，われわれは『論研』のフッサールの枠組みの外に出ずに本来的思考と非本来的思考に特徴づけを与えている。われわれは次節で，『論研』第六研究第 63 節に依拠した対抗解釈（第 6 章の第 2.1 節を参照）が持つ欠点を指摘し，この解釈の優位を示す。

7.2 本来的思考はなぜカテゴリー的直観ではないのか

7.2.1 議論の戦略

第六研究第 63 節の一節は，本来的思考とカテゴリー的直観とを同一視する対抗解釈に対してそれほど大きな根拠を与えるわけではない。このことをあらためて簡単に確認しよう（くわしくは第 6 章第 2.7 節を参照）。問題の同一視は，原文では接続法第二式で語られている。したがって，フッサールは本来的思考とカテゴリー的直観の同一性にコミットしているわけではない。少なくともこの箇所だけにもとづいては，フッサールに両者の同一視を帰属させることはできない。したがって，われわれに対立する解釈を正当化するためには，さらなる積極的な根拠をそれに与える必要がある。

われわれは本節で，まず，対立解釈が根拠としているように思われるフッサールの三つの見解を評価し，そのどれもが当該の解釈を正当化するための

積極的な根拠としては弱いことを示す。それらの見解のうち，ひとつは何らかの解釈の十分な証拠たりえるかがそもそも疑わしく，残りの二つにはわれわれの解釈を支持するものとも見なせるのである。

7.2.2 対抗解釈の可能な積極的根拠

第六研究第 63 節に依拠した対抗解釈は，それを採用する積極的な根拠として，第六研究第 8 章の冒頭における「直観の純粋形式論」への言及に依拠することができるかもしれない（cf. XIX/2, 711 [4:209]）。その場合，対抗解釈の支持者は以下のような反論をわれわれに差し向けることができるだろう。たしかに，第六研究第 63 節そのものからは，この同一視へのコミットを読み取ることができないかもしれない。だが，本来的・非本来的思考の区別がまさに導入される章の冒頭で，フッサールは直観に関する形式的な理論が成り立つと明言している。このことは，本来的思考の理論は（カテゴリー的）直観の理論であり，本来的思考とはまさにそうした直観に他ならないということを示唆するだろう。また，非本来的思考が「単なる表意（Signifikation）」の領分についての理論であることが述べられる第 63 節の一節は，この示唆をより強いものにしている（cf. XIX/2, 723 [4:221]）。この示唆にしたがって，言語を用いた思考（「単なる表意」）はすべて非本来的思考であり，カテゴリー的直観こそが本来的な思考なのであるというふうにフッサールを解釈しなければならない。

対抗解釈側からのこうした議論は，第 63 節の——本来的思考とカテゴリー的直観の同一性について語られる一節に先立つ——冒頭部分によってさらに強化されるようにも見える。

> [1] これまでの考察でわれわれが考えてきたカテゴリー的作用は，あらゆる表意的付加物から自由であり，[2] したがって認識・命名作用をまったく基づけずに遂行されるものであった。[3] 先入見を持たない分析家なら誰でも確実に，たとえば総体やさまざまな原始的事態を，それらを名辞的ないし命題的に表現しなくても直観できるということに同意するだろう。（XIX/2, 720 [4:218]）

この一節は以下のように解釈できる。[1] カテゴリー的直観をめぐる一連の議

7.2 本来的思考はなぜカテゴリー的直観ではないのか

論において，この直観は，対応する意味志向（「表意的付加物（das signifikative Beiwerk）」）をともなわないものとして扱われてきた。[2] またこの直観は，意味志向と共に，両者を綜合する認識作用（あるいは充実した名指し作用[7]）を基づけることができる。だが，対応する意味志向を欠いている以上，これまで考察してきたカテゴリー的直観は，こうした基づけとは無関係に遂行されたものである。[3] このことの証左として，カテゴリー的直観（総体や事態の直観）をそれに対応する言語を用いずに遂行できるという明白な事実を挙げることができる。意味志向とは，言語記号についての表象作用を必ず基盤として持ち，言語の使用を遂行の必要条件とするような作用であるのだから（第5章の第1.2節を参照），言語の使用なしで遂行されたカテゴリー的直観に意味志向が対応していることはありえない。以上の解釈——われわれはこの解釈それ自体には同意する——に基づいて，対抗解釈は次のようにわれわれに反論できるだろう。カテゴリー的直観は言語の遂行をともなわずに遂行可能であり，そうした遂行の条件こそ，本来的思考の法則として明らかにされるものに他ならない。

7.2.3 対抗解釈の根拠の無力化

対抗解釈によるこうした議論が依って立つ文献上の根拠は，次の三つである。

I. フッサールは「直観の純粋形式論」の可能性を認めている。

II. フッサールは非本来的思考を「単なる表意」として特徴づけている。

III. フッサールは言語使用をともなわないカテゴリー的直観が遂行可能であると考えている。

われわれの見解では，これらの文献上の根拠はどれも見かけほど強固なものではなく，それどころか対抗解釈の基盤としては脆弱である。三つの根拠のうちIは，たしかにフッサールが主張することではあるが，『論研』のより基

---

7) われわれはもっぱら判断の水準で議論を進めてきたためにこれまでこの区別を度外視していたが，第六研究の第1章で認識作用を綜合という独自の作用として導入する際に，フッサールは名指し作用（Nennen）を例にしている（cf. XIX/23, 544–81 [4:24–66]）。

本的で重要な見解と齟齬をきたす問題含みの根拠にしかならない。そして II と III は，われわれの解釈のなかに正当な仕方で位置づけ，われわれの解釈の論拠とみなしうる。これらの点が示されるならば，たとえわれわれの側に決定的な文献上の証拠がないとしても，対抗解釈をわざわざ信じる理由はない。すると，われわれの解釈が少なくとも暫定的に正しい解釈であるということになるだろう。われわれは以下で対抗解釈の三つの根拠を順番に検討する。

I. 「直観の純粋形式論」について。フッサールが「直観の純粋形式論」という言い方をする際に考えているように思われることは，いささか不可解である。フッサールによれば，「ここ〔＝直観の純粋形式論〕で支配的な法則性は，純粋文法的な法則性の直観における対応者を形成する」（XIX/2, 710 [4:208]）。直観の純粋形式論は純粋文法に対応するというこの主張を真剣に受け止めるならば，前者は，後者において「反意味的」と呼ばれるような内容の直観も許容しなければならない。つまり，S は p でありかつ p でないという形式の内容を持った直観（つまり，そうした形式の事態をわれわれにそれ自体で与える作用）も，この理論の法則にしたがって形成可能であることになる。つまり，本来的思考の理論を直観の純粋形式論と同一視するならば，後者が純粋文法の対応者であることを受け入れなければならないのである。すると対抗解釈は，本来的思考の理論は純粋文法と区別されるというフッサールの明示的な主張と両立しない解釈をしていることになる。こうした解釈を信じる積極的な理由はないのだから，直観の純粋形式論に関するフッサールの見解は，『論研』のより基本的で重要な見解と齟齬をきたすものであり，それを同書の解釈にとって重要な根拠とすることは戦略として疑わしいと言わざるをえない[8]。

II. 「単なる表意」について。対抗解釈にしたがうならば，「単なる表意」は充実を欠いた意味志向（フッサールはこれを「表意的」作用とも呼ぶ）全般と同一視される。たしかにフッサールは，「単なる（bloß）」という形容詞

---

[8] なおフッサールは，直観の純粋形式論に関する『論研』の見解とほぼ同じことを 1902/03 年講義でも述べているが，その箇所をその後 1906/07 年に削除する（cf. Mat III, 164–5）。削除の理由をフッサールは明らかにしていないが，直観の純粋形式論というアイディアが『論研』のその他の主張とのあいだに齟齬を作り出すということを踏まえれば，理解可能なものになる。そしてこのことはわれわれの解釈に一定の傍証を与えるといえるだろう。

7.2 本来的思考はなぜカテゴリー的直観ではないのか

を何らかの欠如を意味するものとして用いることを明言する（cf. XIX/1, 463 [3:247]）。だが，非本来的思考を「単なる表意」と言い直す際に，表意に欠如しているものを，それに対応する直観とみなさなければならない積極的な理由はどこにもない。というのも，フッサールは，定立を欠いた作用についても「単なる表象」という言い方をしているのである（cf. XIX/1, 444 [3:229]）。すると単なる表意としての非本来的思考は，定立をともなわない意味志向，つまり，世界についての関心の外で遂行された意味思考としても解釈できる[9]。この時点で，「単なる表意」という非本来的思考の規定は，対抗解釈とわれわれのどちらにとっても等しく証拠になることができ，したがって目下の解釈論争において有効に機能しないものになっている。

　だが，ここで終わりではない。単なる表意として規定された非本来的思考を直観を欠いた意味志向とみなすことは，それに続くフッサールの主張を明らかに間違ったものにしてしまうのである。フッサールはこの規定を非本来的思考に与えた上で，その領域においては純粋文法的法則にしたがうかぎりで「ありとあらゆるものが統一されうる」と述べている（cf. XIX/2, 723 [4:221]）。もし非本来的思考を直観を欠いた意味志向と考えるならば，充実されていない判断においてもこうした自由な意味の結合が許されていることになる。すると，たとえばSはpでありかつpでないという形式の判断を下すこともわれわれには許されているように思われる。だが，この判断を下すことは不合理な振る舞いであり，それを繰り返すものに対してわれわれは合理的な思考を帰属させない。したがって，判断作用に含まれるような定立的な意味志向に関しては，純粋文法的に許容される自由な結合のすべてが許されているわけではない。ここには何らかの制約が成り立っている。われわれは，世界についての関心の外に出て非定立的な思考をしないかぎり，反意味的な内容を持つ思考を持つことができないのである（本章の第 1.3–4 節を参照）。対抗解

---

　9) しかしわれわれの考えでは，第六研究第 8 章に登場する「単なる表意」およびそれに類する表現のすべてがこのようなみで解釈されるわけではない。たとえば，第 63 節においてカテゴリー的直観のアプリオリな表現可能性を主張する際に，フッサールは「単なる〔カテゴリー的〕直観」を「単なる表意」と対置する（cf. XIX/2, 720–1 [4:218–9]）。この際にフッサールが念頭に置いているのは，それぞれ意味志向を欠いたカテゴリー的直観とカテゴリー的直観を欠いた意味志向だろう。カテゴリー的直観の表現可能性については後述を参照。

釈にしたがえば，フッサールは非本来的な思考について，受け入れることが困難な主張をしていることになる。

III. 言語をともなわないカテゴリー的直観の遂行について。フッサールは第 63 節の冒頭で，カテゴリー的直観が言語の使用をともなわずに遂行されることを明言している。この点について，われわれは対抗解釈と見解を共有する。また，本来的思考の法則が認識論に属する以上，この法則はカテゴリー的直観の遂行条件について何かを述べている。認識とは判断の意味志向をカテゴリー的直観と綜合する作用のことなのだから，これも確かである。だが，対抗解釈のように，本来的思考の法則が〈言語使用をともなわないカテゴリー的直観〉の遂行の条件であるという解釈をここから導くことはできない。

カテゴリー的直観が認識の現象学のなかに持ち込まれた経緯を思い出そう。この拡大された直観の概念は，構文論的な構造を備えた意味志向を充実するものとして導入されたのであった。また，カテゴリー的直観の内容として例化される〈充実する意味〉についても同様のことがいえる。充実する意味は，言語表現の意味に即して対象を直観する仕方として理論に導入されていた（カテゴリー的直観については第 5 章の第 5.2 節を，充実する意味については同じ章の第 3.1 節をそれぞれ参照）。これらの点を真剣に受け止めるならば，カテゴリー的直観の遂行条件は，それによって充実される意味志向の側の条件を考慮しつつ定められるものでなければならない。別の言い方をすれば，本来的思考をカテゴリー的直観とみなし，認識論はそれが言語とは無関係に遂行される条件を直接扱っていると考える対抗解釈は，これらの点との不調和という犠牲を払ってのみ可能である。

さて，フッサールは，言語使用をともなわないカテゴリー的直観の遂行について語った後に，それにはアプリオリな表現可能性が成り立つと述べている。こうした主張が示唆するのは，カテゴリー的直観は，対応する表現を考慮しなければ特徴づけられないということである。実際，カテゴリー的直観のアプリオリな表現可能性の表明に続く一節から，われわれはこうした考えと，それにもとづいたフッサールの議論の戦略を読み取ることができる。

[1]〔カテゴリー的直観というクラス〕に属する作用形式について，可能な意味形式がそれに対応しないものはまったく存在しない。

7.2 本来的思考はなぜカテゴリー的直観ではないのか 221

[2] そして，あらゆる意味は相関する直観なしに遂行されたものとして考えることができる。[3] 論理的に適格な言語の理想とは，〈可能な素材と可能なカテゴリー的形式のすべてを一義的に表現することができる言語〉という理想である。[4] そのとき〔理想言語の〕語には何らかの一義的な表意的志向が属し，この表意的志向は「対応する」直観（もちろんこれは充実する直観のことである）が欠如している場合にさえも，体験されうる。[5] そのとき，可能な〈基本的で基づけられた直観〉のすべてには，それらの直観を（おそらく）表現する〈基本的で基づけられた意味〉の体系が並行している。(XIX/2, 721 [4:218])

この一節には，『論研』のそれまでの議論への暗黙の参照が含まれている。われわれは，この一節だけからは読み取れない箇所を亀甲括弧内に補いながら読んでいこう。

[1] 〔カテゴリー的直観はアプリオリに表現可能であるのだから〕どのようなカテゴリー的直観も，対応する表現の形式と同型の形式を備えている。

[2] あらゆる意味は，対応する直観を欠いた意味志向の内容になりうる。

[3] ところで，理想言語においては，内容（「素材」）と形式を備えたありとあらゆる意味に対して，一義的な表現を与えることができる。

[4] したがってこうした理想言語においては，一義的な意味志向を遂行するために，その表現が意味していることの直観に頼る必要が一切ない。〔その理由は以下の通りである。理想言語には発話の文脈に依存する表現が含まれないのだから，この言語の表現を理解して意味志向を遂行するためには，発話の文脈をもたらす直観がまったく必要ない[10]。

---

10) フッサールは第一研究第 28 節において，こうした理想言語の可能性が成り立つことを，「客観的理性の無限界性」として論じる（cf. XIX/1, 95 [2:100]）。ここで考えられているのは，文脈依存表現（「本質的に偶因的な表現」）を文脈に依存しない表現へと置き換える可能性のことである。この置き換え可能性については，Künne 1982, 53–7 が同様の問題に関するクワインの戦略（永久文への置き換え）と関連させながら詳しく論じている。

それに対して，有限の語彙しか持たないわれわれの自然言語にとって，文脈依存表現は本質的に欠かせない[11]。したがって，文脈依存表現を含む表現の理解にとって，それが発話された文脈において意味することを一義的に理解するためには，直観という助けが必要である[12]。〕

[5] すると，可能な基本的なカテゴリー的直観の全体には，可能な基本的な意味志向が体系的な仕方で対応している。〔どのようなカテゴリー的直観についても理想言語の語彙によって一義的な表現を与えることができるのだから，その表現の対応者として，可能な意味志向の総体を考えることができるのである。〕

こうした理想言語が本当に可能であるのかどうかについては，もちろん議論の余地がある。とりわけ，意味の実質的な内容のそれぞれを一義的に表現する言語が理想的には可能であるというフッサールの主張は，慎重な検討に付される必要があるだろう[13]。だが，意味の基本的な形式だけが問題になっているのだとしたら，フッサールが理想言語に課している要請は法外なものではない。論理学における形式的言語は，実際にそうした基本的形式を一義的に表現しているように思われる。

---

11) この点については，1898–1900 年に執筆されたと推定される草稿を参照のこと (cf. XX/2, 369–73)。

12) フッサールは第六研究の第 1 章で，文脈依存表現や固有名の一義的な理解への直観作用の寄与について論じている (cf. XIX/2, 550–8 [4:30–40])。ただし，こうした一義的理解によって遂行される意味志向は，それに寄与する直観作用から厳格に区別されている。文脈依存表現のケースについては Mulligan & Smith 1986 が，固有名のケースについては Benoist 2008a, 215–7 がより詳しく論じている。

13) フッサール自身は理想言語がどのようなものであるかについて何も述べていないため，こうした検討は合理的再構成という形を取らざるをえないだろう。その場合に有力な検討方法となるのは，デイヴィッド・ルイスが導入した理想言語を用いることだろう (cf. Lewis 1986, chap. 3.2)。スウィフトの『ガリヴァー旅行記』の挿話にちなんで「ラガード風の言語」と名付けられたこの言語は，「すべてのものはそれ自身の名前である」という原理にもとづいて集合論的に構成された，構文論的な特徴を持つ抽象的構造である。(なお，ルイス自身はこの言語を，可能世界を言語表現に還元しようとする「言語的代理主義」に詳しい定式化を与えた上で批判するために導入している。) この戦略にもとづいて内容と形式を持つ意味の最小単位をそれ自身の名前とみなし，さらに意味の複合に関する十全な原理を付け加えてやれば，フッサール的な理想言語を構成することができるだろう。(もちろん，これに意味の複合に関する十全な原理を本当に与えられるのか，そもそも数学的な構造を言語の一種とみなすことがフッサール的な立場から許容されるかどうかということは，それぞれ大きな問題である。)

7.2 本来的思考はなぜカテゴリー的直観ではないのか 223

すると，ここでフッサールが立てる課題も現実味を帯びてくる．内容を度外視して形式だけを問題にする観点からは，基本的なカテゴリー的直観として可能なものの全体は，それに正確に対応する基本的な意味志向の全体を突き止めることによって境界画定できる．そうした意味志向に形式的な表現を一義的に与えられるならば，それに対応するものとして，可能なカテゴリー的直観の基本形式が明らかになる——こうした戦略に則って探究を行うことは無謀な計画ではないだろう．というのも，それによって取り組まれる課題とは，まさにわれわれが客観的認識論の課題として第六研究の第4章から読み取った，可能な意味と不可能な意味とを形式的に区別するという問題に他ならないのである．したがって，フッサールが上の引用中で課題として立てているのは，〈カテゴリー的直観によって充実可能な基本的思考は，どのような形式的な条件において可能であるか〉を境界画定すること——この境界画定は，同時に基本的なカテゴリー的直観の可能性の境界画定でもある——として理解できる．

このように，本来的思考をカテゴリー的直観と同一視する対抗解釈は，意味志向とその充実（あるいは意味と充実する意味）の関係に関するフッサールの基本的な見解とのあいだに，齟齬をきたしてしまう．また，カテゴリー的直観が言語の使用をともなわずに遂行可能であるというフッサールの主張は，それが置かれた文脈をよく考慮するならば，本来的思考に関するわれわれの解釈に対して有利に働いている．対立解釈を信じる積極的な理由は，ここにもまったく存在しないのである．

まとめ．以上で見てきたように，本来的思考をカテゴリー的直観と同一視する対抗解釈に与えることができる三つの文献上の根拠は，実はどれも根拠としては脆弱である．Ⅰを対抗解釈の根拠にすると，フッサールが本来的思考の法則について明示的に主張していることとのあいだに矛盾が生じる．Ⅱは，対抗解釈のもとでのフッサールを信じがたい主張にコミットさせることになる．Ⅲは，フッサールが『論研』のその他の箇所でしたがっていた全体的な戦略と対抗解釈とのあいだに齟齬を生じさせる．また，ⅡとⅢに関しては，それらをわれわれの解釈の根拠として何の問題もなく用いることができる．

これらを踏まえるならば，われわれの解釈が少なくとも暫定的に正しいとみなすことには，十分な理由があるだろう．われわれは次に，この解釈にも

とづくとフッサールの客観的認識論的考察からどのような問題が生じるかについて論じる。

7.3 客観的認識論から帰結する三つの問題

　われわれはここまで，前章の成果を手掛かりにしつつ，そもそも「(非)本来的」であると呼ばれる思考とは何なのかを考察してきた。繰り返し確認しておけば，本来的思考とは，世界についての関心のなかに置くことができる思考のことであり，非本来的思考とは，世界についての関心の外側にしか存在しえない思考である。本節では，前章と本章のこれまでにおける成果，つまり客観的認識論に関するわれわれの成果の全体を踏まえ，そこから帰結する次の三つの問題について論じる。

(1) 経験的個別命題の問題

(2) 分析的認識の問題

(3) 認識論の形而上学的含意の問題

　これらの問題に対して，『論研』のフッサールは必ずしもきちんとした答えを与えているわけではない。それどころか，それらの問題のいくつかは，『論研』の哲学的枠組みを動揺させかねないものでさえある。本節では，これら三つの問題がどのようなものであるのかを明らかにし，(1) と (2) に関しては，後年のフッサールがそれらにどう対応したかをそれぞれごく簡単に確認する——この点を深追いすることは，『論研』期のフッサールを主題とする本書の課題を超える。だが，(3) に関しては事情が異なる。われわれがこれから示すように，『論研』の客観的認識論が形而上学的含意を持つならば，そうした含意は現象学の形而上学的中立性という要請と整合するのかということが当然問題になる。この問題に，われわれは続く章で取り組むことになる。したがって本章では，(3) については，その内実の明確化だけを行う。

7.3.1 経験的個別命題の問題

フッサールの客観的認識論に関するわれわれの成果は,『プロレゴメナ』で「無根拠」なものとみなされていたような経験的個別命題とは何かということを明らかにしてくれる。無根拠であるといわれる経験的な個別命題とは,帰納的な正当化の出発点に登場する命題のことだった（詳しくは第2章の第1.2節を参照）。われわれが前章で考察した純粋文法的法則を踏まえるならば,無根拠な経験的個別命題を,帰納的な正当化の出発点をなす単純な命題としてさらに詳しく特徴づけることができる。

次の純粋文法的法則

(PG-4) ある記号列 S が有意味な複合文であるのは, S が（PG-2）にしたがって作られた文から（PG-3）やそれに類するその他の規則にしたがって作られた記号列であるときであり,そのときにかぎられる。

に示されているように,文が意味として持つ命題は,ときに複数の命題から合成されたものである[14]。こうした複合的命題のうち,連言的であるものについては,それが反意味的でない場合には,問題の根拠づけ関係が成り立っている。

たとえば,P&Q という形式の命題について考えよう。この命題は P という形式の命題と Q という形式の命題から構成されている。ところで,P と Q という二つの前提から P&Q を導くことは,論理的に妥当な推論である。フッサールの立場にしたがえば,こうした推論の妥当性の基盤として,P という形式の命題と Q という形式の命題の組と,P&Q という形式の命題のあいだに根拠づけ関係が成り立っていなければならない。こうした事情は,P&¬P という形式の命題のように,全体として矛盾した（つまり反意味的な）命題を生み出さないかぎり,連言によって複合された命題について一般的に成り立つ。命題の複合（Complexion of Propositions）に関するこの原理は次のように定式化できるだろう。

---

14) （PG-4）およびそのなかで言及されている法則（PG-2）・（PG-3）については,第6章の第2.3節を参照のこと。

(CP) 反意味的でない任意の連言的複合命題 $P_1 \& ... \& P_n$ と，その構成要素となる命題の組 $P_1, ..., P_n$ について，$P_1,...,P_n$ は $P_1 \& ... \& P_n$ を根拠づけている。

さて，われわれの帰納的推論の出発点になる思考は，複合的な命題を内容として持つことがある。たとえば，観察された黒い車 $c_1 \cdot c_2 \cdots c_{100}$ がすべて熱をこもらせやすいことを前提にして，黒い車はどれも熱をこもらせやすいという帰結を引き出す帰納的推論が（ある程度）正しいとしよう。このとき，帰納的推論の前提に登場する経験的な個別命題は，どれも連言的な複合命題である。フッサールの基準にしたがうならば，それらの命題は，個別の車 $c_1 \cdots c_{100}$ についての，「 x は黒い & x は熱をこもらせやすい」という形式の命題なのである[15]。(CP) より，それらの経験的個別命題は，構成要素となる命題の組によって根拠づけられている。したがって，一般的命題を帰納的に根拠づける側にある経験的個別命題は，必ずしも無根拠であるわけではない。無根拠であるのは，そうした命題のうちの複合されていないような命題，つまり単純な命題に限られる。

では，単純な経験的個別命題とはどのようなものだろうか。こうした疑問に対して『論研』のフッサールは具体的な回答を与えていない。だが，これに回答を与えないままにしておくことは，経験的認識に関するフッサールの立場を不十分なものにしてしまう。なぜなら，カテゴリー的直観の理論を本質的に必要とするのは，無根拠な経験的命題の真理を把握するような認識の現象学だからだ。われわれの経験的認識は，世界についての直接的認識と間接的認識のいずれかである。間接的な経験的認識とは，フッサールの用語で言い直すならば，ある経験的真理をそれ以外の経験的真理によって（演繹的ないし帰納的に）根拠づけられたものとして把握することだ。経験的真理を把握するためにわれわれが遡る根拠づけ関係は，原理的にはどこまでも続くわけではない。われわれはこうした遡行のどこかで，単純な経験的個別命題という終点に辿り着くことができなければならない。というのも，経験的真理

---

15) フッサールは，b であるような A という形式を持つ複合的な名辞を，A は b という命題が変様 (Modifikation)（「名辞化 (Nominarisierung)」）されたものとして考えている (cf. XIX/1, 484–90 [3:268–72])。

がレアル（時空的で因果的な）世界についてのものであるならば，それは最終的には（カテゴリー的）直観にもとづく仕方で確証されなければならないのである。たしかに，命題のあいだの（演繹的ないし帰納的）根拠づけ関係の成立は，われわれが獲得する経験的真理の大半の可能性の条件であり，したがってわれわれの間接的な経験的認識にとっても，その可能性の条件をなす。われわれが経験的認識を通じて真であると知る命題は，その大半が，複合的な命題であるか，推論の結果得られた命題のいずれかである。そのかぎりで，われわれの経験的認識の大半は間接的な認識として分析されなければならない。だが根拠づけ関係の成立は，間接的な経験的認識が可能になるための必要条件でしかない。間接的な経験的認識が可能であるのは，関連する根拠づけの連鎖の始点にある単純な経験的命題が，真であるものとして（原理的に）認識可能であるときにかぎられるのである。単純な経験的命題の真理の認識は，（それ自身以外の）何によっても根拠づけられていない命題の真理の把握である以上，その命題を内容として持つ意味志向がカテゴリー的直観によって充実されないかぎり成り立ちえない。

　こうしてフッサールは二つの課題に直面する。第一に，フッサールは意味の複合に関する理論（つまり純粋文法）を拡充し，単純な命題と複合的な命題の関係についての十全的で体系的な法則を明らかにしなければならない。「黒い車 c_1 は熱をこもらせやすい」のような，表面上は「S は p である」という形式を持つような文のどれについても，それを複合的な命題の表現として分析できる理論が必要とされている。第二に，単純な経験的命題とは何かということが明らかにされなければならない。間接的な経験的認識は，単純な経験的命題の真理の把握，つまり直接的な経験的認識への（原理的な）遡行可能性によって可能になっているのであった。そうした命題がどのようなものであるのかについてきちんとした説明が与えられないかぎり，フッサールの理論は不十分なものに留まらざるを得ない。これら二つの課題が（われわれの解釈した）『論研』の客観的認識論がその帰結として要請するものである一方で，われわれが見るかぎりでは，これらの課題への取り組みや，そもそもそうした課題が存在するという見解を，『論研』から直接的に読み取ることは難しい。したがって，これら二つの課題は，『論研』から帰結するが，少なくと

も同書のフッサールが自覚していなかった問題とみなされるべきだろう[16]。

　これら二つの課題に，フッサールは1929年の『形式的論理学と超越論的論理学』で取り組んでいる。本書の趣旨から逸脱しない範囲でごく簡単に確認しよう。『形式的論理学と超越論的論理学』におけるこれらの課題についての議論の根底にあるのは，「あらゆる意味形成体に関して，それにとって本質的な意味の歴史を問うことができる」という発想だ（cf. XVII, 215）。第一の課題についていえば，同書のフッサールは，複合的な命題と単純な命題の関係についての理論を，表現の意味の形成史を分析するものとして立てている（cf. XVII, 299–313）[17]。第二の課題も，命題の形成史（「意味の歴史」）を問うという発想に導かれている。『形式的論理学と超越論的論理学』のフッサールは，単純な命題を，命題的な構造を持たない（非述定的な）経験から直接生じた述定判断の形成体として特徴づけ，こうした判断の「発生」についての理論を通じて，単純な命題とは何かを明らかにしようとするのである[18]。

　こうした後期の展開をより詳しく論じることは，『論研』期のフッサールを

　16）ここまでの議論からも予感されるかもしれないが，これら二つの課題には，ウィトゲンシュタインが『論考』で取り組んだ問題との内容上の関連が見られる。フッサールの第一の課題は，ウィトゲンシュタインにおいては，複合的な命題を要素命題から真理関数的に構成されたものとみなすという考え——「命題は要素命題の真理関数である」（Wittgenstein 1922/33, 5）——によって応えられるものである。（ただし，命題はシンボルからなり（cf. 3.31），シンボルは記号をその知覚可能な側面として持つため（cf. 3.32），『論考』で登場する「命題（Sätze）」は，フッサール的ないみでの命題ではなく，解釈を与えられた文，つまり表現の一種と解するのが妥当だろう。）また第二の課題は，要素命題——および，要素命題において結合されているシンボルのそれぞれが写像している単純な対象——とは何かという，『論考』の解釈史において論争を呼んできた問題へと通じている。

　17）こうした発想は，言語の意味を（意味志向のスペチエスではなく）言語使用の産物（「形成体（Gebilde）」）とみなすことによって可能になっている（cf. XVII, 43–5）。

　18）「〔…〕この〔判断の〕発生というわれわれの観点のもとでは，それ自体で第一の判断論とは明証的な判断の理論であり，明証的な判断の理論において（したがって判断論一般において）それ自体で第一のものとは，述定的な明証を体験という非述定的な明証へと発生的に送り返すことである」（XVII, 217）。こうした発想が可能になったのは，後期フッサールにおいては，非述定的体験にもある種の構文論的な特徴が認められていることによる。「〔…〕すでに〔非述定的な明証的経験〕からして構文論的に働くという様式を持つが，しかしこの様式は，述定的判断と言表との意味を特徴づけるすべての概念的・文法的な形成からなお自由である」（XVII, 220）。こうした事情から，『形式的論理学と超越論的論理学』では非述定的体験には「前述定的（vorprädikativ）」という形容も与えられている（cf. XVII, 229）。前述定的体験と述定的な判断の関係については，『形式的論理学と超越論的論理学』の附論IIにおいて理論的枠組みが概略的に素描され（cf. XVII, 314–26），ラントグレーベの編集によってフッサールの没後に公刊された『経験と判断』（1939年）の第一部でより詳細に論じられている（cf. Husserl 1939）。

主題とした本書の課題を大きく超える。われわれにとって重要なのは、『論研』第 8 章における客観的認識論がもたらす問題が、それから 30 年近い年月を経て公刊された『形式的論理学と超越論的論理学』においても、フッサールにとって取り組まれるべきものであり続けるという事実だ。われわれはここで、第六研究第二版への序文 (1920 年) を、『論研』初版と『形式的論理学と超越論的論理学』を繋ぐものとして挙げることができる。この序文において、本来的思考と非本来的思考の法則に取り組んだ第六研究第 8 章が「理性の理論における心理主義の最初の徹底的な克服」 (XIX/2, 534 [4:5]) と特徴づけられていること、そして、『形式的論理学と超越論的論理学』の副題が「論理的理性批判の試み」であることは、『論研』期と後期におけるフッサールの問題意識の――しばしば主張される断絶ではなく――連続性を示唆しているように思われる。このことは、『論研』を超越論的観念論的現象学の前史として読むという方針に立つ本書にとって、重要な成果のひとつである。

7.3.2 分析的認識の問題

次に、客観的認識論についてのわれわれの解釈から帰結するものとして、分析的な真理の把握 (「分析的認識」) の問題を取り上げよう。フッサールは分析性を形式的であることから特徴づける (cf. XIX/1, 255–8 [3:38–41])[19]。これにしたがえば、ある命題が分析的に真であることとは、それが持つ形式的特徴と論理法則によって真であることに等しい。たとえば、「この本が優れているならばこの本は優れている」という文が意味する命題は、それが持つ P ならば P という形式と同一律によって分析的に真である。

この問題は、世界についての関心の外にしかありえない思考としての非本来的思考という特徴づけと関連する。非本来的思考、つまり形式的に反意味的な (論理的に矛盾した) 命題を内容とした思考は、世界についての関心が成り立っていないところにのみ登場する。論理法則に違反している以上、形式的に反意味的な命題は、世界のあり方がどのようなものであろうとも、そ

---

[19] この定義によれば、独身者は結婚していないという命題は分析的ではなく、綜合的である。なお、分析性についてのフッサールの見解は、ボルツァーノの深い影響下にある。この点についてはテクスターが詳しく論じている (cf. Textor 2000)。

れとは無関係に偽である。そうした命題を内容として世界について何事かを考えることは，不合理な振る舞いであり，正確にいえばそもそも思考ではない（本章の第1.3節を参照）。

このことからも明らかなように，論理法則が成り立つことは，世界のあり方とは一切関係ない。もし論理法則が世界のあり方と何らかの関係にあるならば，それが成り立っているかどうかをわれわれは世界を調べることによってしか知ることができない。だが，まさしくこうした考えこそ論理的心理主義を根底において導くものである。この立場が維持困難であることを，われわれはフッサールに即して確認した（第2章を参照）。論理法則は——規範的な観点からは——世界についての思考に権利上先行する可能性の条件なのだから，世界についての思考のなかで確証されるものではありえない。「事実について何かを意味する（meinen）ことのない法則は，いかなる事実によっても確証も反証もされえないのである」（XIX/2, 728 [4:226]）。

ここから，分析的認識も世界のあり方とは無関係であるということが帰結する。論理法則が世界のあり方と何の関係もないならば，それが持つ形式的特徴と論理法則によって真であるような分析的真理もまた，世界とはまったく無関係に真である。ある分析的真理を把握するために，われわれが世界について関心を持つ必要はなく，したがって，当該の分析的命題を内容とした意味志向を直観と適合させようとする必要もない（〈意味志向の直観への適合の試み〉と〈世界についての関心〉の関係については，本章の第1.2節を参照のこと）。

それどころか，直観との適合の試みは分析的認識に何の寄与もしないのだから，分析的認識は世界のあり方についての関心のなかでは達成できない。分析的真理は世界と無関係に真であり，その把握のために知覚や想像を働かせることは何の役にも立たないのである[20]。したがって，分析的認識が目指されている文脈において，それに関連するものとして登場するわれわれの思

---

20) より正確にいえば，〈当該の分析的命題に対応するもの〉を知覚や想像によって捉えようとすることは，分析的認識の達成にとって何の役にも立たない。われわれは分析的命題を文の意味として把握するのだから，こうした文を構成する知覚ないし想像作用（「語音表象」）の遂行は，分析的認識の達成の必要条件である（詳しくは第5章の第1節を参照）。このいみでは，直観を基礎に持たない認識というものはありえない。

7.3 客観的認識論から帰結する三つの問題　　　　　　　　　　231

考は，世界についての関心のなかに置かれえない[21]。そうした思考を世界についての関心のなかに置くことは，論理法則に反した何かが世界のなかにあるかもしれないと想定することと同じである。だが，論理法則に反した矛盾，フッサールの言葉でいえば反意味的なものは世界のなかに存在しないし，そもそも存在することができないのだから，こうした想定は不合理だ。「世界の進行，つまり世界それ自体のレアルな連関が思考の形式に反さないだろうかと疑うことは，反意味的〔＝不合理〕なのである」(XIX/1, 729 [4:227])。

　分析的認識にとって直観との適合が不要であるという客観的認識論からの帰結は，『論研』のある重要な見解との無視できない齟齬を生み出すように見える。その見解とは，ある判断の意味志向が・そ・れ・と・は・異・な・る直観との統一によって充実されるとき，そしてそのときにだけ認識が成り立つという基本的な図式に関わるものだ。『論研』には分析的認識に関する完全にまとまった叙述は見られないのだが，・も・しいま述べた基本的図式が分析的認識の現象学にも適用されるのだとすれば，以下のような現象学的分析が得られるだろう。

- 分析的真理にとって重要になる命題の形式は，個別の命題に例化された普遍者（スペチエス）である（cf. Bernet 2004, 41）。

- すると，分析的認識は命題の形式を把握することによって達成されるのだから，分析的認識において充実する直観の役割を果たすのは，普遍者のカテゴリー的直観である。

- 一般的に言って，普遍者のカテゴリー的直観とは，それが知覚であるか想像であるかどうかを問わないような仕方で端的な直観から形成されたものである（cf. XIX/2, 690–3 [4:187–90]）。とはいえ，普遍者のカテゴリー的直観が実質的な内容を備えている場合，それを基づける端的直観（知覚と想像のどちらでもいい）は，当該の内容と関連している必要

21）　もちろん，こうした文脈においてわれわれは世界についての関心から全面的に脱している必要はない。ある命題が分析的に真であるかどうかを知りたいときに，われわれは，分からなくなったら本棚にある論理学の教科書を調べようということを念頭に置きつつ，昼食の時間を気にしながら，その命題を調べることもできる。ここで問題になっているのは，後のフッサールが現象学的判断中止（「エポケー」）ということで念頭に置いていたような，世界についての関心からの全面的な脱却とはさしあたり区別される。

がある。たとえば，赤さのスペチエスのカテゴリー的直観が遂行されている場合，それを基づける端的な直観は，個別の赤いものの直観でなければならない。

- しかし，何かが形式的であることとは，その実質的な内容が完全に任意であることに等しいのだから（cf. XIX/1, 258 [3:47]），命題の形式の直観は，完全に任意の端的な直観に基づけられている。

- したがって，分析的認識は，分析的命題を内容とした意味志向が命題の形式のカテゴリー的直観によって充実されることによって成り立つ。

こうした分析は現象学的に疑わしい。この分析にしたがえば，あるリンゴが赤いならばそのリンゴは赤いという命題が分析的に真であることを認識するとき，われわれはその命題の形式のカテゴリー的直観を遂行している。ただし，このカテゴリー的直観の基礎になる端的な直観は，赤いリンゴの知覚や想像である必要はなく，黄色いバナナや四角い携帯電話や乾いたタオルの知覚・想像など，とにかく端的な直観であれば何でもいいことになる。これが分析的認識の現象学的分析として適格であるようには到底思えない。

具体的に考えよう。

> この本が優れていないわけではないわけではないわけではないわけではないわけではないならば，この本は優れていないわけではないわけではないわけではない。

という文が意味する命題が分析的に真であり，

> この本は優れていないわけではないわけではないわけではないわけではないわけではないわけではないならば，この本は優れている。

という文が意味する命題が分析的に偽であることを把握するとき（われわれはここでも二重否定の除去規則が正しいことを前提する），われわれが行っているのは，それぞれの文に登場する否定表現の数を数え，それらの形式的な意味をはっきりさせることだろう。このことが強く示唆するのは，分析的認識，あるいは分析的判断の明証にとって重要なのは，意味の明晰化であると

7.3 客観的認識論から帰結する三つの問題　233

いうことだ。分析的な明証には，判断の意味志向と対置され，それとは区別する直観が入り込む余地はない。ここで「否定記号の数を数えることこそが，意味志向をそうした直観と適合させることなのだ」と述べるのは，あまりにもアドホックな解決だろう。それは，さきほど述べた基本的図式を守るための主張でしかない。われわれはむしろ，認識に関する基本的図式と分析的認識の実際の現象学的分析との不一致をここに見て取ることを求められている。

こうして明らかになるのは，認識ないし明証的な判断に関して『論研』のフッサールが与えた特徴づけのどれもが一般的なものであるわけではないということである。われわれが判断作用の明証性を〈判断と対置される直観によって充実されていること〉と同一視してしまうと，理論的枠組みとそのあるべき実践とのあいだに不一致が生じてしまうのである。

実際フッサールは1908年の『意味の理論』講義で，意味の明晰化による明証という観点からこの問題に取り組むことになる。そこでの主張にしたがえば，分析的認識における明証は知覚や想像に基礎を持たず，もっぱら意味作用（つまり意味志向）の判明な遂行によってもたらされるのである（cf. XXVI, 131–3）。この講義のフッサールはさらに，カテゴリー的な構造が判明であるような仕方で意味作用を遂行することにも，「ある種の直観（Intuition）という性格」を認める（cf. XXVI, 133）。分析的認識が知覚ないし想像といういみでの直観にもとづくことがすでに否定されているのだから，フッサールはここで『論研』において扱ってきたのとは異なるタイプの直観を認めていることになる。こうしてフッサールは，直観が判断を充実することで認識が成り立つという『論研』の基本構図を，直観に関する同書の見解を修正することで守るのである。

以上のような考察は『形式的論理学と超越論的論理学』における判明性としての明証をめぐる議論に引き継がれる。ただし，そこで1908年の見解のすべてが保持されているかには議論の余地がある。フッサールは同書の第16節aにおいて，判明に遂行された判断作用だけが判断（Urteil）（『論研』の用語法では命題）を明証的に与えると述べる（cf. XVII, 61–5）。分析的認識は命題の構造を判明にすることで達成されるものなのだから，そうした認識の明証を，ここで述べられている判明性（Deutlichkeit）としての明証の一種とみなすことができるだろう。しかしその一方で，同書のフッサールは，判断

作用の判明性としての明証を，判断作用の明晰性（Klarheit）としての明証，つまり判断作用が関係する事態そのものが与えられる明証から区別し，一貫して後者にのみ「直観（的）」という言葉を用いる（cf. XVII, 62, 64, 66, 74）。この事実を厳格に捉え，『形式的論理学と超越論的論理学』がフッサール自身の責任のもとで公刊された著作であることを踏まえるならば，1908年における直観概念の拡大は一時的な発想に過ぎなかったと述べなければならないだろう。

　ここで『論研』以降のフッサールの解釈問題に少しだけ立ち入れば，こうした帰結は，必ず受け入れなければいけないものではないように思われる。たしかに『形式的論理学と超越論的論理学』では，「直観（的）」がもっぱら『論研』と同様のいみで用いられている。しかしこのことは，後期のフッサールが1908年に拡張された直観概念を保持し，より広いいみでは判明性としての明証も直観的な経験とみなしていたという主張と両立する。フッサールが明証的な経験を「視ること（Sehen/Schauen）」と特徴づけていたことを考慮するならば（cf. 田口 2010, 57–69），いま述べたような解釈は単に整合的であるばかりか，望ましいものでさえないだろうか。

　後期フッサールにおける分析的認識をめぐる問題に決着をつけることは，本書の目的ではない。われわれにとって重要なのは，ここでもまた，『論研』の客観的認識論から帰結する問題が後期に至るまでフッサールの考察の対象でありつづけたという点である。このことは，『論研』を超越論的現象学の前史として読むという方針に立つ本書にとって重要な成果である。

7.3.3　客観的認識論の形而上学的含意の問題

　『論研』の客観的認識論の課題は，可能な命題と不可能な命題を形式的な観点から区別することだった。命題の可能性と不可能性，あるいはより一般的にいって，意味の可能性と不可能性は，〈当該の意味を内容として持つ思考〉の対象が統一的なものとして存在する可能性と不可能性にそれぞれ関連する。すると，客観的認識論が成果として挙げる本来的思考の法則は，本来的思考の対象の法則としても妥当することになる。

　実際，フッサールは第六研究で次のように述べる。

> カテゴリー的直観一般の可能性のイデア的条件は，カテゴリー的
> 直観の対象の可能性の条件であり，また，端的なカテゴリー的対
> 象の可能性の条件である。(XIX/2, 718–19 [4:216]，第二版にし
> たがって一部を修正[22])

カテゴリー的直観の可能性の条件は本来的思考の可能性の条件と一致するのだから，ここで考えられているのが客観的認識論によって解明される本来的思考の法則であることは確かである。フッサールの客観的認識論は，どのような（カテゴリー的）対象が存在しうるかについての一般的な条件を明らかにする。この条件はあくまでも可能性，それも純粋に形式的な可能性に関わるのだから，この世界に現実に何が存在するのかという問題——これこそがフッサールが形而上学に託した課題だった——に確定的な回答を与えるわけではない。とはいえ，現実に存在するものはすべて存在可能なものの一例であり，存在不可能なものはとうぜん現実に存在しないのだから，認識の対象として何が存在しうるかの形式的な条件は，現実に存在するあらゆるものがしたがっていなければならない条件でもある。そのかぎりで，客観的認識論には一定の形而上学的含意が認められるのである。こうした事情ゆえに，『論研』期のフッサールにとって「論理学と認識論は〔…〕形式的な形而上学なのである」(Mat V, 29)。

　ここで問題がひとつ浮上する。客観的認識論に形而上学的含意を認めることは，同書の現象学に課せられた形而上学的中立性という要請と両立するのだろうか。たしかに客観的認識論と認識の現象学は区別されるのだから（第3章第3節および第4章第2節を参照），前者に形而上学的含意があることは後者の形而上学的中立性とただちに衝突するわけではない。だが認識の現象学には，客観的認識論に解明を与えるという役割が与えられている。すると，客観的認識論が持つ形而上学的含意に対して認識の現象学が本当に無関係でいられるかどうかということは，少なくとも自明ではないだろう。この問題

---

22) この箇所は，第一版では「カテゴリー的直観の対象一般の可能性のイデア的条件は，カテゴリー的直観の対象の可能性の条件であり，また，端的なカテゴリー的対象の可能性の条件である」となっている。だが，強調された部分をそのままにすると，ここでの主張はトリヴィアルなものになってしまう。したがってわれわれは，この部分を単なる誤植とみなし，第二版にもとづいて読む。

に決着をつけるためには，これまでの成果を踏まえ，『論研』の現象学がどのようなものであるのかについてより包括的に考察する必要がある。これが次章の課題である。

7.4　本章のまとめ

われわれは本章の前半で，本来的思考を〈世界についての関心のなかに置くことができる思考〉として，非本来的思考を〈世界についての関心のなかに置くことができない思考〉としてそれぞれ解釈した。この解釈は『論研』に直接的な文献的証拠を持たないが，少なくとも同書におけるフッサールの基本的な枠組みと整合する。また，われわれと対抗する解釈――それにしたがえば，本来的思考はカテゴリー的直観であり，非本来的思考はカテゴリー的直観によって充実されていない判断や思考であることになる――に対しては，その文献上の根拠が実際には脆弱であることが示された。これらの手続きによって，本来的・非本来的思考に関する本書の解釈には暫定的な正当化が与えられたことになる。

こうした成果を踏まえ，本章の後半では，『論研』の客観的認識論から帰結する三つの問題が指摘された。それらのうち，経験的個別命題と分析的認識の問題については，『論研』以降のフッサールが（とりわけ 1929 年の『形式的論理学と超越論的論理学』において）それらに引き続き取り組むことが示された。このことは，『論研』を超越論的現象学の前史として読むわれわれの大きな解釈方針にとって特筆すべき成果である。われわれは次章で，客観的認識論の形而上学的含意という第三の問題に対するフッサールの対応を詳しく検討する。

第 8 章

形而上学的中立性の問題
―― 『論研』から「エルゼンハンス書評」へ ――

　本章の目的は，現象学の形而上学的中立性という要請が客観的認識論の形而上学的含意と整合するのかについて，『論研』およびその後の 1903 年に公刊された「エルゼンハンス書評」を手掛かりに考察することにある。われわれの考えでは，現象学の形而上学的中立性と客観的認識論の形而上学的含意は，原理的には両立させることができる。ただしこの両立のためには，『論研』で明示的に述べられるフッサールの主張のいくつかが取り下げられなければならない。だが，それらはすべて『論研』期のフッサールが強くコミットする主張であるため，同書は結局のところ不整合に陥っていると結論しなければならないのである。

　なお，念のため述べておけば，こうした不整合が見いだされることは，『論研』の統一性を損ねないどころか，それを強く示唆するものである。『論研』が雑多な寄せ集めであったとすれば，個別の主張や帰結をひとまとめにすることは，そもそものはじめから必要ない。体系的な哲学的プログラムという観点のもとで書かれているからこそ，真理・存在・意識という観点から同書を読むわれわれの作業によって不整合が明らかになるのであり，また，フッサール自身もこの大著を不十分なものとみなしたのである。さらには，『論研』公刊以降のフッサールの講義や草稿は，大局的な観点からは，まさに同書の不整合からどうやって脱するかという問題に取り組んだものとして理解することが可能である。こうした事実――これについては，本書では結論においてごく簡単に触れることしかできないのだが――もまた，われわれの解釈の正しさを強く示唆することになるだろう。

本章の構成は以下の通りである。

第1節 形而上学的に中立的な現象学がどのようなものであるのかについて，ブレンターノからの影響と，それにもとづいた具体的な現象学的分析の検討を通じてあらためて論じる。

第2節 『論研』公刊後における展開を踏まえ，現象学の形而上学的中立性が徹底化されることでフッサールが至る見解を明らかにする。その見解とは，現象学にとって，それが分析する体験が心的なものであるかどうかはどうでもいいというものである。

第3節 現象学の形而上学的中立性という要請と，客観的認識論の形而上学的含意がどのように関係するのかを明らかにする。また，両者を整合させる方法として可能なものを検討し，フッサールがそのどれをも取れなかったことを示すことで，『論研』が内部に不整合を抱えた著作であることが論じられる。

8.1 形而上学的に中立的な現象学

8.1.1 ブレンターノの「魂なき心理学」からの影響

われわれはまず，フッサールが『論研』の現象学に課していた形而上学的中立性がどのようなものであったのかを，あらためて確認しよう（詳しくは本書の第1章第3.2節および第2章第3節を参照）。この要請は，『経験的立場からの心理学』の頃のブレンターノが標榜していた「魂なき心理学」からの深い影響下にある。ブレンターノの見解はおよそ以下のようなものだった。心的現象の構造を記述し，そうした構造に関する一般的な法則を発見する記述的心理学は，それらの現象を属性ないし性質として担う実体（ブレンターノによれば魂）が現に存在するかどうかという問題とは関係ない。心的現象の構造に関する心理学的な法則は，それらの現象が現に魂の属性であるかと

いう問題に関して中立的なのである。こうした事情は，経験科学としての自然科学が物的現象の振る舞いを説明するために立てる法則が，物的現象の原因として物体が存在するかどうかという問題に関して中立的であることと並行的だ。魂や物体が本当に存在するのかという問題は，心理学や経験科学の問題ではなく，形而上学によって探究されるべきものである。

　『論研』期のフッサールもまた，形而上学の問題を経験科学の限界を超えたものと考え，形而上学的に中立的であることを現象学——これは記述的心理学と同一視されていた——に要求している。現象学による概念の解明という基本的発想と同じく，ブレンターノからの強大な影響はここにも明白に見られる。だが，フッサールはブレンターノの見解をまったくそのまま踏襲するわけではない。フッサールはブレンターノが暗黙のうちに認める形而上学的前提を指摘し，それを解消した上で，現象学の形而上学的中立性を徹底しようとする。

8.1.2　フッサールのブレンターノ批判

　現象学の形而上学的中立性に関する『論研』のもっとも重要な箇所をもう一度引こう（この一節の詳しい注釈については，本書の第4章第3節を参照）。

> われわれ固有の自我とは区別される「心的」・「物的」なレアリテートを想定する権利についての問い，また，このレアリテートの本質とは何か，このレアリテートはどのような法則にしたがうのか，物理学者が関わる原子や分子はそれに属するのかどうか，等々の問いは，認識論〔＝認識の現象学〕から徹頭徹尾区別されている。「外界」の存在と本性に関わる問いは，形而上学的な問いである。（XIX/1, 25–6 [2:27]）

フッサールはここで，現象学が記述する体験のなかに見いだされないありとあらゆるものを「外界」に属するとみなす。「外界」に何がどのように存在するかという問題（「『外界』の存在と本性に関わる問い」）は，形而上学の問題であり，現象学とは関係ないというのである。ここまでは，フッサールはブレンターノと考えを共有する。だが，(i) 現象学＝記述的心理学が記述する体験を超えた「外界」に何が属するのかという点，また，それと関連して，(ii)

そもそも現象学的に記述されるべき体験（ないし意識）とはどのようなものかという点に関して，フッサールはブレンターノと袂を分かつ。

　(i) 心理学の対象である心的現象を規定する際に，魂についての学としての心理学という伝統的な定義に訴えることはブレンターノには許されていない。心的現象を魂の担う性質とみなすことは，魂なき心理学という基本的な路線と明らかに矛盾するからだ。ブレンターノは，心的実体としての魂を持ち出さずに，形而上学的に中立的な仕方で心的現象を定義しなければならない。こうした問題を，ブレンターノは心的現象と物的現象の区別として定式化し，心的現象だけが持つ性格に六つの規定を与える。目下の文脈において重要なのは，そのうちブレンターノがもっとも重要視したもの，つまり，心的現象は志向的対象を自らのうちに含むという規定だ[1]。

> この志向的内在は，もっぱら心的現象に特有のものである。いかなる物的現象もそれに似たものを示さない。したがってわれわれは，・心・的・現・象・と・は・対・象・を・志・向・的・に・自・ら・の・う・ち・に・含・む・現・象・で・あ・ると述べることで，それを定義することができる。(Brentano 1874/1924, 125，強調引用者)

さて，フッサールの考えでは，志向性によって心的現象を境界画定するブレンターノの定義は不適格である。先の引用からも見てとれるように，ブレンターノは心的現象（作用）の志向性を，それが対象（志向的対象）を自らのうちに含んでいることとして特徴づける。それに対してフッサールは，志向的対象はそれに向かう作用に部分として含まれないとみなし，志向的対象を現象学の記述範囲から除外した (cf. XIX/1, 386–7 [3:170–1])。志向的対象は，フッサールが『論研』第2巻への序論において述べたいみでの「外界」に属するのである。もちろん，フッサール自身が例に挙げる〈ジュピター神に

---

　1) 『論研』第五研究第 10 節で明言されるように (cf. XIX/1, 383–4 [3:167])，フッサールが特に集中して論じる心的現象の規定は，志向性を別とすれば，心的現象は表象であるか，あるいは表象を基盤としているという規定である (cf. Brentano 1874/1924, 112)。フッサールは第五研究の第 3 章の全体を，表象の根本性という規定の批判的検討に割いている。そこでの議論はそれ自体では重要なものであるが，本書では比較的周縁的な話題に属するため，それにはこれ以上立ち入らない。表象の根本性をめぐるフッサールのブレンターノ批判については，秋葉 2008 が詳しく論じている。

8.1 形而上学的に中立的な現象学

ついての表象〉の場合のように、作用の志向的対象は場合によっては存在しない。しかしそのように述べることは、すでに「外界」に何が存在しないのかについての形而上学的な主張である。形而上学的に中立的な現象学にとって、作用の志向的対象が実際に存在するかどうかということはどうでもいい。ある作用の志向的対象への関係、つまり志向性は、現象学的な観点からは、その作用が何らかの意味を内容として持つことと同じであって、それ以上でもそれ以下でもない (cf. XIX/1, 427 [3:211–2])。

(ii) 感覚が志向的でないことを論証する際にも、志向的対象に関するフッサールの考えはその背後で働いている。

> いわゆる内在的内容がむしろ単に志向的（志向された）内容にすぎないとすれば、他方における、志向的体験の実的な成素に属する真のいみで内在的な内容は志向的ではない。真のいみで内在的な内容は作用の一部をなし、必要不可欠な拠り所として志向を可能にしているが、それら自身は志向されず、作用によって表象される対象ではない。私が見るのは色の感覚ではなく、色のついた事物である。私が聴くのは音の感覚ではなく、歌手の歌である。 (XIX/1, 387 [3:171])

フッサールがここで「内在的内容」と呼ぶものは、作用に内在しその部分をなすと考えられたかぎりでの志向的対象である[2]。つまりフッサールは、志向的対象を作用に部分として含まれるというブレンターノの見解を、知覚作用に含まれる感覚と知覚の対象（あるいはその対象が持つ感性的な性質）と混同することによって生じた誤りと考えるのである。したがって、ブレンターノに向けられたより直截な批判の言葉を引くならば、「すべての体験が〔志向

---

2) ブレンターノは心的現象の志向性を特徴づける際に「内容」と「対象」を相互に交換可能な仕方で用いている（第1章第3.2節冒頭の引用を参照）。したがって、ブレンターノの志向性についての見解が批判されているという文脈を考慮するならば、上の一節でブレンターノ的な用語法があえて用いられていることは明らかだろう。したがって「志向的内容」は、フッサール的ないみでの志向的対象を意味するために、ブレンターノ的な語法に合わせて用いられた言葉であることになる。なお、フッサールは第五研究において、「志向的内容」という言い方が志向的対象と作用が例化するスペチエスの両方を意味しうることを指摘し、曖昧であるために用いない方がいいと結論づけている (cf. XIX/1, 411–6 [3:195–201])。「志向的内容」という表現の曖昧さについては、ドラモンドが明快な整理を与えている (cf. Drummond 1990, 22–36)。

的体験という〕いみでの『心的現象』であるわけではないということを，感覚や感覚複合が示している」(XIX/1, 382 [3:116]; cf. 406–7 [3:190–1])。というのも，知覚の対象が感覚だとしたら，われわれは同じひとつの対象がさまざまな現れを通じて知覚されるという事実（いわゆる知覚の恒常性）が説明できなくなるというのである (cf. XIX/1, 396–7 [3:180–1])[3]。感覚が現象学ないし記述的心理学の守備範囲に入らなければならないということは明らかなのだから，この守備範囲を志向性によって境界画定することは不適格であるというのだ。

8.1.3 自己意識の根本性と不十分さ——現象学的な意識概念 (1)

フッサールにしたがえば，現象学によって記述されるものの範囲には，志向性を持つ作用だけでなく非志向的な感覚も含まれる。それにともなって，現象学的な記述が及ぶ範囲は，志向性ではなく意識によって境界確定されることになる。しかし，これではまだ問題の解決にはならない。意識とは何かはそれ自体で解明を必要とする事柄だからだ。フッサールの考えでは，「意識」という語は多義的であり，それに応じて意識概念は異なる複数のものに区別されるのである。「こうした〔現象学の記述範囲の〕境界画定を正しく行うために正しく適用されるのは，あるひとつの意識概念であり，心的作用という概念の規定には他の意識概念が適用される」(XIX/1, 355 [3:142])。

こうしてフッサールは，『論研』第五研究第 1 章で，これらの異なる意識概念を三つ区別するという課題に取り組む。引用しよう。

(1) 心的な自我の現象学的成素の全体としての意識（意識＝心的体験の「束」ないし織り合わせとしての現象学的自我）。

(2) 心的体験に内的な仕方で気付いていること (inneres Gewahrwerden) としての意識。

---

[3] 知覚の恒常性に関するフッサールの議論については，マリガンとマダリーも参照のこと (cf. Mulligan 1995, 191–2; Madary 2012)。ただしマダリーは，恒常性を説明するために非志向的な感覚が本当に要請されるのかという点については態度を保留している。またミラーは，恒常性に関するフッサール的な立場を現代の知覚の哲学の文脈において擁護している (cf. Millar 2011)。

8.1 形而上学的に中立的な現象学

(3) 「心的作用」ないし「志向的体験」の総称としての意識。
　　（XIX/1, 356 [3:142–3]）

　だが，現象学の記述範囲と心的作用という二つのものを規定するために，どうして三つの概念が必要なのだろうか。第三の意識概念が心的作用ないし志向的体験——『論研』のフッサールは両者を同一視する（cf. XIX/1, 391–2 [3:175]）——としての意識に対応することは明らかだ。すると問題は最初の二つである。現象学の記述範囲としての意識というひとつのものを特徴づけるために，(1) と (2) の意識概念という二つのものがなぜ持ち出されるのか。

　フッサールの議論の背景にあるのは，ここでも，現象学の形而上学的中立性という要請である。この要請を厳格に満たすような意識についての考え方が第二の概念しかない一方で，それだけによっては現象学の記述範囲として求められるものを十分に救い出せず，第一の意識概念が必要となる——フッサールはこのような問題に直面しており，第一の概念を第二の概念から派生させることで，その解決を試みるのである。順番に詳しく見ていこう。

　フッサールは，作用ないし体験に部分として含まれないもの，つまり体験を超越したものを「外界」に属するものとみなし，そうした外界についてのあらゆる形而上学的決定に対して現象学は中立的でなければならないと考えていた。ところで，フッサールが体験を厳格なみで超越していると考えたのは，そのつどの体験に部分として含まれていないもののことである。このことは，知覚作用の対象が感覚ではないことを示す際の議論にもはっきりとあらわれている。そこでフッサールは，ある知覚されたものがそのつどの知覚作用とは別の知覚作用によっても同じものとして知覚されるという点に訴え，そのつどの知覚に部分として含まれる感覚を知覚の対象とみなすことはできないと論じているのであった。したがって，現象学が形而上学的に中立的であるためには，そのつどの体験に部分として含まれているものだけを扱わなければならない。この要請を満たすのは，第二の意識概念だけである。

> 第二の意識概念は，「内的意識（inneres Bewußtsein）」という言い方のうちにあらわれている。これは。顕在的な現在の体験に〔…〕付随し，そうした体験を自らの対象としているに違いないような「内的知覚」のことである。(XIX/1, 365 [3:150–1])

自分自身についての関係を付随させた現在の体験，あるいはより明確にいえば，自己意識をともなったそのつどの顕在的な体験とそれに構成要素として含まれる部分だけが，形而上学的に中立的な現象学が記述すべきものとされている。つまり，現象学の形而上学的中立性の要請を満たした現象学の記述範囲の確定の際には，「われわれが体験しているがままの現象の記述的特徴だけが権威を持つのである」（XIX/2, 756-7 [4:259]）。

だが，こうした要請に厳格にしたがうことは，現象学的分析をおよそ不可能なものにしてしまう。フッサールにしたがえば，「〔内的知覚〕はすべて，概念的に完全に把握可能でも表現可能でもなく，言葉によっては伝えることのできない生き生きとした志向のなかでのみ明証的である」（XIX/1, 368 [3:153]）[4]。自己意識によって与えられている体験は，概念的な把握によってそのあるがままの姿を捉えることができない。逆に言えば，概念的な把握によって捉えられた体験は，すでに自己意識によって明証的に与えられているようなものを超え出てしまっている。すると，認識という作用の構造をさまざまな概念を用いて分析する『論研』の現象学の試みは，形而上学的中立性の要請に違反していることにならないだろうか。

フッサールから離れて考えるならば，こうした疑念をかわすための策がないわけではない。たとえば，このように答えることもできるかもしれない。現象学的分析そのものにおいては，概念は用いられない。われわれは自己意識を通じてそのつど与えられる体験のあるがままの姿を，非概念的に把握して見てとるのである。たしかにそうした分析を伝達するためには概念（あるいは概念を表現する言語）をわれわれは必要とする。だが，そうした概念は伝達のための手段であって，現象学的分析の道具ではない。現象学者は，そのつどの体験から一歩も外に出ず，それをあるがままの姿で非概念的に把握する。

こうした応答は単なる強弁にしか見えないかもしれないし，実際そういった印象を持つことはきわめて真っ当だと思われるが，いま重要なのはそこで

---

4) なお，この文脈ではフッサールは内的知覚を「判断」と呼んでいる。だがここでの「判断」はわれわれがこれまでに扱ってきたような，言語表現の使用を本質的な契機としているようなみでの判断では明らかにない。フッサールはここで，内的知覚および知覚一般を判断とみなすブレンターノの語法にしたがっているように思われる。

8.1 形而上学的に中立的な現象学

はない。問題は，現象学的分析に関する上のような主張がたとえ真剣な検討に値するものであったとしても，（少なくとも『論研』の）フッサールにそれを帰属させることはできないということである。というのも，『論研』のフッサールは，そのつどの体験ないし作用のあり方だけを問題にすることでは扱えないような体験も，実際に現象学的分析の対象としている。『論研』に登場するそうした分析の例として，たとえば，人形館の階段に佇む婦人に近づいていったら実は蠟人形だったという一連の知覚に関する議論（cf. XIX/1, 458-61 [3:243-5]）や，空虚な意味志向がやがて充実されるようになるという「動的充実」に関する議論（cf. XIX/2, 566-70 [4:49-54]）を挙げることができる。こうした分析においては，ある時点での体験がそれ以前の体験とどう関係しているのかについての記述を与えなければならない。しかし，そのような通時的な記述は，もし現象学が自己意識を通じて与えられるそのつどのあるがままの体験を超え出てはならないならば，不当なものになってしまう。するとフッサールは，本来ならば不当であるような分析を現象学的分析と騙って行っていたことになるだろう——この帰結を受け入れてまでフッサールに上のような主張を帰属させる積極的な理由はどこにもない。ここから強く示唆されるのは，第二の意識概念によって境界画定されるものの外部にも，フッサールは現象学が記述するものを認めているということである。

実際フッサールは，あるがままの体験の概念的把握の不可能性を指摘した直後に，次のように述べている。

> [1]〔内的知覚によって〕十全的に知覚されるものは，どのような曖昧な言表によって表現されようとも，また表現されないままであろうとも，認識論〔＝現象学[5]〕的に第一で絶対的に確実な，〈当該の瞬間に自我に属するものの領分〉をなす。〔…〕[2] さて，このような領分には，さらに，〈以前われわれに明証的に現在していたもの〉として，したがって〈固有の自我にかつて属していたもの〉として想起が呈示するものも付け加わる（〈私は存在した〉という明証ないし明証的蓋然性）。(XIX/1, 368 [3:153])

---

[5] われわれはここでの「認識論（的）」を，客観的認識論ではなく認識の現象学を意味するものとして読む。

[1] 第二の意識概念，つまりそのつどの体験こそが現象学にとって第一義的な意識の概念である。しかし，意識に属しているのは，そのつどの体験だけではない。[2] そのつどのあるがままの姿を失い，想起されるしかないような体験も意識に属している。このいみでの意識，つまり体験の全体としての意識こそ，フッサールが第二の意識概念に先立って特徴づけた，第一の概念のもとでの意識に他ならない[6]。

問題は，体験の全体としての意識という第一の意識概念を現象学的に正当な仕方で扱うためにはどうすればよいのか，ということである。上の引用でも明言されているように，フッサールが現象学にとってもっとも重要な意識概念と考えたのは，そのつどの体験としての意識という第二の概念である。これにしたがうかぎりでは，過去の体験そのものはそのつどの体験の部分ではなく，そのかぎりで外界に属することになってしまう[7]。形而上学に中立的な現象学の限界内では，第一の概念をそのまま用いることはできない。

8.1.4　心的実体なき〈意識の全体〉——現象学的な意識概念 (2)

上述の困難を打開するためのフッサールの戦略は，第二の意識概念から第一の意識概念を派生させることで，現象学的に問題のないものとして再定義するというものである。この再定義の戦略は，われわれがすでに引いた第五研究の冒頭で第一の意識概念に与えられた特徴づけのなかに，実はすでに予告的な仕方であらわれている。

> (1) 心的な自我の現象学的成素の全体としての意識（意識＝心的体験の「束」ないし織り合わせとしての現象学的自我）。
> （XIX/1, 356 [3:356]）

ここで丸括弧の外と内で与えられている二つの特徴づけは，意識の全体につ

---

6)　「このいみでは，知覚・想像表象・像表象・概念的思考作用・推測・疑念・喜び・苦しみ・希望・恐怖・願望・欲求などは，それらがわれわれの意識に生じるものである以上，体験ないし意識内容である。そして，全体ないし具体的な完全体としてのこれらの体験と共に，それらを構成する部分や抽象的なモメントが一緒に体験されているのであり，それらの部分・モメントは実的な意識内容である」（XIX/1, 357 [3:144]）。

7)　実際フッサールは，1898/99 年講義のなかで，過去の体験を「心的な外界」に属するものとみなす（cf. Mat III, 237）。

8.1 形而上学的に中立的な現象学

いての〈前哲学的な直観にもとづく概念〉と〈その直観を救いつつ哲学的に鍛えられた概念〉という対照をなす。

- 丸括弧の外の特徴づけは，体験の全体としての意識についてのわれわれの前哲学的な直観を表現する。体験の全体とは，ある心的な自我に帰属する体験の総体である。この考えにしたがえば，ある二つの体験ないし作用が同一の全体に属することとは，それが同一の心的自我に帰属させられることに等しい。だがこのような心的自我は，そのつどの体験を超えて同一に留まるものである。したがって，心的自我はそのつどの体験の部分ではなく，そのかぎりで外界に属する。心的自我への帰属を用いて体験の全体を定義することは，現象学の形而上学的中立性という要請に抵触してしまう。

- それに対して，丸括弧の内で意識と同一視されているのは〈体験の織り合わせ〉である——ただし，この織り合わせには「現象学的自我」という呼称が与えられる（この点については後述する）。つまりその場合，意識の全体という概念は，それに含まれる体験同士の相互関係によって特徴づけられるのであって，それらの体験のどれにも部分として含まれないような心的自我を持ち出すことを必要としない。

フッサールによる第一の意識概念の再定義とは，引用文中の丸括弧の外の前現象学的な意識概念（ある自我に属する体験の全体としての意識）を，丸括弧の内で示されているような〈体験の織り合わせ〉という概念に改鋳することによってなされる。またフッサールは，問題となっている体験同士の相互関係を，そのつどの体験が持つ性格から特徴づけている。〈体験の織り合わせ〉としての意識の全体という概念は，第二の意識概念を拡張することで定義されるのである。

こうした再定義をくわしく見ていこう。鍵となるのは，次の一節に示されている発想である。

> [1]〔そのつどの体験の〕内容およびそれらが服する法則の本性のうちに，何らかの結合形式が根ざしている。この結合形式は，内容から内容へと，あるいは内容複合から内容複合へとさまざまな

仕方で続いて行き，最終的には統一的な内容の全体が構成される。[2] この内容の全体こそ，自我そのものに他ならない。[3] 〔体験の〕内容は，そもそもそれらがレアルな内容であるかぎりで，法則に規定された仕方で互いに関係し，包括的な統一へと融合する。[4] そして，それらの内容がそのようにしてひとつになり，ひとつであり続けることによってすでに，自我ないし意識統一が構成されるのである。[5] こうした事柄を超えて，〈すべての内容を担い，それらを更にもう一度ひとつにするような自我原理（Ich-Prinzip）が必要とされることはない。（XIX/1, 364 [3:150]）

[1, 3] そのつどの体験の内容は，そのようなものである以上，他の時点における体験内容との結合を可能にするような形式をその構成要素として持つ。[2, 4] そのつどの体験のそれぞれが持つこの形式にしたがって統一された全体こそが自我であり，[5] 体験の全体としての意識の統一を説明するために，そのつどの体験が持つ形式を超えた何かをその担い手として持ち出す必要はない。つまりフッサールの考えでは，意識の統一とは，自己意識によってそのつど与えられる体験が持つ形式によって必然的に成り立つものなのである。

　この考えにしたがえば，体験全体がそなえている連続的な統一形式は，そこに含まれる個別の体験のそれぞれ——それらは，そのつどの体験であるか，過去ないし未来におけるそのつどの体験である——が単独で持つ形式によって成り立つ。したがってわれわれは，あるそのつどの体験が持つ形式にもとづいて，体験の全体を「その体験と連続的かつ統一的に関連したものとして想定してもよい」（XIX/1, 369 [3:154]）。つまり，意識全体の統一形式は，そのつどの体験が持つ形式そのものによっていわば描写されている[8]。こうして，第二の意識概念によって境界画定される記述範囲の限界内において，そうした限界を超えて広がる意識の全体についての考えが得られる。「体験概念は，『内的に知覚されたもの』ないしこのいみで意識されているもの〔という

---

8) 「〔主観的な時間意識は〕，どれだけ逆説的に響こうとも，意識の瞬間が持つすべてを包括する形式を，したがって，客観的な時点に共在する体験の形式を呈示している」（XIX/1, 369 [3:154,351]）。ここで瞬間的な意識が客観的な時点に位置づけられていることについては，本章の第3節で論じる。

8.1 形而上学的に中立的な現象学　　249

概念〕から，魂ないし持続する自我を実的に構成するものという概念へと拡張されたのである」（XIX/1, 370 [3:155,352]）[9]。

　現象学的な意識概念を〈自己意識を通じて与えられるそのつどの体験〉から〈かつて自己意識に与えられていたもの〉へと拡張することによって，フッサールは上で言及したもうひとつの問題に対する解決策も手にしている。それは，内的知覚に与えられるがままの体験は概念的に把握できないという問題の解決策である。フッサールは，（経験的）自我の自己関係としての「反省作用」を形而上学的に中立的な仕方で特徴づけることによって，体験への現象学的な通路を自己意識とは別に用意するのである。反省は，体験の織り合わせの内部での相互関係（「作用が〈そのなかで何かが現出する作用の特徴〉に『向かっている』」（XIX/1, 375 [3:158-9]）こと）として，この織り合わせを担う「反省する自我」を立てることなく——つまり，形而上学的に中立的な仕方で——特徴づけられる。このような反省は，そのつどの体験が自分自身に関係するという自己意識のあり方とは異なり，体験を対象としているのだから，われわれが知覚の対象を概念的に把握できるのと同様に，反省の対象としての体験もまた概念的な把握を許すことになる。こうしてフッサールは，第二の意識概念（自己意識としての意識）を出発点にしながらも，その不十分さを克服するのである[10]。

　ここで注意しなければならないのは，意識の統一を自我という担い手なしで特徴づけることで現象学から追放されているのは，第五研究第8節で拒絶されたような，カント流の「純粋自我（reines Ich）」だけではないということである[11]。フッサールは，身体を備え事物と同じように世界内に存在するも

---

[9]　以上で扱ってきた箇所は1913年第二版で大々的に改訂される箇所であるが，第一版の考えは基本的にすべて踏襲されている。フッサールは，時間意識の分析において導入された予持や把持といった概念を用いて，意識流全体の形式がそのつどの体験のなかに反映されていることを論じ直すのである。エッガーは，対応する『論研』第二版における議論を，中期以降のフッサールの理論構成に即して手短に解説している（cf. Egger 2005, 28-30）。

[10]　この見解にもとづいた動的な充実の現象学的分析とそれがもたらしたまた別の困難——この困難の克服の過程でフッサールが発生的現象学の必要性と可能性に直面することになるのだが，これを論じることは本書の課題を超えている——について，われわれは別の機会に論じた（cf. Uemura 2009）。

[11]　この節におけるフッサールの議論は，簡単にまとめてしまうと，以下のようなものである。意識の統一を説明するものとしてこうした自我を要請する必要がなく，また，意識のなかにそうしたものが見いだせない（「私は〔あらゆるそのつどの体験の〕必然的な関係点としての原

のとしての自我，つまり，〈心的な物（psychisches Ding）〉としての自我も，ここで現象学の記述の範囲の外に置くのである。前哲学的には，意識とはそうした世界内の自我のそれぞれに帰属させられるものである。だが，そのような〈身体を備えた自我〉は事物と同じ水準にある実体であり，それについての探究は，形而上学の仕事であって現象学とは関係ない[12]。現象学的な観点からは，体験の全体は自我の身体から切り離されて考察されなければならない。あるいは，こうした言い方に残る一定の形而上学的立場——自我とは身体を備えた世界内の心的存在者である——の残滓を取り除いた言い方をするならば，現象学的な観点からは，体験の全体は，それが身体を持った世界内の心的存在者によって担われているのであろうとも，あるいは（肉体の消滅後も残り続ける）魂によって担われていようとも，はたまた，心的実体などといったものはまったく存在せずただそのつどの体験の織り合わせだけが存在しているのであろうとも，そうしたこととはまったく無関係に記述されなければならない。そして，こうした記述において，身体を持った世界内の心的存在者とは区別されるような自我，つまり純粋自我が意識の統一の原理として必要とされることはない。内的知覚に与えられているかぎりでの自我とは，体験の織り合わせの全体であって，それ以上でもそれ以下でもないのである。この水準では，そのつどの体験と自我との関係は，前者が体験の織り合わせの部分であるということにすぎない（cf. XIX/1, 374 [3:158]）。このようにフッサールは，意識の担い手として想定されるあらゆる心的実体を現象学の記述範囲から追放し，それらの実体のどれが存在するのかという問題

――――――――――
初的な自我をまったく見つけることができない」（XIX/1, 374 [3:157]））のだから，現象学者が純粋自我を認める必要はまったくない。

[12] 実際フッサールは，身体を備えた自我を体験の因果的統一によって成り立つものとして措定し，それを形而上学によって探究されるものとして，現象学の問題から除外する（cf. XIX/1, 364 [3:150,350]）。クェンティン・スミスは，『論研』の現象学によって「現象学的に還元」される経験的自我を実体ではないと述べるときに，この点を見落としてしまっている（cf. Q. Smith 1977, 433）。また，自我に関する形而上学的な問題について，上のようなある程度立ち入った見解が——現象学とは無関係だという但し書き付きで——わざわざ表明されていることは，『論研』のフッサールが形而上学の問題を現象学の外部に哲学的な問題として立てていたことを，きわめて強く示唆しているように思われる。なお，（それが因果的統一によって説明されるかどうかを別とすれば）ここで措定されているものと同様の自我が後のフッサールにも登場することも，ここで指摘しておいていいだろう。それは，たとえば『イデーン II』に見られるような，心的性質と物的性質の両方を担うものとしての自我である（cf. IV, 93-4）。

を，現象学とは無関係の，形而上学によって探究されるべき事柄とみなすのである。

8.2 形而上学的中立性の徹底化

8.2.1 現象学的な体験概念の明晰化

現象学の形而上学的中立性は，1903年に公刊された「エルゼンハンス書評」においてさらに徹底化される。その結果，フッサールは，現象学と記述的心理学の関係について，『論研』には見られなかった考えを表明するに至る。

> 〔認識の現象学〕は，論理学の概念（Idee）の起源がそこにあるような認識体験を，その実的内容を超え出る解釈を一切確定せずに分析しなければならない。〔…〕〔現象学の成果を〕理解させる必要によって，現象学者は，たとえば「われわれは直接的な『体験』のなかにかくかくのものを見いだす」と述べるときのように，客観化的な表現を用いざるを得ない。だがそうした表現は，実際にはすべて暗示的な言い方である。一切の自然科学的ないし形而上学的な客観化はここで完全に排除されている。したがって現象学は，ただちに記述的心理学であるわけではない。（XXII, 207）

ここでわれわれは，記述的心理学の発生的心理学への先行という，フッサールがブレンターノから引き継いだ見解を思い出そう（第4章第1節を参照）。記述的心理学は，心的現象の因果的説明（発生的心理学）のための基盤を与えるのだから，心的現象は，因果的な説明を許容する世界内の存在者に帰属させられなければならない。だがこうした決定は，体験と因果的世界との関係に関する特定の形而上学的見解を前提としている。それに対して，現象学において記述される「体験」は，それを超え出た「外界」の存在者とどのような関係にあるのかという点についての解釈（「自然科学的ないし形而上学的な客観化」）とはまったく無関係でなければならない。したがって現象学は，通常は経験的な自我に帰属させられる心的なものしか意味しないような「体

験」という語を使うにもかかわらず，記述的心理学とただちに同一視される
わけではない。現象学を「記述的心理学」と呼ぶことそれ自体は，現象学的
ないみで記述的ではないのである（cf. Benoist 1997, 219）。現象学が扱う体
験は，現象学の限界内に留まるかぎりでは，心的なものであるわけではない。

8.2.2 現象学の記述的心理学に対する無関心

「エルゼンハンス書評」におけるこうした主張は，『論研』における現象学
と記述的心理学の同一視を撤回したことの証拠のひとつとみなされることが
よくある[13]。だが，事情はそれほど単純ではない。少なくとも『論研』公刊か
らしばらくの期間が問題になるかぎりでは，フッサールは，現象学は記述的
心理学でないと述べているわけではない。あるいは少なくとも，現象学と記
述的心理学の同一視の撤回を「エルゼンハンス書評」から読み取ることは，そ
こで述べられているある重要な見解とのあいだに重大な齟齬を生み出してし
まう。フッサールはこの書評で現象学が記述する体験を，それを超えた「外
界」に関する一切の形而上学的決定とは無関係なものとみなしていた。する
と，体験が心的なものではないと断言することもまた，特定の形而上学的な
見解――たとえば，体験は実際には因果的世界とは無関係であるという見解
――を前提としないかぎり不可能である。形而上学的に中立的な現象学の限
界内では，そこで問題になる体験が心的であるわけでないのと同様に，その
体験が非心的であるわけでもない。つまり，体験の身分に関する問題は，現
象学には解決不可能なのである[14]。したがって，形而上学的に中立的な現象
学の内部では，現象学が記述的心理学であるかどうかについて，一切の見解
を差し控えなければならない。

「エルゼンハンス書評」では微妙な言い回し（「現象学は，ただちに（ohne
weiters）記述的心理学であるわけではない」）によってかろうじて示唆されて

---

  13) この解釈は，たとえばラヴィーニュや榊原によって支持されている（cf. Lavigne 2005,
147–81; 榊原 2009, 84–7）。
  14) したがって，現象学の考察対象を世界内の意識とは別の「純粋意識」ないし「超越論的
主観性」とみなす超越論的観念論期のフッサールは，ここでの基準にしたがうならば，形而上学
的な決定を現象学の内部で行っていることになる。こうしたことは，たとえば『イデーンⅠ』の
第二篇でフッサールが一貫して意識を絶対的な存在者として特徴づけていたことによっても裏書
きされている。

いるにすぎないこうした見解は，1905 年の講義においてはっきりと表明されている。

> 現象学が〔…〕心理学から完全に独立的な仕方で個別の学科として構築されるべきであるかどうかということは，純粋に実用上の（pragmatisch）問いである。(Mat V, 47)

つまり，現象学の記述する体験ないし意識が因果的な世界における心的現象であるかどうかということは，現象学の内部では決定不可能であり，そのかぎりでどうでもいいことなのである。現象学と記述的心理学との関係は，われわれが持っている形而上学的見解に応じて，現象学そのものとは一切無関係に，現象学の成果を何も損ねることなく決定されるにすぎない。こうした点を踏まえるならば，「エルゼンハンス書評」とほぼ同時期の 1902/03 年講義において，フッサールが現象学を記述的心理学と同一視していることに何の不思議もないだろう（cf. Mat III, 77）。この講義から「エルゼンハンス書評」のあいだのどこかで，フッサールの見解に何か劇的な変化が起きているわけではない。

以上を踏まえれば，『論研』期のフッサールが標榜していた現象学の形而上学的中立性とは，「現象学の記述は，記述されるものと世界とがどのような関係かということとは無関係である」という見解であると述べることができる。体験と世界の関係に関するどのような立場（物理主義，唯心論，現象主義，観念論，二元論など）が正しいのであろうとも，『論研』の現象学の記述は同じままにとどまるのである（cf. Benoist 2003a, 114）。

この点を踏まえつつ，前章の末尾で浮上した問題に戻ろう。現象学の形而上学的中立性の要請は客観的認識論が持つ形而上学的な含意と整合しうるのか。

8.3 『論研』は整合的な著作か

8.3.1 形而上学的決定そのものは不整合を導かない

すでに本章の冒頭で述べたように，われわれの考えでは，現象学の形而上

学的中立性の要請は，客観的認識論が持つ形而上学的な含意と最終的には整合しない。しかしこうした不整合は，見かけほど単純に生じているわけではない。まずはこの点を詳しく確認したい。

『論研』期の現象学の内部では，現象学が記述する体験とそれを超えた外界がどのような関係にあるのかという問題には，一切の決定が差し控えられる。だが，こうした形而上学的中立性の要請は，もっぱら現象学に対してなされているにすぎない。もし現象学とは区別される学科として形而上学に余地があるならば，現象学の限界の外で何らかの理由にもとづいて形而上学的な決定を下すことは，『論研』のフッサールに禁じられているわけではない[15]。『論研』のフッサールは，形而上学に正当な哲学的学科としての地位を与える。また，客観的認識論も認識の現象学から区別される。したがって，『論研』の客観的認識論から一定の形而上学的見解が引き出されることは，ただちに不整合を生み出すわけではない。

ここに不整合が生じるように思われるとしたら，それは，現象学だけが哲学であるという考えを何らかの仕方で前提してしまっているためである。現象学と哲学の完全な同一視は，たしかに後の本人によって明言されるものの，『論研』期のフッサールに見いだされるものではない。このことに関してフッサールに責められるべきところがあるとすれば，現象学の限界を超えたところにも哲学の問題として形而上学的問題があるということをそれほど強調しなかった点や，形而上学的決定を下すための根拠が明言されていない点にある。これらの点は『論研』の議論を不十分ないし不親切にしてしまっているが，不整合を生み出すわけではない。むしろここには，その後のフッサールには見られない現象学の可能性が実現されているとさえ述べることができる。『論研』のフッサールは，体験を世界内の経験的自我に生じている出来事とみ

---

15) もうひとつの可能な解釈として，以下のようなものもある。『論研』のフッサールにとって，世界の存在についての問題は，形而上学という哲学的学科によって解決がつけられる問題ではない。世界が存在するという自然な事実を形而上学の外に置くことで，同書の現象学は実在論と観念論という対立を超え出ている（あるいはその手前にいる）。こうした解釈は，ブノワによって強力に押し進められている（cf. Benoist 1997, chs. 7–8）。だが，フッサールの形而上学に対する強い関心を考慮に入れるならば，こうした解釈はいささか強引であるように思われる。ブノワの議論はむしろ，『論研』の現象学が実現していたかもしれない可能な立場に関わるものとみなされるべきであるように思われる。

8.3 『論研』は整合的な著作か　　255

なす一方で，現象学の限界内では，それが本質的に持つ構造だけに注目することで，現象学が記述する体験と世界の関係についての形而上学的決定とは無関係に話を進めているのである[16]。

　以上の考察によって，われわれは『論研』についてのある典型的な解釈を誤解として退けることができる。その解釈とは，『論研』の現象学は，世界の存在を自明視する実在論的な態度（後の言葉でいえば「自然的態度」）のなかで展開されているとみなすものである。この解釈にはもちろん根拠がないわけではない。たしかにフッサールは，『論研』のいろいろな箇所で現象学が記述する体験を世界内の経験的自我に帰属させ，レアル（時空的で因果的）な対象と特徴づけている[17]。だが，そうした見解は現象学の限界の外でなされたものとして解釈することもできる。またフッサールは，「レアルであること」が現象学の限界内ではもっぱら時間的であることとして，形而上学的に中立的に理解されることを明言していた（cf. XIX/1, 129 [2:138]）。さらには，時間的なものとして捉えられた個別の体験を分析することは，ただちに心理主義的な見解にフッサールを引き戻すわけではない（第3章第3.2節を参照）。ここに成り立っているのは，個別の体験が体験であるかぎりで本質的に備えている構造の分析であり，この分析は，あらゆる経験的心理学から独立して探究されうるのである。したがって，『論研』のフッサールが一方で世界が存

16）このような「世界内の個別の体験についての，形而上学的に中立的でアプリオリな探究」という発想は，その後のフッサールに見いだすことが難しいものである。『論研』公刊以降のフッサールは，現象学がアプリオリな探究であることを，それが本質の構造を分析していることによって特徴づけている（cf. II, 50–2, 56–9; XVI, 13; Mat III, 77; Mat V, 37–8; Mat VII, 83）。こうした観点のもとでは，個別者についてのアプリオリな探究というものはそもそもありえなくなってしまう。だが，現象学の分析が本質的なものであることは，現象学が本質の構造の分析であることによってのみ保証できるというわけではないだろう。この点が見落とされていることは，超越論的現象学の記述対象が個別的なものであることが認められてからのフッサールの議論——1910/11年の講義において明確に定式化された，〈現象学が個別者についての学問であるならば，どういう根拠からそれが学問的であるのか〉という問題に関する議論（cf. XIII, 192–4）——に影を落としているように思われる。この問題に立ち入ることは本書の課題を超えるため，ここでは，後のフッサールの問題を考えるための新たな視座を提供していることを指摘したことで満足しよう。

17）具体的に『論研』のどの箇所でこうした帰属が行われているかについては，ラヴィーニュが細かく指摘している（cf. Lavigne 2003; 2005, 104–44）を参照。ただしわれわれがすぐ後で論じるように，こうしたことから『論研』の現象学を実在論的なものとみなすラヴィーニュの解釈には問題がある。

在しそのなかに体験が位置づけられることを自明視していた（そのかぎりで自然的態度を取っていた）ということから、同書の現象学が自然的態度にもとづいてなされた個別の体験についての心理学的分析であるということは引き出せないのである。

8.3.2 存在論的概念の解明という問題

では、『論研』はどういういみで不整合な著作なのだろうか。もっとも重要な手掛かりとなるのは、第六研究第 44 節での次の主張である。

> 事態と（コプラのいみでの）存在という概念の起源は、実際には判断ないし判断充実〔という作用〕ではなく、判断充実そのもののなかにある。つまり、対象としてのこれらの作用ではなく、これらの作用の対象のなかに、われわれはここで述べられている概念の実現のための抽象の基盤を見いだすのである。（XIX/2, 669–70 [4:165–6]、強調引用者）

フッサールの考えでは、存在概念あるいは存在論的な概念は、作用ではなく作用の対象を現象学的に分析することで解明される。だがフッサールがはっきりと表明していたように、『論研』の現象学にとって、作用の対象は「無に等しい」（XIX/1, 427 [3:211]）。ここから不可避的に帰結するのは、存在論的概念は現象学によって分析可能であるが現象学にはそれが禁じられているということだ。

もちろん、現象学による存在論的概念の解明が可能であるにもかかわらず現象学にはそれが禁じられているという事態は、それ自体で不整合であるわけではない。そればかりか、実行不可能なことはそもそも禁じることも許可することもできないということを踏まえるならば、この帰結には何もおかしなところはない。『論研』の不整合は、この帰結に加えて次の二つの見解を保持することによって生じる。

(a) 概念の解明は現象学によってのみ可能になる。

(b) 存在論的概念は未解明のままにしてはならない。

存在論的概念が現象学によって解明されてはならないのだとしたら，客観的認識論が含意する帰結に含まれる存在論的概念は，現象学以外の手段によって解明されるか，未解明のままにされなければならない。だが，上の見解を踏まえるならば，ここでフッサールに与えられる二つの選択肢のどちらも取ることはできない。よって，『論研』はその内部に不整合を抱えてしまっていることになる。

　問題は，(a) と (b) をそれぞれ『論研』のフッサールに帰属させることができるかということである。われわれが見るかぎりでは，この問題に決定的な回答を与える分献上の証拠は『論研』のどこにも存在しない。たしかにフッサールは，純粋論理学の概念を未解明のままにすることを拒否し，そうした解明の手だてを現象学が与えてくれると述べている（cf. XIX/1, 9–10 [2:13–4]）。だがそこでは，存在論的な概念に関してそれを未解明のままにしてはならないということについては何も述べられていない。また，現象学だけが概念の解明の仕事を果たすという強い主張をそこから読み取ることも，われわれには許されていないだろう。したがって，上の (a) と (b) をフッサールに帰属すべきかどうかという解釈上の問題は，傍証の積み重ねによってのみ決定されうる。そしてわれわれが現時点で手にしている傍証を考慮するならば，『論研』のフッサールは件の二つの見解を保持しているといわなければならない。順番に確認しよう。

　(a) 概念の解明は現象学によってのみ可能になるという見解について。この見解が『論研』のフッサールに帰属されることを示す傍証として，概念の解明の手段としての現象学という発想がブレンターノの記述的心理学のプログラムに由来しているという事実が挙げられる（第 4 章第 1 節を参照）。ブレンターノは，あらゆる概念の解明の手段を記述的心理学に求めていた。

　また，フッサールは 1902/03 年の講義において，存在の概念が作用の反省によって獲得されるという，『論研』とは正反対の主張に一時的にコミットしている（cf. Mat III, 134）[18]。このことは，フッサールが形而上学的に中立

---

18) このような主張の根拠となっているのは，直観作用を構成する「代表 (Repräsentant)」（これは感覚内容と同一視されている）は直観された対象と同一であり，完全な充実においては対象そのものが厳密ないみで作用に与えられているという，これもまた『論研』とは著しく異なる考えであるように思われる（cf. Mat III, 102, 131）。

的な現象学の枠組みを保持しながらも，現象学による存在論的な概念の解明の可能性を探っていたことを示唆している．こうした試みは，あらゆる概念の解明を現象学の課題とみなすという前提をフッサールに認めないかぎり理解不可能であるように思われる．

したがって，『論研』のフッサールが概念の解明を現象学以外によっても可能な仕事とみなしていたという解釈は，それを支持する決定的な証拠が出てこないかぎり採用できない．そうした証拠が見当たらない現時点では，われわれは，概念の解明は現象学によってのみ可能になるという見解を『論研』のフッサールに帰属させるべきである．

(b) 存在論的概念は未解明のままにしてはならないという見解について．この見解を『論研』のフッサールに認めるべき理由として挙げられる第一の傍証は，『プロレゴメナ』第71節である．この節で哲学者の仕事を特徴づける際にフッサールは，「事物」・「出来事」・「自然法則」という，明らかに存在論的であるような概念の解明を挙げる（cf. XVIII, 255-6 [1:276-7]）．こうした見解が一時的なものであると想定する理由はどこにもないのだから，われわれは，『論研』のフッサールが存在論的概念の解明の必要性を認識していたとみなさなければならないだろう．

さらなる傍証となるのは，この節の冒頭で引いた第六研究第44節だ．フッサールはそこで，存在論的な概念の解明が現象学によってどのようになされうるかということについて，踏み込んだ見解を表明している．もし，存在論的概念の解明が『論研』のフッサールにとって問題にならないのであれば，同書の現象学には禁じられている手法について具体的なことが述べられているということに対して，もっともな説明を与えることができない．われわれはむしろ，他に特別で重要な理由・証拠がないかぎり，「存在論的概念は解明されるべきであり，また現象学によるそれらの概念の解明は可能である（が禁

しかしこの立場はごく一時的なものにすぎない．その証拠として，存在の概念は作用の反省によっては得られないという見解が『論研』第二版でも保持されていること，そして，1906/07年の講義において作用の反省によっては心理学的概念しか得られないのではないかという疑念が表明されていることが挙げられる（cf. XXIV, 45）．なお，後者の疑念は，命題のスペチエス説の撤回というその後のフッサールの展開の前段階をなし，この展開は超越論的観念論の成立と深い関係にあるのだが，ここではこの問題には立ち入らない．この点について，われわれは別の機会に詳しく論じた（cf. 植村 2007a; 2009b）．

じられている)」という見解をフッサールに認めるべきであろう（ただし，この見解は，現象学だけが概念の解明のための手段を提供しているという前提を足さないかぎり不整合をもたらさない）。

最後の傍証として，同書において純粋論理学には形式的存在論が対応する学科として認められていたという事実も挙げることができる（第 3 章第 1.3 節）。もしフッサールが論理学の概念だけが解明されるべきだと考えていたならば，形式的存在論はある種の奇妙な特権を持つ学科であることになる。つまりその場合，対応関係にある純粋論理学についてはその基本概念の解明が求められているにもかかわらず，形式的存在論の基本概念については解明を与える必要がないということになってしまうのである。たしかにこうした見解はそれ自体で不整合であるわけではない。だがそれは，第六研究第 44 節における主張が強く示唆する見解を無視してまでフッサールに認められるべきものではないだろう。したがって，『論研』のフッサールが存在論的概念の解明を不要なものとみなしているという解釈は，それを支持する決定的な証拠が出てこないかぎり，採用できない。そうした証拠が見当たらない現時点では，われわれは，存在論的概念は未解明のままにしてはならないという見解を『論研』のフッサールに帰属させるべきである。

まとめ。以上の点を踏まえるならば，われわれは，少なくとも現時点では，『論研』は内部に不整合を抱えた著作であると理解しなければならない。不整合から脱するために (a) と (b) のいずれか（あるいは両方）を放棄することも『論研』のフッサールには可能であり，またそうした二つ（ないし三つの）立場はそれぞれ検討に値するように思われるが，いずれにせよ，それらはフッサールにとって現実的な選択肢ではなかったと言わなければならない。

8.3.3　もうひとつの不整合

『論研』内部に不整合を抱えているという解釈は，われわれの見立てでは，その後のフッサールの思想の発展によっても裏付けられる。フッサールはある時期以降，現象学の記述範囲に作用の志向的対象を認め，存在論的な概念の解明に乗り出すのである。こうした点について，われわれは結論でごく簡単に確認する。しかしその前に，われわれは『論研』期およびその後のフッサールの思索において完全に見落とされてしまっているように見える問題を

指摘しておこう。それは，志向的対象は超越的対象と区別されないという主張に関する問題である。

『論研』のフッサールにしたがえば，作用そのものに部分として含まれないものは「外界」に属し，「外界」に何がどのように存在するかについて語ることは，現象学には許されていない。現象学は，「外界」の事情とはまったく無関係に作用の構造を記述しなければならない。こうした事情から，フッサールは志向的対象を現象学にとってまったく問題にならないものとみなしていた。しかし，『論研』のフッサールは，志向的対象を形而上学的中立性の要請にしたがって現象学の領分から追放する一方で，志向的対象に関する特定の見解を現象学の内部で拒否している。それは，志向的対象を世界内の超越的対象と区別するという見解である。

フッサールは作用の志向的対象について，「たとえばわれわれが一軒の家を表象している場合には，まさにその家のことである」（XIX/1, 414 [3:198]）と明言するのだった[19]。だがこうした見解は，作用に含まれずそのかぎりで「外界」に属するものについての，れっきとした形而上学的決定である。というのも，志向的対象が作用の部分に含まれないということは，その対象が（その背後に遡ることができないような）超越的対象であることをただちに帰結するわけではないのである[20]。ここには飛躍がある。そして，二つの対象を同一視する主張が「作用の対象とは何か」という問題に答える文脈にあることからも伺えるように，ここでの形而上学的決定は，現象学の内部においてなされている。この点は，感覚の身分に関するブレンターノ批判においてより明白になる。この批判のなかで，フッサールは知覚の対象が事物そのものであることを前提に用い，知覚の対象が感覚ではないということを主張する

---

[19] すでに「志向的対象」草稿に即してみたように，フッサールは『論研』に先立つ時期にこうした見解をすでにはっきりと保持している（第1章第3.4節を参照）。また，この見解は『論研』以降もフッサールが一貫して保持するものでもある（cf. III/1, 89–91, 206–9, 297–8n; XXXVI, 13, 39, 66–7, 106–7）。だが，これらの主張に対してフッサールが与えた議論には問題がある。この点について，われわれは別の機会に論じた（cf. 植村 2009a, 12–3）。また，フッサール的な議論をより一般的な観点から批判的に検討し，ブレンターノ的な立場を擁護する研究として，Brandl 2005 が挙げられる。

[20] こうした事情にもとづいて，インガルデンは，対応する作用の部分に含まれないといういみでの志向的対象の超越を，超越的対象の超越から区別している（cf. Ingarden 1964/65, vol. II, 224–9）。

のである。しかし本来ならば，現象学の限界内に留まるかぎり，フッサールは知覚の対象が感覚であるか事物であるかということについて決定を下すことができない。存在しない対象に関係する意味志向の場合と同じく，知覚作用の分析は，それに例化される作用質料が何かという観点のみからなされなければならないのである[21]。

こうした点を踏まえると，フッサールが志向的対象を導入することで現象学に形而上学的な含意を認める際に，そこで取ることができたもうひとつの可能性が見落とされてしまっていることが分かる。それは，志向的対象を（場合によっては存在しない）世界内の存在者とは別の，作用を超越したものとして考えるという立場である。実際，客観的認識論がもたらす形而上学的含意について，『論研』で述べられている見解を詳しく検討するならば，志向的対象の導入の結果こうした立場をとることも十分可能であり，少なくともフッサールはその可能性を考慮すべきであった。

具体的に見ていこう。フッサールが客観的認識論から引き出した形而上学的含意とは，次のようなものであった。

> カテゴリー的直観一般の可能性のイデア的条件は，カテゴリー的直観の対象の可能性の条件であり，また，端的なカテゴリー的対象の可能性の条件である。（XIX/2, 718–9 [4:216]，第二版にしたがって一部を修正）

客観的認識論がフッサールにもたらすのは，構文論的な構造を備えたカテゴリー的対象についての形而上学的含意であって，時空的で因果的なレアルな対象についてのものではない。そして，『論研』では，事態が備えるカテゴリー的形式はレアルな対象には含まれないものとみなされ，そのかぎりで事態はイデア的な対象と特徴づけられていた（cf. XIX/2, 665–7, 711–4 [4:161–3, 209–11]）さらにフッサールは，そのようなイデア的対象としての事態の存在を，レアルな対象の存在から拡張されたいみで存在するあらたな種類の存在

---

[21] こうした本来取られるべき観点が実際には取られていないことは，第二版で全文削除された第五研究の第7節において，フッサールが現象主義をあやまった形而上学的学説とみなしていることによっても裏書きされる（cf. XIX/1, 370–1 [3:352–4]）。

者とみなしているのである（cf. XIX/2, 670-3 [4:166-9]）[22]。

　これらすべてが示唆することは，『論研』の客観的認識論が持つ形而上学的含意は，世界内のレアルな対象に関するものではないということである。すると，件の含意は，作用に部分として含まれない外界についての含意であるといういみでは形而上学的であるが，レアルな世界に何がどのように存在するのかについては何も述べてないといういみでは，形而上学的に中立的である。ところで，フッサールがもっとも狭いいみでの形而上学ということで考えていたのは，レアルな現実世界に何がどのように存在するのかという問題の探究であった（第1章第1節を参照）。すると，カテゴリー的対象を判断や認識といった作用の志向的対象として，超越的対象とは別の水準に導入することは，現象学の形而上学的中立性の要求には厳密には抵触しない[23]。こうした決定が形而上学的中立性の要請にそぐわないように見えるとしたら，それは，「志向的対象は作用の部分に含まれないのだから，（場合によっては存在しない）超越的対象と区別されない」という主張に含まれる決定的な飛躍を，フッサールとともに見逃してしまっているためである[24]。

　このように，フッサールはカテゴリー的対象の領域を，レアルな外界には属さず，そのかぎりでそうした超越的対象とは区別されるような，判断作用ないし意味志向の志向的対象として導入することもできたはずである。また，カテゴリー的対象の身分に関して『論研』で述べられていたことを考慮するならば，そうした路線を取ることは，有力な見解のひとつですらある。だが，意味志向の志向的対象を現象学の記述範囲に認める決定を行った際にフッサールがこうした可能性を考慮していないことは，この決定がまさになされた1908年の『意味の理論』講義における次のような発言からも明らかである。

　22）　このような存在概念の拡大の重要性については，ブノワが詳細に論じている（cf. Benoist 2010）。
　23）　こうした場合に問題になるのは，レアルな存在者を対象とした知覚の志向的対象をどこに位置づけるかという問題である。可能な選択肢としては，大別して，(i) 知覚の志向的対象も超越的対象とは数的に区別される，(ii) 知覚に関しては志向的対象と超越的対象は区別されない，(iii) 知覚はそもそも志向的ではない，の三つがあるだろう。
　24）　実際のところ，フッサール自身もこうした飛躍にまったく気付いていないわけではなかったように見える。20年代の講義において，フッサールは志向的対象（ノエマ）をそれに対応する作用の部分とみなすのである（cf. Küng 1976）。こうした考えは，すでに1909年の草稿にも徴候的な仕方であらわれている（cf. XXVI, 144-50）。

対象そのもの，したがって対象それ自身が，ありとあらゆる形式・カテゴリー的形式を受け取るということは，言葉ほんらいのいみで考えられるのだろうか。一軒の家のような現実の対象，しかもレアルな現実の対象をわれわれは例にとろう。一軒の家が存在するならば，あるレアルなものが存在している。さて，この家が形式を受け取り，形式によって他の現実と結合されるとしても，対応する新たなものがレアルな現実に存在してはならないのではないか。しかし，われわれはレアルな現実のなかに，家そのものだけでなくカテゴリー的な形式を受け取った家をも見いだすのか。ほとんど誰もそう述べようとはしない。他方で，同じ対象がカテゴリー的に異なった仕方で提示されるという言い方を，どうやって避けようとするのだろうか。ここで考えられるべきなのは，［それ］自身のなかに諸々のカテゴリー的形式を含み，繰り返しさまざまな仕方で思考される対象が明らかに存在する〔…〕ということである。(XXVI, 45, 強調引用者)

ここでフッサールは，志向的対象が超越的対象と同一であるという前提のもとで，カテゴリー的対象が備える構造をレアルな対象に伏在するものとみなしてしまっている[25]。だが，こうした前提を取らなければならない理由を，フッサールは実際には手にしているわけではない。

以上の考察からも分かるように，『論研』のフッサールには，現象学の形而上学的中立性という要請と客観的認識論の形而上学的含意という帰結を整合させることも可能だった。そうした対応のためには，以下の主張の少なくともひとつを認めなければならない。

---

[25]　したがってフッサールはここで，端的な直観の対象そのものにカテゴリー的形式が含まれるわけではないという『論研』の——形而上学的中立性を求められる現象学の観点からは認めることができない——見解を放棄していることになる。だが，カテゴリー的形式に関するこうした立場は一時的なものであり，1909 年に成立した草稿において早くも撤回されることになる (cf. XX/2, 223-4; cf. Uemura 2015, 134)。とはいえフッサールは，カテゴリー的対象と現実の対象の同一視から帰結する観念論的主張を撤回するわけではない。というのも，この同一視の前提であり，観念論的主張を根底で支える志向的対象と現実の対象の同一視をフッサールは保持し続けるのである。

- 客観的認識論が含意する帰結に含まれる存在論的概念は，未解明のものであってよい。

- 客観的認識論が含意する帰結に含まれる存在論的概念は，現象学以外の方法によって解明される。

- 客観的認識論の形而上学的含意は，レアルな世界のあり方に関するものではなく，カテゴリー的対象のあり方に関するものである。カテゴリー的対象は認識作用や判断作用の志向的対象であり，志向的対象は超越的対象とは区別される。

これらの選択肢のうち，最初の二つはフッサールにとって現実的なものではなかった。しかし，最後のものについては事情が異なる。『論研』のフッサールは，最後の選択肢をもっともなものにするような分析を認識作用に与えていたが，志向的対象と超越的対象についての――重大な飛躍に支えられた――見解を保持していたため，それを選ぶことができなかった。

8.4　本章のまとめ

　本章でわれわれは，客観的認識論の形而上学的含意という問題に『論研』とそれ以降のフッサールがどう取り組んだのかを論じた。われわれはまず，この問題を問題たらしめている，現象学の形而上学的中立性という要請の内実を改めて明らかにした。形而上学的な中立性があくまでも現象学に対する要請であり，客観的認識論が現象学とは区別される哲学的な学科であるのだから，客観的認識論にもとづいて一定の形而上学的な決定がなされることそれ自体は不整合を与えるわけではない。だが，現象学による基本概念の解明という『論研』の基本的な見解を踏まえるならば，客観的認識論から帰結する形而上学的主張は，それに対応した現象学的分析によって補われなければならない。こうして『論研』におけるフッサールの哲学的プログラムは，現象学に形而上学的な含意を認めざるを得ないにもかかわらず，それを拒否する大局的な方針を立ててしまうという不整合に陥っている。

結論　「突破口」から見えるもの

　　　　　――――――

　『論研』は体系的な観点から書かれた統一的な著作であり，こうした観点の根底には，学問的な形而上学の可能性という，フッサールが終生関心を抱き続けた哲学的問題が横たわっている――このことは，本書のここまでの考察を通じて，『論研』期のフッサールに関する有力な見解として姿をあらわしたといっていいだろう。だが，まさにこの形而上学の問題をどのように扱うのかという点に関して，この時期のフッサールは不整合を抱えた立場に立つことを余儀なくされてしまっている。われわれは最後に，こうした不整合を踏まえつつ，『論研』以降のフッサールの哲学の発展に関する今後の研究を導く五つの作業仮説を呈示する。これらの作業仮説のもとでフッサールにおける超越論的観念論的現象学の生成と発展の過程を跡づけ，またそれを哲学的に評価することによって，われわれはより包括的なフッサール研究を始めることができるはずだ。

五つの作業仮説

　（**WH1**）『論研』以降のフッサールは，(viii) で示された不整合を，現象学に形而上学的な含意を認めることで解消しようとしている。

　フッサールが陥っていた不整合は，次のようにまとめ直すこともできる。客観的認識論に形而上学的含意を認めつつも現象学に形而上学的中立性を要請することで，フッサールは客観的認識論が含意するような形而上学（いわゆる「形式的存在論」）の基本概念を，現象学によっては未解明のままにせざるを得なくなる。だがこうした帰結は，未解明の概念を哲学において用いることはできないというフッサールの一般的要請と，概念の解明は現象学によって与えられるという方法とのあいだに不整合を生み出す。こうした不整合を

現象学の形而上学的中立性を保持したまま解消することも論理的には可能だが，そうした可能な選択肢はどれもフッサールにとっては受け入れがたい。

このような問題を受けて，フッサールは 1905 年から 1908 年頃にかけて，現象学の守備範囲を，体験の実的な成分を超えて志向的対象にまで拡張することを試み始める[26]。こうした拡張によって，存在論的概念の解明の余地が現象学に与えられる。しかしそれは，現象学の形而上学的中立性という要請を放棄することでもある。志向的対象は意識の実的な成分ではないといういみで外界に属するのだから，現象学がそれについて語ることは，何らかの形而上学的含意をもたらす。

こうした試みについてごく簡単に確認しておこう。重要になるのは，1907 年の『物と空間』および 1908 年の『意味の理論』という二つの講義である。フッサールは『物と空間』において，ある知覚作用が志向的対象を持つことを，その作用がさらなる知覚作用と「同一化綜合」という独特の関係に立つことから示している（cf. XVI, 25-6）。つまり，ある知覚作用が対象に関係することは，同じものについての知覚作用が，元の作用が属する系列に加わりうることから特徴づけられるのである。こうした発想は，翌年の『意味の理論』講義において，適宜変更を加えた上で活かされている。ある表現作用（あるいはその主要な構成要素である意味志向）が志向的対象を持つことが，その表現作用が妥当な述定という文脈のなかに生じうることから特徴づけられるのである（cf. XXVI, 50-1, 60-1）。

（**WH2**）『論研』以降のフッサールにおける超越論的観念論へのコミットは，現象学に形而上学的な含意を認める試みのなかでもたらされた。

このような仕方で志向的対象を導入し，現象学に形而上学的な含意を認めることは，フッサールを新たな問題に直面させる。それは，志向的対象は場合によっては存在しないという事実をどのように扱うのかという問題である。この問題は，とりわけ『意味の理論』に関して深刻になる。この講義でフッサールが作用の志向的対象に与えた規定は，〈妥当な述定の主語に登場しうる

---

26) この試みについては，1906/07 年講義の編者メレが的確な概略を与えている（cf. XXIV, xxxi-v）。

もの〉である[27]だが，存在しないものについても，われわれは妥当な述定を行うことができる——たとえば，「正十面体は立体である」というように[28]。

フッサールが観念論的主張にはっきりとコミットする地点は，まさにここである。「判断とは同一性の確信であり，同一性は成り立っていたりいなかったりするのだが，このことは，判断が真であるか偽であるかに応じてそうなっている」(XXVI, 51)。だが，この言葉を額面通りに受け取ると，それについての真なる（正確にいえば明証的）判断が実際に下された対象しか存在しないということになってしまう。フッサール自身の立場が正確に定式化されるのは，『意味の理論』講義終了後の1908年秋に執筆された草稿群においてである。

> 世界は意識において構成される。世界は，意識との関係においてのみ，そのようなものなのである。〔…〕「〔ある家〕が存在する」が意味するのは，意識が存在するということ，つまり，〈問題の家がそのなかで構成され，その家がそのなかで知覚可能・規定可能・認識可能であるような意識〉の合法則的な可能性が［成り立っている］ということである。その家の存在とは，意識および〈これこれのように現実に進行していたり，進行可能であるような意識の連関〉についての，いわば別の「表現」に他ならない。(XXXVI, 29)

1908年のフッサールによれば，ある対象の現実における存在は，その対象についての経験可能性の成立に他ならない。フッサールの超越論的観念論の中核をなすのは，現実をある種の可能性と同一視するこうした考えである。「ここでは，可能性が主要概念なのである」(XXXVI, 12)。

（**WH3**）フッサールの超越論的観念論は真性の形而上学的立場である。

---

27) 「妥当な述定一般の可能性の条件は，対象一般の可能性の条件である」(XXVI, 162)。
28) こうした事情から，1908年のフッサールは「丸い四角のような不条理な表象でさえも対象を持つ」(XXVI, 161) と明言する。そのかぎりで，1908年のフッサールは，この点に関してマイノング的立場——「そのような対象は存在しない，ということがそれに関して妥当するような対象が存在する」(Meinong 1904, 490)——に急接近していたと解することができる (cf. Chrudzimski 2002, 195)。

いま見た見解を踏まえるならば、同じく1908年に成立したある草稿からの一節（われわれはこれを、本書の序論で引いた）が何を意味するのかについては、もはや明らかだろう。

> 超越論的現象学は、対象と認識の相関の真なる本質を研究することで、あらゆる誤った形而上学を排除する。レアルな学問の認識の可能な妥当性を誤った解釈から守り、さらにそれにともなって、現実に妥当するレアルな認識を明らかにし、その認識に（完全な学問〔…〕という理念に適った仕方で）真なる解釈を与えることを可能にすることによって、超越論的現象学は、われわれを自然の「根底に」ある「絶対的なもの」の認識へともたらす。超越論的現象学によって、〈（論理的に完全な）自然科学の相関者としての自然〉の超越論的解釈、つまり、学問的に認識された存在の絶対者への還元、意識への還元が可能になる。(VII, 381-2)

フッサールは、志向的対象を導入した超越論的観念論的な志向性理論によって、あらゆる学問的認識が現実の構造そのものの認識であることを保証し、学問的形而上学を可能にしようとしている。世界の存在が意識の存在へと帰着するというフッサールの主張は、それをどのように評価するにしても、真性の形而上学的主張として理解されなければならない。

（**WH4**）超越論的観念論へのコミットは、フッサールの前提をすべて認めるならば、避けることのできない帰結である。

1908年頃のフッサールが辿り着いた見解、つまり超越論的観念論による学問的現象学の可能性の基礎づけという考えは、次の五つの前提を認めることによって成り立つ。

(1) 存在論の概念に対して解明が与えられなければならない。

(2) あらゆる概念の解明は現象学的分析によって与えられる。

(3) 存在論的な概念の現象学的解明は、作用の実的な成分の分析ではなく、作用の志向的対象の分析によって与えられる。

(4) あらゆる志向的作用には一律的に志向的対象が対応する。

(5) 志向的対象は，（場合によっては存在しない）超越的対象である。

これらをすべて認めるならば，存在論的概念の現象学解明のために志向的対象を現象学に導入することで，フッサールは存在しない志向的対象の問題に突き当たる。こうした対象も志向的対象としては何の違いもないのだから，存在する対象と存在しない対象を区別するためには，作用ないし意識の側の性格に訴える以外の手だては残されていない。そして，志向的対象は超越的対象と区別されないのだから，志向的対象の存在と非存在についての主張は，それ以上背後に遡ることのできないような世界そのもののあり方に関する主張でしかありえない。

こうした帰結が『論研』の問題設定とそれが持つ不整合から出てきたことを考慮に入れるならば，のちのフッサールが「現象学は，事実それ自体からして（ipso facto）超越論的観念論である」（I, 118 [155]）と述べた理由について，この作業仮説はひとつの見解を提出しているように思われる。

（**WH5**）フッサールが取っていた前提のうち，志向的対象と超越的対象の同一視については，その根拠は必ずしも明らかではない。

しかし，上の前提のすべてが本当にフッサールと共に認められるべきであるかどうかについては，議論の余地がある。とりわけ問題になるのは，(5) の志向的対象と超越的対象の同一視である。

フッサールの考えでは，志向的対象は作用の部分でなく，作用の実的な構成要素として見いだされるものではない。そうであるからこそ，フッサールは志向的対象についてのあらゆる問題を，意識を超えた外界に関わる形而上学の問題と見なしていたのだった。だが，志向的対象が超越的対象——その背後に遡ることがもはやできないような対象——と同一であるという『論研』期のフッサールの見解は，ここからただちに帰結するわけではない。インガルデンのように，志向的対象と超越的対象を数的に区別する立場にも可能性があるのではないか。われわれはこうしたことを，第 8 章の末尾で論じた。

したがって，（WH1）から（WH4）の仮説にしたがってフッサールの観念論の生成と発展を研究する際にも，それに哲学的な評価を与えるためには，（WH5）を踏まえる必要がある。フッサールの現象学が事実それ自体からして超越論観念論であるのは，五つの前提をすべて踏まえるときに限られ，し

かもそのうちの少なくともひとつは，その根拠を疑うことも十分に可能なのである。そのかぎりで，現象学は事実それ自体からして超越論的観念論であるわけではない。志向的対象と現実の対象との関係について，フッサールはさらなる議論を与えなければならないのである。こうした事情に鑑みるならば，フッサールの超越論的観念論と実在論の問題を次のように再定式化して論じるインガルデンの試みは，われわれの今後の研究に対してきわめてすぐれた見通しを与えてくれるものであると言える[29]。

〔観念論と実在論の〕論争問題は，レアルな世界ないしそのなかに見いだされる対象性は，純粋志向的対象なのか，それとも，それとは根本的に異なるものなのか，という問いとしてさらに解釈されうるだろう。(Ingarden 1964/65, vol. II/1, 174)

フッサールにおける超越論的観念論の生成をめぐるわれわれの今後の研究は，これらの作業仮説にもとづき，本書で採られた文献研究的考察と体系的考察の協同という手法によって進められるだろう。

フッサールは『論理学研究』第二版で，同書を「突破口の著作」と呼んだ (cf. XVIII, 8 [1:8])。われわれはいまや，この言葉が何を意味するのかをはっきりと理解しているといっていいだろう。19世紀と20世紀のちょうど境目にフッサールが穿った突破口の先には，学問的形而上学の可能性を求め続けたその後のフッサールの哲学の歩みの全行程が続くのである。だが，フッサールにとって，この突破口は「終点ではなく端緒」にすぎなかった (cf. XVIII, 8 [1:8])。これが何を意味するのかということについても，われわれは本書を通じて大きな手がかりを得るに至った。とはいえ，この先に続くフッサールの足跡――また，その手前にある，突破口の著作に至るまでの著者の試行錯誤の歴史――を実際に辿り直すという大きな仕事がわれわれには残されている。ここは真に包括的なフッサール研究の始まりでしかない。

---

[29] われわれは別の機会に，こうした見通しのもとでフッサールの超越論的観念論について考察する可能性とその意義を示している (cf. 植村 2009a)。

補　注

I　論理的規則からの推論と論理的規則にしたがった推論

　論理的規則からの推論と論理的規則にしたがった推論の区別にもとづいたフッサールの議論を，具体例に則して詳しく再構成してみよう。たとえば，

(1)　　[i] 明日は雨だ。

　　　　[ii] 明日が雨ならば，遠足は中止になる。

　　　　[iii] したがって，遠足は中止になる。

というふうに表現される推論は妥当であり，そこでわれわれが行う思考は合理的である。われわれはここで，こうした推論の妥当性が論理規則からの推論であることによって成り立っていると仮定しよう。すると，上のように表現される推論をするときにわれわれが実際に行っている操作は，(i) と (ii) に加え，当該の推論規則を明示化したもの

[ii′]　Pという形式の判断とPならばQという形式の判断からQという形式の判断を導く推論はどれも正しい。

も前提として含み，それら三つから結論を導くという推論であったことになる。つまりこの推論は，正確には (1) ではなく，

(1′)　　[i] 明日は雨だ。

　　　　[ii] 明日が雨ならば，遠足は中止になる。

　　　　[ii′] Pという形式の判断とPならばQという形式の判断からQという形式の判断を導く推論はどれも正しい。

[iii] したがって，遠足は中止になる．

のように表現されなければならない．だが，このように明示化された思考もまた合理的な思考なのだから，それは推論規則からの推論でなければならない．すると問題の思考は，実は，上の三つの前提および，

[ii″] Pという形式の判断とPならばQという形式の判断と〈Pという形式の判断とPならばQという形式の判断からQという形式の判断を導く推論はどれも正しい〉という判断からQという形式の命題を導く推論はどれも正しい．

という前提から「遠足は中止になる」を推論するという操作であったことになる．するとわれわれは，問題の思考は，より正確には

(1″) [i] 明日は雨だ．

[ii] 明日が雨ならば，遠足は中止になる．

[ii′] Pという形式の判断とPならばQという形式の判断からQという形式の判断を導く推論はどれも正しい．

[ii″] Pという形式の判断とPならばQという形式の判断と〈Pという形式の判断とPならばQという形式の判断からQという形式の判断を導く推論はどれも正しい〉という判断からQという形式の命題を導く推論はどれも正しい．

[iii] したがって，遠足は中止になる．

と表現されなければならない．そして，このように明示化された思考もまた合理的思考であるのだから…と，(1)のように表現されるわれわれの合理的思考は，じつは際限なく多くの規則を前提に含むことになってしまう．すると，妥当な推論はどれも無限に多くの段階を踏んでなされることになってしまい，有限の存在者であるわれわれが現に妥当な推論にもとづく合理的な思考を行っているということの説明ができなくなってしまう（この問題を解決するために，われわれは実は有限の存在者ではないと述べることも論理的に

は可能だが，これは明らかに無理筋だ）[1]。

　こうした問題は，推論の妥当性をそれが論理的規則にしたがった推論であることと見なせば解消できる。(1) のように示される合理的な思考を行うとき，われわれの思考の合理性の根拠は，個別的な推論規則の一例を明示的ではない仕方で（前提に含めるのではなく）拠り所にし，それにしたがっているという点に求められるのである。もちろん，こうした規則を明示化し，推論における前提にすることもできる。その場合，われわれは上の (1′) によって表現されるような思考を行っていることになるが，これは，明示化された推論規則を前提として含むかぎりで，(1) によって表現されるもともとの思考とは異なるタイプのものなのである。たしかにいずれの思考過程も合理的なのだから，それらはそれぞれ推論規則にしたがっている。だがこの規則は，思考過程に前提として含まれる明示化された規則とは区別されなければならない。われわれの思考がつねにすでにしたがっているこうした規則こそ，思考の可能性の条件をなす，アプリオリな規範としての論理法則なのである。

II 『プロレゴメナ』第 19 節の解釈問題

　二つの推論の区別を導入することでフッサールはアプリオリな規範的論理法則を示す論証を強化している，という解釈をわれわれは『プロレゴメナ』第 19 節に与えてきた。実は，こうした解釈を正当なものとして主張するためには，文献解釈上のいささか込み入った手続きが必要である。

　『プロレゴメナ』第 19 節の表題は，「反対派の通常の論証と，その心理主義的解決」というものである。額面通りに理解するならば，この節の目的は，

---

[1] ハンナも論じるように，こうした不合理な帰結は，ルイス・キャロルのパラドクスと同類である（cf. Hanna 2008, 38-9）。なお，われわれの知るかぎりでは，フッサールがキャロルの論文（Carroll 1895）を読んだという証拠はどこにもない。だが，当時のフッサールが論理学の基礎をめぐる問題に深い関心を寄せていたという事実，そして 19 世紀末の英国とドイツ語圏の哲学のあいだに存在した比較的緊密な交流——こうした状況は，たとえば当時の『マインド（*Mind*）』誌の書評欄や，英国の論理学者への言及を含むフッサールの 1896 年論理学講義（Mat I）からも窺い知れる——を考慮するならば，フッサールがキャロル論文について何らかの情報を得ていたとしても不思議ではない。

反心理主義者による既存の論証が持つ欠陥を指摘し，心理主義の克服のためにはさらなる議論が必要であることを示すというものである。実際，心理主義に対する超越論的論証を定式化する直前に，フッサールは「繰り返しなされてきた以下の論証も，心理主義陣営を動揺させることにより良く成功するわけではない」(XVIII, 69 [1:77]) と述べ，その有効性に疑問を付している。さらに，続く第20節の冒頭でも，「これらおよびこれらに類する議論においては，反心理主義者たちが不利であるように見える」(XVIII, 70 [1:78]) ということがはっきり述べられている。したがって，第19節から読み取れるかぎりでのフッサールの意図としては，規則からの推論と規則にしたがった推論の区別の導入は，心理主義は循環しているという論証から力を奪うべくなされていると見なすのが正しい解釈だろう。つまり，ここでの本人の意図に忠実に解釈するならば，フッサールの議論が示そうとしているのは，心理学的法則によって論理法則の妥当性を説明する際に，そうした説明自身が妥当な論理法則を前提とすることは循環を引き起こさないということである[2]。

しかしながら，ある哲学者のある議論に関する自己評価が，当該の議論の正当な評価と一致しないこともある。大抵の場合そうした事態は，議論の効力が実際よりも高く見積もられるという仕方で生じるだろう。上で取り上げた，帰謬法の形式を持つフッサールの議論はその例である。だがもちろん，同様の事態が逆の仕方で生じることもありえないわけではない。われわれの見解では，フッサールはここで，自らの議論を実状よりも低く見積もってしまっているのである。『プロレゴメナ』におけるある他の議論を優先するならば，第19節の議論は，心理主義に対する有効な反論の一部として解釈されなければならない。

たしかに，前提からの推論と前提にしたがった推論の区別は，それが登場する第19節の叙述に忠実に解釈するならば，反心理主義にとって不利な帰結をもたらすという意図のもとで提起されている。すると，第20節における経

---

2) この場合，同じ議論によって反心理主義的な論理学もとうぜん循環から救われる。論理学が論理法則の妥当を説明する際に妥当な論理法則を前提とすることも，（フッサールの意図にしたがえば心理主義と同じく）循環を引き起こすわけではない。フッサールが第19節後半の議論を通じて示したかったのは，二つの陣営のあいだの従来の論争が実は混乱にもとづく不毛なものだったということになるだろう。

験主義批判や，第56節における思惟経済説批判のような，二つの推論の区別を前提とする反心理主義的な議論は，実は有効ではなく，しかもそのことをフッサールははっきりと承知していたということになる。第19節におけるフッサールの意図が明白に読み取ることができるものである以上，こうした解釈も不可能ではない。

だが，こうした解釈をわれわれの解釈より優先させる理由はほとんどない。第19節の叙述を優先した解釈にしたがえば失敗していることになる思惟経済説批判は，それに一章が割かれていることからも分かるように，フッサールの心理主義批判における不可欠の要素である。経験主義一般についても，多かれ少なかれ事情は同様である。そして，そもそも心理主義批判が『プロレゴメナ』の最大の目的のひとつであることは，誰にも否定しがたい事実である。さらに，この点についてフッサールがどれだけ自覚的であったかについては議論の余地があるが，帰謬法によるフッサールの心理主義批判が論点先取を免れるかどうかは，ひとえに問題の超越論的論証の正否にかかっている。これらの事情を考慮すれば，第19節から読み取られるフッサールの意図が自己誤解にもとづくものであると解釈する方が説得的だろう。したがってわれわれは，『プロレゴメナ』のフッサールは，（そうした方針が必ずしも本人によって意図的に維持されているとは言いがたいものの）超越論的論証を基盤にした心理主義批判を事実上提出していると解釈する[3]。

では，第19節のフッサールはなぜ，反心理主義的な議論を無効にする方針で議論を行ったのか。われわれの解釈を有利にするためにも，こうした当然の疑問に答えることは有益である。そのためには，第19節が置かれているより広範な文脈を考慮しなければならない。フッサールの考えでは，心理主義に反論するためには，アプリオリな規範としての論理法則を持ち出すだけではく，こうした規範の根底にある，記述的でアプリオリな論理法則に訴える必要がある。すると，アプリオリな規範としての論理法則だけに訴える多くの既存の反心理主義者は，不十分な議論を十分なものとみなすという点で誤

---

[3] すでに述べたように，われわれの解釈において登場する議論そのものについて，われわれはハンナ（Hanna 2008）に負うところが大きい。だが，第19節の解釈に関する微妙な問題に触れず，むしろ当該の議論をそのままフッサールに帰する点でハンナの解釈はわれわれの解釈よりも強く，そのかぎりでわれわれのものとは異なっている。

謬を犯している。第19節の議論は，以上のことを示すという文脈に位置づけられるのである。この文脈では，アプリオリな規範だけに訴える反心理主義的な論証から力を奪う議論は，フッサールにとって歓迎すべきものである。そうであるならば，フッサールが循環の解消についての自身の議論を，反心理主義の批判を無効化するものとして誤って解釈してしまうこともありえない話ではないだろう。

　もちろん，こうした解釈の正しさを決定的に示す文献上の証拠はおそらくない。だが，ある種の反心理主義に対する批判が『論研』において果たす役割を考えれば，われわれの説明は，第19節を優先した解釈を採用することよりは説得的である。それに加えて，後者の解釈にしたがえば，たとえば第56節を頂点とした『プロレゴメナ』第9章の思惟経済説批判は，フッサール本人がそれが無効であることを一方で知りながらも執筆したということになる。その場合，フッサールがなぜそのような不合理な行為に及んだのかということに対してきちんとした説明が与えられなければならない。こうした説明を与えることはおそらく困難だろうし，たとえそのような説明が与えられたとしても，問題の解釈がフッサールを合理的でない哲学者にしてしまっていることには変わりがない。わざわざ第19節を優先して『プロレゴメナ』を解釈する積極的な理由はどこにも存在しない。

III　規範的論理法則の存在論的基盤

　スペチエスの存在がその個別例の可能性を境界画定するという発想は，フッサールの反心理主義批判のなかで大切な役割を演じる[4]。

　記述的な論理法則は，命題の導出関係に関する法則である。したがって記述的な論理法則はどれも，当該の法則が支配する命題の組み合せはどのようなものであるのかを規定する。具体的に考えよう。連言の導入 (Introduction of Conjunction) に関する記述的論理法則

---

4)　以下はわれわれが別の機会に論じたことの再論である (cf. Uemura 2010, 9-13)。

(IC) P という形式の命題と Q という形式の命題の組は，P&Q という形式の命題を導出する。

が支配する命題の組み合せは，

(i) それぞれ P・Q・P&Q という形式をもつ三つの命題からなる。

(ii) (IC) にしたがった導出関係に立つ。

という条件を両方満たすものである。すでにお馴染みの例を使えば，〈山田は気が優しい〉という命題・〈山田は力持ちだ〉という命題・〈山田は気が優しくて力持ちだ〉という命題からなる組み合わせは，どれも (i) を満たす。しかし，そうした組み合わせのどれもが (IC) によって支配されるわけではない。これら三つの命題が，たとえば〈山田は気が優しい〉という命題と〈山田は気が優しくて力持ちだ〉という命題を前提とし，そこから〈山田は力持ちだ〉という命題が帰結として導出されるようなかたちで組み合わされているとしたら，それは (IC) にしたがった導出関係に立たないため，(ii) を満たさない。二つの条件を共に満たすのは，これら三つの命題の場合，〈山田は気が優しい〉という命題と〈山田は力持ちだ〉という命題が一緒に〈山田は気が優しくて力持ちだ〉という命題を導出するというかたちの組み合わせに限られる。

(i) と (ii) の条件を両方満たす命題の可能な組み合わせはどれも，スペチエスに関する一般的な存在論的原理にもとづいて，それに含まれる命題のすべてを例化し，(IC) に対応する規範，つまり

(IC") P という形式の判断と Q という形式の判断から P&Q という形式の判断を導く推論はどれも正しい。

に適った可能な正しい推論の範囲を境界画定する。そうした可能な正しい推論とは，

山田は気が優しい。

山田は力持ちだ。

したがって，山田は気が優しくて力持ちだ。

と表現できるようなありとあらゆる可能な判断の過程のことだ。

　すると，記述的な論理法則がスペチエスとしての命題を介して境界画定する可能な正しい判断の総体は，われわれが実際にどういう推論をしているのかとは無関係に成り立っていることになる。こうした事情が背景にあるからこそ，『プロレゴメナ』のフッサールは，規範的論理法則が示す無数の〈われわれがなすべき推論〉を実体化して「意識一般（Bewusstsein überhaupt）」あるいは「超時間的な正規的意識（Normalbewusstsein）」を措定する立場を拒否できるのである（cf. XVIII, 97 [1:109]）。(IC^n) のような規範的な論理法則が示す〈われわれがなすべき推論〉はどれも，(IC) のような対応する記述的論理法則が成り立ち，スペチエスとしての命題が存在するということによって説明されつくされる。規範的論理法則が措定しているように見える意識一般が存在するということは，そうした法則に関連する命題がスペチエスとして存在するということに等しいのである。

IV　志向的相関は分析可能か

　(PM) の右辺に登場する意味とスペチエスの「志向的な相関」関係とは何かをさらに定義することは難しい。『論研』の枠組みでは，われわれは意味とスペチエスの志向的相関関係を未定義の関係として導入せざるを得ないのである。

　直観的に言えば，ここで意味と志向的に相関するスペチエスは，当該の意味によって思念される対象が持つスペチエスである。したがって，相関関係を次のように定義できるように思われるかもしれない[5]。

(IK-1) 意味 M とスペチエス F は志向的に相関する $\leftrightarrow_{\text{def.}}$ $\exists$ x, y(x は M を例化する意味志向である & x は y を思念する & y は F を例化する)

だがこの定義には問題がある。(IK-1) にしたがえば，意味があるスペチエス

---

[5]　「IK」は「Intentionale Korrelation」の略である（(IC) との混同を避けるために，ドイツ語由来の略号を使用した）。

と相関するためには，その意味を内容として例化した意味志向やその対象が現実に存在しなければならない。すると，有限の存在者では読み通すことができない長さの文や，あまりにも奇抜すぎてどんなに創造力豊かな詩人や小説家も思いつくことがないような事態を描写する文（われわれは当然こうした文の例を具体的に挙げることができない），さらには偶然的に偽である文の意味に関する奇妙な帰結を受け入れなければならない。

　まず，前二者の文について考えよう。われわれのうちの誰かによって把握されることがない文であるのだから，こうした種類の文の意味に対応する意味志向は現実には存在することは，これまでもこれからもない。すると，この種の文の意味には定義上可能性が成り立っていないことになってしまうが，こうした帰結は信じがたい。

　別の例で考えてみよう。今日までに発された（ないし書かれた）この世界に関して真である日本語の文を全部集め，それらをすべて連言で繋いで一つの長い文 s を作ることが（少なくとも原理上）可能である。s はこれまでもこれからも発されることのないだろう文だが，原理的には構成可能なのだから，それによって表現される複合的な命題 p が存在し，p は前提より真である。ところで（TP-2）より，命題が真でありうることにとってその命題が可能な意味であることは必要条件なのだから，p は可能な意味である。だが，s の意味を把握することはわれわれにはまず間違いなく不可能なのだから，p を内容として例化した意味志向はこの世界の（未来も含めた）歴史のどの時点にもおそらく存在しない。すると，（IK-1）と（PM）より p は不可能な意味であることになり，矛盾が生じる。したがって，（IK-1）を志向的相関の定義として採用するためには，p を例化する意味志向がこの世界の（未来も含めた）歴史上のどこかに存在することを認めなければならない。とはいえ，こうした意味志向を遂行することは，われわれ人間にはおそらく未来永劫にわたって不可能であるように思われる。したがって，s というきわめて長大な文を理解する能力ないし寿命を持ち，しかも実際に s を理解する（といういささか風変わりな趣味を持った）知的な存在者がこの世界のいつかどこかに存在する蓋然性が極めて高くなければならない。このように，（IK-1）を認めると，われわれは信じがたい帰結を受け入れざるを得なくなる。

　偶然的に偽である文についてはどうだろうか。たとえば「サッカーボール

大のダイアモンドが存在する」が表現する命題が偽だとしよう（この命題はこの世界においておそらく実際に偽である）。その場合，サッカーボール大のダイアモンドは存在しないのだから，(IK-1) と (PM) より，サッカーボール大のダイアモンドが存在するという命題は不可能な意味である。すると (TP-2) の対偶より，この命題は真ではありえないということになってしまう。つまり，サッカーボール大のダイアモンドが存在するという命題は必然的に偽であることになる。だがこの命題が偽であるのは偶然的な事柄にすぎないはずだ。(IK-1) を志向的相関の定義とみなすと，こうした事情にまったく説明が与えられない。つまり一般化して言えば，もしわれわれが (IK-1) を定義として認めるならば，(TP-2) という原理によって，偶然的に偽であるような命題に余地が無くなってしまうのである。こうした帰結もまた信じがたい。

このように，(IK-1) は意味とスペチエスの志向的相関の定義としては強すぎる。意味の可能性が成り立つことにとって，意味志向やその対象が現実に存在しないことは無関係なのである。すると，この定義を次のように弱めればいいかもしれない（「◇」を可能性を示す様相演算子とする）。

(IK-2) 意味 B とスペチエス F は志向的に相関する ↔$_{def.}$ ◇∃ x, y(x は B を例化する意味志向である & x は y を思念する & y は F を例化する)

この定義にしたがえば，ある意味とあるスペチエスの間に志向的相関が成り立つことは，当該の意味とスペチエスを例化した意味志向と対象のそれぞれが存在し，前者が後者を思念するという関係が成り立つことが可能であることに等しい。だが，この定義もまだ強すぎる。意味志向が対象を思念することそのものは，対象が存在しえない場合にも成り立ちうるのである（たとえば，正十面体のサイコロについて考えること）。

したがって，意味と（その意味を内容として持つ意味志向が関係する対象の）スペチエスとのあいだに成り立つ志向的な相関という関係を，それらの例となる対象の水準に成り立つ事柄によって還元的に分析するためには，「存在しない対象」を持ち出す必要がある。すると志向的相関分析するためには，「存在しない対象さえも何らかの仕方である」と言われるときの「ある」によって表現されているような，新たな存在概念を持ち出さなければならない。こうした存在概念に対応する量化子を「∃*」で表すことにしよう。すると志

向的相関は，たとえば次のような仕方で分析できるだろう。

(IK-3) 意味 B とスペチエス F は志向的に相関する $\leftrightarrow_{def.} \exists^* y \, \Diamond \exists \, x$ (x は B を例化する意味志向である& x は y を思念する& y は F を例化する)

このように，志向的相関を還元的に分析するためには，存在概念を二つに区分し，存在しない対象が*あ*る*と*いうことを認めなければならない。こうした帰結は，問題の志向的相関関係を未定義の関係とみなすことを強く動機付けるように思われる。その場合，存在しない対象が*あ*る*こ*とは，意味とスペチエスのあいだに志向的相関が成り立っていることによって説明され，存在概念を複数化することが避けられる。

　もちろん，存在しない対象を持ち出して志向的相関に分析を与えるという戦略（たとえば (IK-3) を定義として採用すること）それ自体の可能性が断たれているわけではない。しかし，少なくとも『論研』のフッサールはこの戦略をとることができない。というのも，作用とその対象の関係についての理論——つまり，志向性理論——において対象を持ち出すことは，現象学の形而上学的中立性の要請によって禁じられているのである。(IK-1) や (IK-2) を含め，意味志向とその対象の関係を用いて志向的相関を分析することは，『論研』の基本的方針にそぐわない。したがって，フッサールの議論の再定式化が問題になっている目下の文脈では，意味とスペチエスの間の相関関係を未定義のまま導入するほかに手だてはない[6]。

---

　6)　Chrudzimski [2001, 210–5] は，同様の志向的関係が未定義のものとして導入されることを，志向性理論の文脈により即して論じている。また Chrudzimski [2005b] は，そのような志向性理論が，志向的関係を主観とはまったく関係のない構造——スペチエスの水準に成り立つ IK 関係——によって説明せざるを得ないという難点を抱えていることも指摘している。

あとがき

　荻窪のささま書店にはかつて支店があり，環八を南に進み高井戸駅の下をくぐったすこし先で営業していたその古本屋で，大学2年生の私は『論理学研究』の翻訳第一分冊を購入した。フッサールが読みたかったからというよりも，手頃だったからという理由が大きかったのだと思う。買った本はぜんぶ読まなければいけないという決まりなどないということを学びつつあった私にとって，あのストイックな装丁の書物が1000円で手に入るチャンスを前にして悩む必要などすでになかったに違いない。それから約16年後に生まれたのが本書である。

　本書は，私が2010年に慶應義塾大学に提出した課程博士論文「真理・存在・意識——フッサールの初期哲学における」の内容と副題をあらためたものである。本書で示した8つのテーゼと5つの作業仮説は当時のものとほぼ変わらないが，それらへと至る論述について，箇所によっては原型をとどめないほどの加筆修正が施された。大小さまざまな変更点のうち，私にとってもっとも重要なのは，ブレンターノに関する記述が大幅に改善されたことだろう。ブレンターノは過小評価されていると言い続けてきた私自身が，恥ずかしいことに博論では彼の重要さをきちんと見積っていなかった。奇しくもブレンターノの没後100年という節目に刊行される本書が，この傑出した哲学者への関心を少しでも高める手助けになれば，著者としては望外の喜びである。

　本書には，私がこれまでに公表してきた論文と内容上の重複がある。博論執筆の段階で素材として用いた植村 2007a; 2007b; 2009 に加え，改稿にあたっては，Uemura 2010 と植村 2015a; 2016 の一部を利用した。また，文献表には記されていないが，以下の論文も，今にして思えば本書の最初のスケッチとでもいうべきものである。

- 植村玄輝「意味はなぜ現象学の問題になるのか――フッサールの『論理学研究』再訪」,『哲学の探求』第36号, 2009年, 71-84頁.

ただし多くの場合，既出の論文の内容は断片的なかたちで本文に織り込まれている．そのため，註で明記したいくつかの箇所を除いて，重複をそのつど指摘することは控えた．

本書の出版に至るまでには，多くの方々の力添えがあった．

まず名前をあげるべきは，学部時代から博論提出まで指導していただいた斎藤慶典先生（慶應義塾大学）だろう．議論の筋さえ通せばこちらが何を言っても受け止めるが，相手が学部生だろうと容赦ない反論の一撃をくらわせる先生の姿勢は，運のいいことに，私の気性と相性がよかった．要するに私は今にもまして生意気だったのだが，そんな私にとって，指導教員に遠慮なく議論をふっかけることができる環境の持つ意味は小さくなかった．こうした環境は，当時の三田におられた哲学・倫理学の教員――特にお世話になった方々の名前を挙げるならば，納富信留先生（現・東京大学），岡田光弘先生，飯田隆先生（現・日本大学），ヴォルフガング・エアトル先生――が共同で作りあげていたものだと思う．先生方から受けた学恩にふさわしい研究者になることは，かねてからの私の目標である．

母校の外でも多くの先生に助けとなっていただいた．村田純一先生（立正大学）には，日本学術振興会特別研究員の受け入れ研究者になっていただいたばかりか，任期終了後に研究者としての身分を失いかけた私を窮地から救ってくださった．ウルリヒ・メレ先生（KU Leuven）とデルモット・モラン先生（University Colledge Dublin）に学振特別研究員時代の在外研究を受け入れていただけたおかげで，それまでにない密度で研究に取り組み，多くの友人と知り合う貴重な機会を手にすることができた．同様の機会に関して，2009年から2011年にかけて合計3回参加した香港での現象学サマースクール（Master Class in Phenomenology）を牽引していた劉國英先生（香港中文大学）にも，感謝の意を表したい．

「先生」と呼ぶとよそよそしい感じになってしまう先輩研究者にも恵まれた．田口茂氏（北海道大学）には，修士課程のころから折に触れて議論の相手をしてもらい，さらには博論の副査として重要な批判やコメントをいただ

いた。斎藤ゼミの先輩である吉川孝氏（高知県立大学）は，まともにドイツ語も読めない（くせに生意気な）頃にフッサールの読み方の手ほどきを受けて以来，私がずっと背中を追いかけてきた存在だ。

さらに歳の近い友人で，特に名前を挙げてお礼を言いたいのは，鈴木生郎（鳥取大学），秋葉剛史（千葉大学），八重樫徹（東京大学），富山豊（東京大学），佐藤駿（東北大学），森功次（東京大学）の各氏だ。彼らと張り合うように考えてきたことの成果は，本書の隅々にまで行き渡っている。

少し年下の葛谷潤（東京大学），金正旭（北海道大学），松井隆明（東京大学），鈴木崇志（日本学術振興会・立命館大学），石井雅巳（津和野町役場町長付）の各氏にも，博論ないし本書の原稿に対する有益なコメントや疑問を寄せてもらった。これからも彼らに追われるように研究をしたいと思っている。また，本書の索引の作成にあたっては，石井君から項目の選定について意見を得たほか，岡山大学文学部の瀬崎景己さんにもチェックを手伝ってもらった。

本書は，日本哲学会の林基金から助成を受けて出版される。本基金のための寄付をしてくださった故・林繁夫氏およびご遺族に心より感謝を申し上げる。また，査読を担当された匿名の審査員にもお礼の言葉を述べたい。

フッサールをひたすら引用してはパラフレーズするこの地味な本の出版を引き受けてくださった知泉書館の小山光夫氏には，学術書の編集に長年携わってこられた経験にもとづく有益な助言を頂戴したほか，LaTeX で入稿したために生じた技術上の問題にも丁寧に対処していただいた。感謝に堪えない。

最後に，本書を家族に捧げることをお許しいただきたい。私には家族になることを自分では選べなかった人も自分で選んだ人もいるのだが，彼らの理解と協力がなければ本書は存在しなかった。

2017 年 2 月　岡山にて

植村玄輝

付記　本書の出版に至るまでに，筆者は日本学術振興会科学研究費による助成を合計3回受けて研究を続けてきた（課題番号：06J06045, 11J05611, 26770014）。それらの研究は本書に直結するものに限られないが，それでも本書を執筆するにあたって大きな意義のあるものだった。

参考文献

フッサールの著作

[I] *Cartesianische Meditationen und Pariser Vorträge*, S. Strasser (ed.), *Husserliana* vol. I, The Hague: Martinus Nijhoff, 1950.〔フッサール『デカルト的省察』浜渦辰二訳, 岩波文庫, 2001年。〕

[II] *Die Idee der Phänomenologie. Fünf Vorlesungen*, 2nd ed., W. Wiemel (ed.), *Husserliana* vol. II, The Hague: Martinus Nijhoff, 1975.〔エドムント・フッサール『現象学の理念』立松弘孝訳, みすず書房, 1965年。〕

[III/1] *Ideen zu einer reinen Phänomenologie und phänomenologische Philosophie. Erstes Buch. Allgemeine Einführung in die reine Phänomenologie*, 1. Halbband, K. Schuhmann (ed.), *Husserliana* vol. III/1, Den Hague: Martinus Nijhoff, 1976.〔エトムント・フッサール『イデーンI』二分冊, 渡辺二郎訳, みすず書房, 1979・1984年。〕

[III/2] *Ideen zu einer reinen Phänomenologie und phänomenologische Philosophie. Erstes Buch. Allgemeine Einführung in die reine Phänomenologie*, 2. Halbband, Ergänzende Texte (1912–1929), K. Schuhmann (ed.), *Husserliana* vol. III/2, Den Hague: Martinus Nijhoff, 1976.

[IV] *Ideen zu einer reinen Phänomenologie und phänomenologische Philosophie. Zweites Buch. Phanomenologische Untersuchungen zur Konstitution*, M.Biemel (ed.), *Husserliana* vol. IV, The Hague: Martinus Nijhoff, 1952.〔エトムント・フッサール『イデーンII』二分冊, 立松弘孝ほか訳, みすず書房, 2001・2009年（全集版ページ番号が欄外に記されているため, 翻訳のページ数表記は省略した)。〕

[V] *Ideen zu einer reinen Phänomenologie und phänomenologische Philosophie. Drittes Buch. Die Phänomenologie und die Fundamente der Wissenschaftslehre, M. Biemel (ed.), Husserliana vol. V, The Hague: Martinus Nijhoff, 1971.〔本書では「『イデーンⅠ』へのあとがき」(翻訳は『イデーンⅠ-1』所収)のみを参照した。〕

[VII] *Erste Philosophie (1923/24). Erster Teil. Kritische Ideengeschichte*, R. Boehm (ed.), The Hague: Martinus Nijhoff, 1956.

[XIII] *Zur Phänomenologie der Intersubjektivität. Texte aus dem Nachlass. Erster Teil: 1905–20*, I. Kern (ed.), *Husserliana* vol. XIII, Den Haag: Martinus Nijhoff, 1973.〔(抄訳) エトムント・フッサール『間主観性の現象学』全3巻，浜渦辰二・山口一郎監訳，ちくま学芸文庫，2012–15年(本書では,「現象学の根本問題」講義(第1巻所収)のみを参照した(全集版ページ番号が欄外に記されているため，翻訳のページ数表記は省略した)。〕

[XVI] *Ding und Raum. Vorlesungen 1907*, U. Claesges (ed.), *Husserliana* vol. XVI, The Hague: Martinus Nijhoff, 1973.

[XVII] *Formale und transzendentale Logik. Versuch einer Kritik der logischen Vernunft*, P. Janssen (ed.) *Husserliana* vol. XVII, Den Haag: Martinus Nijhoff, 1974.〔エトムント・フッサール『形式的論理学と超越論的論理学』立松弘孝訳，みすず書房，2015年(全集版ページ番号が欄外に記されているため，翻訳のページ数表記は省略した)。〕

[XVIII] *Logische Untersuchungen. Erster Band. Prolegomena zur reinen Logik*, E. Holenstein (ed.), *Husserliana* vol. XVIII, Den Haag: Martinus Nijhoff, 1975.〔エドムント・フッサール『論理学研究1』立松弘孝訳，みすず書房，1968年。〕

[XIX/1] *Logische Untersuchungen. Zweiter Band. Untersuchungen zur Phänomenologie und Theorie der Erkenntnis*, I. Teil, U. Panzer (ed.), *Husserliana* vol. XIX/1, Den Haag: Martinus Nijhoff, 1984.〔エドムント・フッサール『論理学研究2』立松弘孝・松井良和・赤松宏訳，みすず書房，1970年。エドムント・フッサール『論理学研究3』立松弘孝・松井良和訳，1974年。〕

[XIX/2] *Logische Untersuchungen. Zweiter Band. Untersuchungen zur*

Phänomenologie und Theorie der Erkenntnis, II. Teil, U. Panzer (ed.), *Husserliana* vol. XIX/2, Den Haag: Martinus Nijhoff, 1984.〔エドムント・フッサール『論理学研究 4』立松弘孝訳, みすず書房, 1976 年。〕

[XX/1] *Logische Untersuchungen. Ergänzungsband. Erster Teil. Entwürfe zur Umarbeitung der VI. Untersuchungen und zur Vorrede für die Neuauflage der Logischen Untersuchungen (Sommer 1913)*, U. Melle (ed.), *Husserliana*, vol. XX/1, Dordrecht/Boston/London: Kluwer Academic Publishers, 2002.

[XX/2] *Logische Untersuchungen. Ergänzungsband. Zweiter Teil. Texte für die Neu-fassung der VI. Untersuchung. Zur Phänomenologie des Ausdrucks und der Erkenntnis (1893/94–1921)*, U. Melle (ed.), *Husserliana*, vol. XX/2, Dordrecht: Springer Verlag, 2005.

[XXII] *Auszätze und Rezensionen (1890–1910)*, B. Rang (ed.), *Husserliana* vol. XXII, Den Haag: Martinus Nijhoff, 1979.

[XXIV] *Einleitung in die Logik und Erkenntnistheorie. Vorlesungen 1906/07*, U. Melle (ed.), *Husserliana* vol. XXIV, The Hague: Martinus Nijhoff, 1984.

[XXV] *Aufsätze und Vorträge. 1911–1921*, H. R. Sepp & T. Nenon (eds.), *Husserliana* vol. XXV, Dordrecht: Martinus Nijhoff, 1987.〔フッサール「厳密な学としての哲学」小池稔訳,『世界の名著〈51〉 ブレンターノ, フッサール』細谷恒夫編, 中央公論社, 1970 年。〕

[XXVI] *Vorlesungen über Bedeutungslehre. Sommersemester 1908*, U. Panzer (ed.), *Husserliana* vol. XXVI, Dordrecht/Boston/London: Martinus Nijhoff, 1987.

[XXXVI] *Transzendentaler Idealismus. Texte aus dem Nachlass (1908–1921)*, R. D. Rollinger (ed.), *Husserliana* vol. XXXVI, Dordrecht/Boston/London: Kluwer Academic Publishers, 2003.

[XL] *Untersuchungen zur Urteilstheorie. Texte aus dem Nachlass (1983–1918)*, R. D. Rollinger (ed.), *Husserliana*, vol XL, Dordrecht: Springer Verlag, 2009.

[Mat I] *Logik. Vorlesung 1896*, E. Schuhmann (ed.), *Husserliana Materi-*

alien vol. I, Dordrecht/Boston/London: Kluwer Academic Publishers, 2001.

[Mat II] *Logik. Vorlesung 1902/03* E. Schuhmann (ed.), *Husserliana Materialien* vol. I, Dordrecht/Boston/London: Kluwer Academic Publishers, 2001.

[Mat III] *Allgemeine Erkenntnistheorie. Vorlesung 1902/03*, E. Schuhmann (ed.), *Husserliana Materialien* vol. III, Dordrecht/Boston/London: Kluwer Academic Publishers, 2001.

[Mat V] *Urteilstheorie. Vorlesung 1905*, E. Schuhmann (ed.), *Husserliana Materiali-en* vol. V, Dordrecht/Boston/London: Kluwer Academic Publishers, 2002.

[Mat VII] *Einführung in die Phänomenologie der Erkenntnis. Vorlesung 1909*, E. Schuhmann (ed.), *Husserliana Materialien* vol. VII, Dordrecht/Boston/London: Springer, 2005.

[Husserl 1939] *Erfahrung und Urteil. Untersuchungen zur Genealogie der Logik*, L. Landgrebe (ed.), Prag: Academia.〔エドムント・フッサール『経験と判断』長谷川宏訳,新装版,河出書房新社,1999 年。〕

[BW] Husserl, E. *Briefewechsel*, 10 vols. E. Schuhmann & K. Schuhmann (ed.), *Husserliana Dokumente*, Dordrecht/Boston/London: Kluwer Academic Publishers, 1994.

その他の一次文献

[1] Bolzano, B. 1837. *Wissenschaftslehre*, 4 vols., Sulzbach: J. E. v. Seidel, 1837.

[2] Brentano, F. 1874/1924. *Psychologie vom empirischen Standpunkt*, vol. I, O. Kraus (ed.), Leipzig: Felix Meiner.

[3] ―――. 1895. *Meine letzte Wünsche für Österreich*. Stuttgart: Cotta.

[4] ―――. 1955. *Vom Ursprung sittlicher Erkenntnis*, 4th ed., O. Kraus (ed.), Leipzig: Felix Meiner, 1955.〔ブレンターノ「道徳的認識の源泉について」水地宗明訳,『世界の名著〈51〉ブレンターノ,フッサール』細谷恒夫編,中央公論社,1970 年。〕

[5] ―――. 1976. *Philosophische Untersuchungen zu Raum, Zeit und Kontinuum*, S. Körner & R. M. Chisholm (eds.), Hamburg: Felix Meiner.

[6] ―――. 1982. *Deskriptive Psychologie*, R. M. Chisholm & W. Baumgartner (eds.), Hamburg: Felix Meiner.

[7] ―――. 1995. *Descriptive Psychology*, B. Müller (tr.), London/New York: Routledge.

[8] Carroll, L. 1895. "What the Tortoise Said to Achilles." *Mind* 4/14: 278–80.

[9] Ingarden, R. 1964/65. *Der Streit um die Existenz der Welt*, 2 vols., Tübingen: Max Niemeyer.

[10] ―――. (ed.) 1968. Edmund Husserl, *Briefe an Roman Ingarden. Mit Erläuterungen und Erinnerungen an Husserl*, Den Haag: Martinus Nijhoff.〔インガルデン『フッサール書簡集 1915–1938――フッサールからインガルデンへ』桑野耕三・佐藤真理人訳，せりか書房，1982 年。〕

[11] Meinong, A. 1894. "Psychologisch-ethische Untersuchungen zur Werththeorie." Reprented in his *Gesamtausgabe*, vol. III, R. Kindinger (ed.), Graz: Akademische Druck- und Verlagsanstalt, 1968, 1–244.

[12] ―――. 1904. "Über Gegenstandstheorie." Reprented in his *Gesamtausgabe*, vol. II, R. Haller, R. Kindinger & R. M. Chisholm (eds.), Graz: Akademische Druck- und Verlagsanstalt, 1971, 481–535.

[13] Natorp, P. 1901. "Zur Frage der logischen Methode. Mit Beziehung auf Edm. Husserls *Prolegomena zur reinen Logik*." *Kant-Studien* 6/1-3: 270–83.

[14] Twardowski, K. 1894. *Zur Lehre vom Inhalt und Gegenstand der Vorstellungen. Eine Psychologische Untersuchung*, Wien: Alfred Hölder.

[15] Wittgenstein, L. 1922/33. *Tractatus Logico-Philosophicus*, London: Routledge & Kagan Paul.〔ウィトゲンシュタイン『論理哲学論考』野矢茂樹訳，岩波文庫，2003 年（節番号で引用した）。〕

二次文献（外国語）

[16] Antonelli, M. 2001. *Seiendes, Bewusstsein, Intentionalität im Frühwerk von Franz Brentano*, Freiburg: Karl Alber.

[17] Benoist, J. 1997. *Phénoménologie, sémantique, ontologie. Husserl et la tradition logique autrichienne*, Paris: Presses Universitaires de France.

[18] ———. 2001a. *Représentations sans objets. Aux origines de la phénoménologie et de la philosophie analytique*, Paris: Presses Universitaires de France.

[19] ———. 2001b. *Intentionalité et langage dans les* Recherches logiques *de Husserl*, Paris: Presses Universitaires de France, 2001.

[20] ———. 2002. *Entre acte et sens. La theorie phénoménologique de la signification*, Paris: J. Vrin, 2002.

[21] ———. 2003a. "Phénoménologie et ontologie dans les *Recherches logiques*," in *Edmund Husserl. La représentation vide*, J. Benoist & J.-F. Courtine (eds.), Paris: Presses Universitaires de France, 111–24.

[22] ———. 2003b. "Husserl, Wittgenstein et l'impossibilité d'une pensée illogique," in *Aux origines de la phénoménologie*, D. Fisette & S. Lapointe (eds.) Paris/Québec, Vrin/Presses de l'Université Lava, 241–54.

[23] ———. 2003c. "Book Review (Edmund Husserl, *Logik. Vorlesung 1986*)." *Husserl Studies* 19: 237–42.

[24] ———. 2004. "Grammaires pures logiques," in *Husserl et Wittgenstein*, J. Benoist & S. Lougier (eds.), Hildesheim: G. Olms, 5–26.

[25] ———. 2008a. "Sur le notion de « remplissement »." In *Husserl*, J. Benoist (ed.), Paris: Cerf. 〔ジョスラン・ブノワ「『充実』概念について」植村玄輝訳,『現代思想』12月臨時増刊号, 2009年, 254–74頁。〕

[26] ———. 2008b. "Linguistic Phenomenology?" in *Meaning and Language. Phenomenological Perspectives*, F. Mattens (ed.), Dordrecht: Springer Verlag, 215–35.

[27] ———. 2008c. "Fulfillment," in *Phenomenology as Grammar*, ed. by J. P. Gàlvez, Ontos Verlag, 77–96.

[28] ———. 2008d. "Grammatik und Intentionalität," in *Edmund Husserl. Logische Untersuchungen*, V. Mayer (ed.), Berlin: Akademie Verlag,

2008, 123–37.

[29] ———. 2010. "De la sémantique à l'ontologie. Les états des choses et le sens de « l'ontologie formelle »." In *Lectures de Husserl*, J. Benoist & V. Gérard (eds.), Paris: Ellipses.

[30] ———. 2015. "Sense and Reference, Again." In J. Bloechi & N. de Warren (eds.), *Phenomenology in a New Key. Between Analysis and History*. Springer, 93–113.

[31] Bernet, R. 1979. "Bedeutung und intentionales Bewußtsein. Husserls Begriff des Bedeutungsphänomens," *Phänomenologische Forschungen* 8: 31–63.

[32] ———. 1988. "Perception, Categorial Intuition and Truth in Husserl's Sixth 'Logical Investigation'," in *The Collegium Phaenomenologicum. The First Ten Years*, J. C. Sallis, G. Moneta, & J. Taminiaux (eds.), Dordrecht/Boston: Kluwer Academic Publishers, 33–45.

[33] ———. 1989. "Husserl's Theory of Sign Revisited," in *Edmund Husserl and Phenomenological Tradition*, R. Sokolowski (ed.), Washington: The Catholic University of America Press, 1–24.

[34] ———. 2004. *Conscience et existence. Perspectives phénoménologiques*, Paris: Presses Universitaires de France.

[35] Brandl, J. 2005. "The Immanence Theory of Intentionality," in *Phenomenology and Philosophy of Mind*, D. W. Smith & A. L. Thomasson (eds.), Oxford: Oxford University Press, 167–82.

[36] Bruzina, R. 2004. *Edmund Husserl & Eugen Fink. Beginnings and Ends in Phenomenology, 1928–1938*, New Haven (Conn.): Yale University Press.

[37] Carr, D. 1999. *The Paradox of Subjectivity. The Self in Transcendental Tradition*, Oxford: Oxford University Press.

[38] Cavellin, J. 1997. *Content and Object. Husserl, Twardowski and Psychologism*, Dordrecht: Kluwer.

[39] Chrudzimski, A. 2001. *Intentionalitätstheorie beim frühen Brentano*, Kluwer Academic Publishers.

[40] ———. 2002. "Von Brentano zu Ingarden. Die phänomenologische Bedeutungslehre." *Husserl Studies* 18: 185–208.〔アルカディウス・フルヅィムスキ「現象学的な意味の理論—ブレンターノからインガルデンまで」植村玄輝訳, 『現代思想』12 月臨時増刊号, 2009 年, 66–88 頁。〕

[41] ———. 2004. *Die Ontologie Franz Brentanos*, Dordrecht/Boston/London: Kluwer Academic Publishers, 2004.

[42] ———. 2005b. "Brentano, Husserl und Ingarden über die intentionalen Gegenstände," in *Existence, Culture, and Persons: The Ontology of Roman Ingarden*, A. Chrudzimski (ed.), Franlfurt a.M.: Ontos Verlag, 83–114.

[43] ———. 2007. *Gegenstandstheorie und Theorie der Intentionalität von Alexius Meinong*, Dordrecht: Springer Verlag

[44] ———. 2008. "Truth, Concept Empiricism, and the Realism of Polish Phenomenology." *Polish Journal of Philosophy* II/1: 23–34.

[45] Courtine, J.-F. 2007. *La cause de la phénoménologie*, Paris: Presses Universitaires de France.

[46] Crane, T. 2006. "Brentano on Intentional Inexistence," in *The Austrian Contribution to Analytic Philosophy*, M. Textor (ed.), London: Routledge, 20–35.

[47] Crowell, S. G. 2001. *Husserl, Heidegger and the Space of Meaning*, Evanston (Ill.): Northwestern University Press.

[48] Dewalque, A. 2013. "Brentano and the Parts of the Mental. A Mereological Approach to Phenomenal Intentionality." *Phenomenology and Cognitive Science* 12/3, 447–64.

[49] Drummond, J. J. 1990. *Husserlian Intentionality and Non-Foundational Realism: Noema and Object*, Dordrecht/Boston/London: Kluwer Academic Publishers.

[50] Dummett, M. 1986. "Frege's Myth of the Third Realm," reprinted in his *Frege and Other Philosophers*, Oxford: Oxford University Press, 1991, 249–62.

[51] Egger, M. 2005. *Bewußtseinstheorie ohne Ich-Prinzip? Die Auseinan-*

dersetzungnzwischen Husserl und Natorp über Bewußtsein und Ich, Hamburg: Verlag Dr. Kovač.

[52] Farber, M. 1962. *The Foundation of Phenomenology. Edmund Husserl and the Quest for a Rigorous Science of Philosophy*, Reprinted Edition, Frankfurt a. M.: Ontos Verlag, 2006.

[53] Fréchette, G. 2005. "La réception de la phénoménologie husserlienne à Munich. Les cas de Lipps, Pfänder et Reinach." *Arhe* II/4: 79–92.

[54] Hanna, R. 1993. "Logical Cognition. Husserl's *Prolegomena* and the Truth in Psychologism." *Philosophy and Phenomenological Research* 53/2: 251–75.

[55] ———. 2006. *Rationality and Logic*, Cambridge (Mass.): The MIT Press, 2006.

[56] ———. 2008. "Husserls Argument Against Logical Psychologism," in *Edmund Husserl. Logische Untersuchungen*, V. Meyer (ed.), Berlin: Akademie Verlag, 2008, 27–42.

[57] Hickerson, R. 2005. "Getting the Quasi-Picture: Twardowskian Representationalism and Husserl's Argument Against It." *Journal of the History of Philosophy* 43: 461–80.

[58] Holenstein, E. 1974. *Phänomenologie der Assoziation. Zu Struktur und Funktion eines Grundprinzips der passiven Genesis bei E. Husserl*, Den Haag: Martinus Nijhoff.

[59] Ierna, C. 2005. "The Beginnings of Husserl's Philosophy, Part 1. From *Über den Begriff der Zahl* to *Philosophie der Arithmetik*." *The New Yearbook of Phenomenology* V: 1–56.

[60] ———. 2006. "The Beginnings of Husserl's Philosophy, Part 2. Philosophical and Mathematical Background." *The New Yearbook of Phenomenology* VI: 33–81.

[61] ———. 2008. "Husserl's Critique of Double Judgments," in *Meaning and Language. Phenomenological Perspectives*, F. Mattens (ed.), Dordrecht: Springer Verlag.

[62] Jorba, M. 2010. "Is There A Specific Experience of Thinking?" *Theoria*

68: 187–196.

[63] Kern, I. 1989. "Erste und zweite Philosophie (transzendentale Phänomenologie und Metaphysik)," in R. Bernet, I. Kern, & E. Marbach, *Edmund Husserl. Darstellung seines Denkens*, Hamburg: Felix Meiner, ch. 10. 〔R. ベルネ，I. ケルン，E. マールバッハ『フッサールの思想』千田義光ほか訳，哲書房，1994年，第10章。〕

[64] Küng, G. 1976. "Das Noema als reelles Moment," in *Phenomenological Perspectives*, P. J. Bossert (ed.), Den Haag: Martinus Nijhoff, 1976, 151–53.

[65] Künne, W. 1982. "Indexikalität, Sinn, und propositionaler Gehalt." *Grazer philosophische Studien* 18: 41–74.

[66] Lavigne, J.-F. 2003. "La prétendue "neutralité métaphysique" des *Recherches logiques*. Quelques leçons d'une lecture fidèle de la prremière théorie "phénoméno-logique" de la connaisssance," in *Edmund Husserl. La représentation vide*, J. Benoist & J.-F. Courtine (eds.), Paris: Presses Universitaires de France, 183–201.

[67] ———. 2005. *Husserl et la naissance de la phénoménologie (1900-1913)*, Paris: Presses Universitaires de France.

[68] Lee, N.-I. 2007. "Husserl's View of Metaphysics. The Role of Genuine Metaphysics in Phenomenological Philosophy," in Cheung, Ch.-F. & Yu, Ch.-Ch (eds.), *Phenomenology 2005. Selected Essays from Asia*, Part 2, Bucharest: Zeta Books, 441–62.

[69] Lewis, D. 1986. *On the Plurality of Worlds*, Oxford: Blackwell. 〔デイヴィッド・ルイス『世界の複数性について』出口康夫監訳，名古屋大学出版会，2016年。〕

[70] Madary, M. 2012. "Husserl on Perceptual Constancy." *European Journal of Philosophy* 20/1, 145–165.

[71] Melle, U. 1999. "Signitive und signifikative Intentionen." *Husserl Studies* 15/3: 167–181.

[72] Millar, B. 2011. "Sensory Phenomenology and Perceptual Content." *The Philosophical Quarterly* 61/244, 558–576.

[73] Moran, D. 2005. *Edmund Husserl. Founder of Phenomenology*, Cambridge: Polity.

[74] Mulligan, K. 1989. "Judgings. Their Parts and Counterparts." *Topoi*, Supp. 2: 117–47.

[75] ———. 1990. "Husserl on States of Affairs in the *Logical Investigations*." *Epistemologia* XII: 207–34.

[76] ———. 1995. "Perception." In D. W. Smith & B. Smith (eds.) *The Cambridge Companion to Husserl*, Cambridge: Cambridge University Press.

[77] ———. 2004. "Brentano on the Mind," in *The Cambridge Companion to Brentano*, D. Jacquette (ed.), Cambridge: Cambridge University Press, 66–97.

[78] Mulligan, K. & Smith, B. 1986. "A Husserlian Theory of Indexicality." *Grazer Philosophischen Studien* 28 , 133–63.

[79] Münch, D. 1993. *Intention und Zeichen. Untersuchungen zu Franz Brentano und zu Edmund Husserls Frühwerk*, Frankfurt a.M.: Surkamp.

[80] Philipse, H. 1987. "The Concept of Intentionality. Husserl's Development from Brentano Period to *Logical Investigations*." *Philosophy Research Archives* XII: 293–328.

[81] Picardi, E. 1997. "Sigward, Husserl and Frege on Truth and Logic, or Is Psychologism Still A Threat?" *European Journal of Philosophy* 5/2: 162–82.

[82] Rollinger, R. D. 1999. *Husserl's Position in the School of Brentano*, Dordrecht/Boston/London: Kluwer Academic Publishers.

[83] Schuhmann, K. 1977. *Husserl-Chronik. Denk- und Lebensweg Edmund Husserls*, The Haag: Martinus Nijhoff.

[84] ———. 1990/91. "Husserls Abhandlung 'Intentionale Gegenstände.' Edition der ursprünglichen Druckfassung." *Brentano Studien* 3, 137–176.

[85] ———. 1991. "Intentionalität und intentionaler Gegenstand beim

frühen Husserl." *Phänomenologische Forschungen* 24/25: 46–75.

[86] Sebestik, J. 2003. "Husserl Reader of Bolzano," in *Husserl's* Logical Investigations *Reconsidered*, D. Fisette (ed.), Dordrecht/Boston/London: Kluwer Akademic Publishers, 71–92.

[87] Simons, P. 1995. "Introduction," in F. Brentano, *Psychology from an Empirical Point of View*, L. McAlister et al. (trs.), New York, Routledge, xiii–xxii.

[88] ———. 2004. "Judging Correctly: Brentano and the Reform of Elementary Logic," in *The Cambridge Companion to Brentano*, D. Jaquette (ed.), Cambridge: Cambridge University Press, 2004, 45–65.

[89] Smith, B. 1994. *Austrian Philosophy. The Legacy of Franz Brentano*, Chicago: Open Court.

[90] Smith, D. W. 2013. *Husserl*, 2nd ed., New York: Routledge.

[91] Smith, Q. 1979. "Husserl's Theory of the Phenomenological Reduction in the *Logical Investigations*." *Philosophy and Phenomenological Research* 39/3: 433–437.

[92] Sokolowski, R. 1971. "The Structure and Content of Husserl's *Logical Investigations*." *Inquiry* 14: 318–50.

[93] ———. 1981. "Husserl's Concept of Categorical Intuition," in *Phenomenology and Human Science*, J. N. Mohanty (ed.), Supplement to *Philosophical Topics*, 127–41.

[94] ———. 2003. "Husserl's Sixth Investigation," in *Husserl's* Logical Investigations, D. O. Dahlstrom (ed.), Dordrecht/Boston/London: Kluwer Academic Publishers, 109–22.

[95] Textor, M. 1996. *Bolzanos Propositionalismus*, Berlin: Walter de Gruyter.

[96] ———. 2000. "Bolzano et Husserl sur l'analyticité." J. Benoist (tr.), *Les études philosophiques* octobre-décembre: 435–454.

[97] Uemura, G. 2009. "Husserl on the Structure of Expressing." In *Ontology and Phenomenology*, M. Okada (ed.), Tokyo: Keio University Center for Logic and Formal Ontology, 11–20.

[98] ――. 2010. "The Ontology of Propositions in Husserl's *Prolegomena*." *Bulletin d'analyse phénoménologique* VI/6, 1–16.

[99] ――. 2015. "Husserl's Conception of Cognition as an Action. An Inquiry into its Prehistory." In *Feeling and Value, Willing and Action. Essays in the Context of a Phenomenological Psychology*, M. Ubiali & M. Wehrle (eds.) Dordrecht: Springer, 119–137

[100] Welton, D. 2003. "The Systematicity of Husserl's Transcendental Philosophy. From Static to Genetic Method," in *The New Husserl. A Critical Reader*, D. Welton (ed.), Bloomington: Indiana University Press, 255–88.

[101] Woleński, J. 2006. "Brentanism and the Rise of Formal Semantics," in *Actions, Products, and Things. Brentano and Polish Philosophy*, A. Chrudzimski & D. Lukasiewicz (eds.), Frankfurt a. M.: Ontos Verlag, 217–32.

[102] Zahavi, D. 2004. "Phenomenology and Metaphysics," in *Metaphysics, Facticity, Interpretation*. D. Zahavi, S. Heinämaa & H. Ruin (eds.), Dordrecht/Boston/Lon-don: Kluwer Academic Publishers, 3–22.

二次文献（日本語）

[103] 秋葉 剛史 2008.「『論理学研究』における判断と単なる表象」,『現象学年報』（日本現象学会）第 23 号, 101–08 頁。

[104] 植村 玄輝 2007a.「実的なものの現象学の限界―命題のスペチエス説はなぜ放棄されたのか」,『フッサール研究』第四・五号, 平成 18 年度科学研究費補助金（基盤研究 B）「『いのち・からだ・こころ』をめぐる現代的問題への応用現象学からの貢献の試み」（課題番号 18320003）資料集, 170–80 頁。

[105] ――. 2007b.「内世界的な出来事としての作用―ブレンターノ, フッサール, ライナッハ」,『現象学年報』（日本現象学会）第 23 号, 109–17 頁。

[106] ――. 2009a.「フッサールのノエマとインガルデンの純粋志向的対象―志向性理論から世界の存在をめぐる論争へ」,『フッサール研究』第 7 号, 4–14 頁。

[107] ―――. 2009b.「形而上学における志向性の方法―フッサールの『意味の理論講義』(1908) の意義」,『現象学年報』(日本現象学会) 第 25 号, 89–97 頁。

[108] ―――. 2011「ライナッハと実在論的現象学の起源―包括的研究への序説」,『現象学年報』(日本現象学会) 第 27 号, 2011 年, 63–71 頁。

[109] ―――. 2014.「現象学の伝統における観念論・実在論問題を描き直す」,『立正大学哲学会紀要』第 9 号, 65–85 頁。

[110] ―――. 2015a.「フッサールの反心理主義批判」,『哲學』(日本哲学会) 第 66 号, 127–42 頁。

[111] ―――. 2015b.「フッサールと〈哲学者たちの楽園〉―佐藤駿『フッサールの超越論的現象学と世界経験の哲学』第四章に寄せて」,『モラリア』第 22 号, 東北大学倫理学研究会, 80–100 頁。

[112] ―――. 2015c.「現象学的実在論と感覚の関係説」,『現象学年報』(日本現象学会) 第 31 号, 99–107 頁。

[113] ―――. 2016.「フッサールの新資料を読む―『一般的認識論―1902/03 年講義』」,『フッサール研究』第 13 号, 172–89 頁。

[114] 門脇 俊介 1987.「現象学における『動機づけ』の概念」,『山形大學紀要 人文科學』第 11 号 (2), 37–60 頁。

[115] 葛谷 潤 2013.「『論理学研究』と意味の神話」,『東京大学哲学研究室論集』第 32 号, 118–31 頁。

[116] 榊原 哲也 2009.『フッサール現象学の生成―方法の成立と展開』東京大学出版会。

[117] 佐藤 駿 2015.『フッサールの超越論的現象学と世界経験の哲学―『論理学研究』から『イデーンⅠ』まで』東北大学出版会。

[118] 鈴木 崇志 2016.「『論理学研究補巻』第 2 分冊についての報告」,『フッサール研究』第 13 号, 155–71 頁。

[119] 鈴木 俊洋 2013.『数学の現象学―数学的直観を扱うために生まれたフッサール現象学』法政大学出版局。

[120] 田口 茂 2010.『フッサールにおける〈原自我〉の問題―自己の自明な〈近さ〉への問い』法政大学出版局。

[121] 武内 大 2010.『現象学と形而上学』知泉書館。

[122] 富山 豊 2009.「フッサール初期志向性理論における『志向的対象』の位置」,『フッサール研究』第 7 号, 61-72 頁。

[123] ———. 2014.「『数学的直観』概念の眼目とフッサールの『直観』概念」,『モラリア』(東北大学倫理学研究会) 第 20・21 合併号, 233-51 頁。

[124] 松井 隆明 2014.「フッサールとアリソン流カント—超越論的観念論と物自体の問題」,『東京大学哲学研究室論集』第 33 号, 144-57 頁。

[125] 八重樫 徹 2006.「フッサールの言語行為論 —『コミュニケーションの現象学』にむけて」,『東京大学哲学研究室論集』第 25 号, 271-84 頁。

[126] ———. 2007.「行為・因果・責任—フッサールとプフェンダーの「動機づけ」概念をめぐって」,『フッサール研究』第 7 号, 24-36 頁。

[127] ———. 2017.『フッサールにおける価値と実践—善さはいかにして構成されるのか』水声社。

[128] 吉川 孝 2011.『フッサールの倫理学—生き方の探究』知泉書館。

人名索引
(n は脚注)

アインシュタイン（Einstein, Albert）　92n12
アヴェナリウス（Avenarius, Richard）　59
秋葉剛史　240
アリストテレス（Aristoteles）　18-20, 35, 88, 93
アリソン（Allison, Henry）　11n8
アントネッリ（Antonelli, Mauro）　117n1
イェルナ（Ierna, Carlo）　4n2, 126n13
インガルデン（Ingarden, Roman）　3, 5, 260n20, 269-70
ウィトゲンシュタイン（Wittgenstein, Ludwig）　213n6, 228n16
植村玄輝　4n1, 6n4, 10n7, 19n2, 79n1, 100n17, 249n10, 258n18, 260n19, 263n25, 270n29, 276n4
ウェルトン（Welton, Don）　5n3
ヴォレンスキ（Woleński, Jan）　54n6
ウカシェヴィッチ（Łukasiewicz, Jan）　54n6
エッガー（Egger, Mario）　249n9

カー（Carr, David）　11n8
門脇俊介　139n3
カント（Kant, Immanuel）　11n8, 20, 22, 40n26, 68, 249
キャヴェリン（Cavellin, Jens）　39n26
キャロル（Carroll, Lewis）　273n1
キュネ（Künne, Wolfgang）　221n10
キュング（Küng, Guido）　262n24
クルティーヌ（Courtine, Jean-François）　39n26
クレイン（Crane, Tim）　37n21
クローウェル（Crowell, Steven）　11n8
クワイン（Quine, W. v. O.）　221n10
ケプラー（Kepler, Johannes）　88, 92n12
コペルニクス（Copernicus, Nicolaus）　88

サイモンズ（Simons, Peter M.）　36, 126n13
榊原哲也　47n1, 252n13
佐藤駿　47n1, 100n17
ザハヴィ（Zahavi, Dan）　11n9
シェリング（Schelling, Friedrich）　20
シューマン（Schuhmann, Karl）　4n2, 6, 32n16, 40n27
シュトゥンプフ（Stumpf, Carl）　6, 148n12, 155n18
シュトラッサー（Strasser, Stephan）　5
ショーペンハウアー（Schopenhauer, Arthur）　22
スウィフト（Swift, Jonathan）　222n13
鈴木崇志　139n2
鈴木俊洋　122-3n9
スミス（Smith, Quentin）　250n12
スミス（Smith, David Woodruff）　70n22
スミス（Smith, Barry）　35n19, 122n8, 222n12
セベスティック（Sebestik, Jan）　29n12
ソコロウスキ（Sokolowski, Robert）　7-8, 160

田口茂　234
武内大　11, 131

ダメット（Dummett, Michael） 155
タルスキ（Tarski, Alfred） 54n6
チェントローネ（Centrone, Stefania） 83, 86
デカルト（Descartes, René） 117
テクスター（Textor, Mark） 29n12, 30, 229n19
トヴァルドフスキ（Twardowski, Kazimierz） 32n17, 33, 37–44, 54n6, 131
ドゥワルク（Dewalque, Arnaud） 122n8
富山豊 81n3, 155n17
ドラモンド（Drummond, John D.） 241n2

バークリ（Berkeley, George） 22
ハイデガー（Heidegger, Martin） 53n4
ハンナ（Hanna, Robert） 47n1, 52n4, 53n5, 55–6, 56n8, 58n10, 61n14, 273n1, 275n3
ピカルディ（Picardi, Eva） 53n4
ヒッカーソン（Hickerson, Thomas） 40n27
ファーバー（Farber, Marvin） 8–9
フィリプセ（Philipse, Hermann） 4n2, 40n27
フィンク（Fink, Eugen） 5n3
フェレロ（Ferrero, Guillaume） 55
フッサール（マルヴィネ）（Husserl, Malvine） 6
ブノワ（Benoist, Jocelyn） 4n2, 8n5, 9, 31n15, 33n18, 40n27, 126n13, 126n14, 150n14, 151, 152, 158n22, 159n23, 160n27, 198, 202n16, 213n6, 222n12, 252, 253, 254n15, 262n22
ブラーエ（Brahe, Tycho） 88, 92n12
ブラウワー（Brower, L. E. J.） 92n12
ブラントル（Brandl, Johannes） 260
ブルジーナ（Bruzina, Ronald） 5n3
フルヅィムスキ（Chrudzimski, Arkadiusz） 35n12, 37n22, 39n24, 39n25, 39n26, 42n28, 121n7, 126n13, 267n28, 281n6
フレーゲ（Frege, Gottlob） 29n11, 52n4, 155n17
フレシェット（Fréchette, Guillaume） 54n6
ブレンターノ（Brentano, Franz） 14, 34–41, 44, 55n7, 66n18, 115–24, 126–7, 129, 131–3, 136, 141–2, 155n18, 162, 167, 238–41, 244n4, 251, 257, 260
ヘーゲル（Hegel, Georg Wilhelm Friedrich） 20
ベネケ（Beneke, Friedrich Eduard） 22
ベルネット（Bernet, Rudolf） 47n1, 89n10, 100n17, 109n23, 139n2, 158n21, 160n27, 189, 231
ホーレンシュタイン（Holenstein, Elmar） 149n12
ボルツァーノ（Bolzano, Bernard） 9, 17, 29–35, 37–8, 40–1, 45, 83n4, 158n22, 229n19

マイノング（Meinong, Alexius） 39n26, 40n26, 65–6n18, 267n28
マダリー（Madary, Michael） 242n3
松井隆明 11n8
マッハ（Mach, Ernst） 36, 59
マリガン（Mulligan, Kevin） 55n7, 117n1, 126n13, 222n12, 242n3
マルティ（Marty, Anton） 126n13, 144, 197
ミュンヒ（Münch, Dieter） 4n2
ミラー（Millar, Boyd） 242n3
メレ（Melle, Ullrich） 139n2, 266n26
モラン（Moran, Dermot） 102n19

八重樫徹 4n1, 66n18, 69, 139n3, 141n4
吉川孝 4n1

人名索引　　　　　　　　　　　　　303

ヨルバ（Jorba, Marta）　145n6

ライプニッツ（Leibnitz, Gottfried Wilhelm）　117
ラヴィーニュ（Lavigne, Jean-François）　252n13, 255n17
ラング（Rang, Bernhard）　32n16
ラントグレーベ（Landgrebe, Ludwig）　228n18

李南麟（ナミン・リー）（Lee, Nam-In）　11n9
リップス（Lipps, Theodor）　28, 54n6
ルイス（Lewis, David）　222n13
レシニェフスキ（Leśniewski, Stanisław）　54n6
ローリンジャー（Rollinger, Robin D.）　9n6, 66n18
ロッツェ（Lotze, Hermann）　102n19

項目索引
（頻出項目は，重要箇所のみ）

ア 行

アプリオリ　150
　——な規範としての論理法則　→規範的な論理法則
　——な探求としての現象学　→『論研』の現象学
　論理法則の——性　→論理法則
生き方　69–71
意志（Wille）　79, 118, 140, 182–4
意識（Bewusstsein）　12, 22–3, 30, 41, 45, 81, 119–22, 126, 148, 240, 253, 266–68
　——一般（Bewusstsein überhaupt）278
　——の統一　248–50
　現象学的な——概念　242–52
　志向的体験としての——　240–3
　純粋——　252n14
　スペチエスとしての——　→スペチエス
　正規的——（Normalbewusstsein）278
　体験の全体としての——　242, 245–9
　超越論的——　252n14
　内的知覚・自己意識としての——　243–5
　非経験的な——概念　102–10, 168　→『論研』の現象学
意味（Sinn/Bedeutung）　33, 44, 47, 84–5, 86–7, 95, 96–7, 101, 123, 126, 137–69, 207, 221–2, 228n18, 232　→命題
　——カテゴリー　85–7, 95, 161, 200–1
　——の心像説　144
　——のスペチエス説　→スペチエス
　——の統一可能性　185–6　→純粋文法
　——の判明な理解と曖昧な理解　211–3, 232–4
　——の表現からの独立性　96n14, 153
　——の変様　38, 195, 226
　——の歴史　228
　可能な——　152n16, 173–9, 182, 188, 196, 202, 214–5, 223, 241, 279–81
　虚的な——　174–5
　充実する——　133, 147–52, 159–67, 168–9, 172–6, 179, 181–2, 186, 202–3, 220, 223
　対象への関係の「仕方」としての——　154–5
　端的な——　147, 149
　独立的——　197–8
　反——　194, 208–13, 218–9, 225–6, 229, 231
　非独立的——　197–200
　不可能な——　152n16, 173, 175, 180–6, 188, 193, 202, 214–5, 223, 234, 280
　無——　150, 194–6, 199, 202n16, 213n6　→ナンセンス
　レアルな——　175　→可能な意味
意味作用　143n5, 152–3, 198, 233
　→意味志向
意味志向（Bedeutungsintention）　142–3, 153–5, 158, 159, 186, 189–90, 198, 200n15, 217–23, 227, 230,

項目索引　305

　　261-2, 266.
　　——の幻滅　　181-5
　　——の充実　　146-52, 160-1, 174-5, 178, 231-3, 245
　　——の自律性　　143-5, 167n30, 168
意味充実作用　　143, 146-51, 160-1, 167-8, 181　→充実
意味付与作用　　143, 143n5, 149　→意味志向

　　　　カ　行

外界（Außenwelt）　　18, 21-6, 35-7, 93, 131-2, 142, 239-41, 243, 246-7, 248, 252, 260, 262, 266, 269
　心的な——　　22, 246n7
懐疑（論）　　22, 24, 53n5, 58
概念（Begriff）　　33, 65, 86-7, 121n6, 124n11, 175, 186n9, 244-5
　　——に関する経験主義　　120-1n6, 124n11
　　——の解明　　90-8, 118-25, 127-8, 132, 239, 256-9, 266, 268-9
　　——の起源・源泉　　116, 119, 120-1, 122n9, 125, 136, 143, 183, 251, 256
　基本——　　94, 97, 104-6, 110, 113, 116, 118, 122n8, 137, 266
科学　→学問
　経験——（としての自然科学・心理学）　　22-6, 36, 45, 55, 88, 100, 116, 117n1, 118, 239
　合理的——　　21
　個別——　　21, 91-2
　（個別）——の前提　　18-9, 21-2, 92
　自然——（者）　　20-1, 35-6, 75, 89, 91, 111, 251, 268
学問　　12, 18-21, 25, 49, 116　→科学
　　——一般の前提　　26
　　活動としての——　　56, 74-5, 78-80

　公理的な——　　88
　根拠づけの統一としての——　　27-8, 82, 85-6, 88-9
　真理の集まりとしての——　　26
学問論（Wissenschaftslehre）　　13-4, 24, 25-31, 32, 45, 77-114　→論理学
　——としての論理学　　→論理学
　——の形而上学に対する先行性　　25-6, 93-4
　技術学としての——　　50, 81-2, 105-6
　規範的な——　　77, 81-2, 105-6
価値認定（Werthaltung）　　64-8, 74
　根本的な——　　68-71　→根本規範
カテゴリー
　意味——　　85, 86-7, 95, 161, 200-2
　——的形式　　166-7, 191-2, 221, 263
　——的対象　　156, 235, 261-4　→事態
　対象の——・存在論的——　　24, 86-7
カテゴリー的直観　　136, 165-8, 173-4, 189-90, 192, 226-7, 235, 261
　——と本来的思考　　206, 215-24, 236
　——の表現可能性　　220-3
　普遍者の——　　231-2
可能性　　183, 235, 267, 279-80
　イデア的——　　100-1
　意味の——　　→可能な意味
　スペチエスと——　　101-2, 276
　レアルな——　　79, 100
可能性の条件　　57n9
　学問の——　　56, 86, 93
　カテゴリー的直観の——　　235, 261
　思考の——　　48, 56-61, 75, 77, 108, 230, 235, 273
　真理の——　　26, 173, 175, 227
　対象の——　　235, 261, 267n27
　認識（真理の把握）の——　　25-6,

27n6, 45, 82, 84, 107–8, 110, 113–4, 171, 175, 189
神　100–1n18
感覚　148–9n12, 155n18, 243, 257–8n18
　　——と知覚　→知覚
　　——の非志向性　241–2, 260–1
観念論　22, 254n15
　　超越論的——　→超越論的観念論
記号　96n14, 127, 138–42, 145, 167–8, 201–2, 213n6, 225, 228n16
　　共義的——　197, 199
　　自義的——　197
　　有意味な——　→表現
記述的心理学　13–4, 17, 25, 31–2, 34, 44, 55n7, 115, 126, 131, 136, 141–2, 238–9, 242
　　——と現象学　→現象学
　　——と発生的心理学の区別　117–8
　　——に関するブレンターノのプログラム　117–24, 129, 132, 257
規範　153, 199, 219n9
　　アプリオリな——としての論理法則　→論理法則
　　意味志向と——　146, 152
　　——的命題　64–8, 71
　　根本——　68–71, 74–5, 103, 195
　　判断と（アプリオリな）——　103–4, 113, 152, 168
規範の転用（normative Wendung）　72–5, 89, 95, 109–10, 113, 194
客観的認識論　14–5, 105–14, 115, 125, 127–9, 132–3, 135–6, 147, 168, 171–236, 245n5
　　——の拡張　105–13, 133, 147, 168, 171–203
　　——の形而上学的含意　234–7, 253–64, 265
経験的で個別的な真理・命題　14, 111–3 171, 173, 202, 224, 225–9, 236
経験的で個別的な認識・判断　112–3, 135, 171
形而上学　4, 10–5, 18–25, 32, 36, 39, 45, 49, 92–4, 235, 266–70
　　アリストテレス的な——（第一哲学）　18, 87, 93
　　学問的な——　11–2, 23, 265, 270
　　——的前提　18, 93, 132
　　——的認識　11, 24, 26
　　——と認識論　19–20, 22, 24–5, 92–3, 130, 235
形而上学的中立性　14–5, 36–7, 40–4, 116, 129–33, 136, 142, 152–9, 163–4, 168–9, 185, 206n1, 224, 238–65, 266, 281
言語・言語記号　136, 138, 140–2, 145, 155, 167, 189–90, 210, 217, 220–3　→表現
体験の感性的側面としての言語　124–7, 142
理想言語　221–2
現象　22–3, 36, 85, 91, 96, 126n14, 244
　　心的——　28, 31, 34–7, 117–20, 122, 125–7, 129, 141–2, 238, 240, 241n2, 242, 251, 253
　　物的——　36–7, 127, 239–40
現象学
　　形相的学科としての——　109n23
　　——的還元　11
　　——的分析　6, 74, 81, 94, 97, 113–4, 133, 135, 182, 184, 199
　　——と記述的心理学　124, 136, 251–3
　　——と形而上学　10–13, 265–70　→形而上学的中立性
　　——の形而上学的中立性　→形而上学的中立性
　　——の体系化　3–5
　　——の伝統　9
　　実在論的——・ミュンヘン——　10, 54
　　超越論的——　→超越論的観念論

発生的―― 249n10
『論研』の―― →『論理学研究』
現象主義 253, 261n21
　方法的―― 36-7
幻滅（Enttäuschung） 151-2, 181-2, 184, 206, 208, 209n3, 213-4
　――する意味 182
　――と「背反を通じた統一」 184-5
　背反の経験としての―― 181
公理（Axiom） 60n13, 62, 88-9, 111-2, 171n1, 175, 187
　形而上学の原理としての―― 87n8
　――的学問 →学問
告知（Kundgabe） 126, 147n10
根拠づけ（Begründung） 27-8, 58-60, 83-86, 92, 111-3, 171, 177, 225-6
　――と導出関係 83-4
　――の統一としての学問 →学問

サ　行

作用・心的作用　29, 31-2, 35, 39n24, 42, 43n, 44, 46n30, 53, 55n7, 79, 98, 106, 126, 155, 157, 240-1, 243, 245, 247, 256, 259-62, 268-9, 281
　客観化――と非客観化―― 4n1
　――質料（Aktmaterie） 157-60, 167-8, 174-5, 261
　――性質（Aktqualität） 157-9
　――本質（Aktwesen） 158
　措定的――と非措定的―― 214
思惟経済説 59-60, 275-6
自我 130, 239, 245
　意識の全体としての―― 242, 246-51
　経験的―― 251, 254-5
　――原理 248
　純粋―― 249
　心的な物としての―― 250

反省する―― 249
思考・思考作用　22, 28, 30-1, 51-2, 72-3, 82, 87, 95-6, 99, 101, 106-7, 125, 128, 130, 145n6, 186, 226, 230-1, 246n6, 271
　曖昧な――と判明な―― 212-3
　合理的―― 48, 56-61, 75, 108, 272-3
　――の規範としての論理法則　→論理法則
　数学的―― 62, 63n15
　非本来的―― →非本来的思考
　本来的―― →本来的思考
志向　7, 164, 165, 244　→意味志向
　〈狙うこと〉としての―― 146, 151, 183
志向性　10, 31, 34, 130, 137, 145, 154-5, 160, 185
志向的相関 179, 278-81
志向的相関者 160, 166, 185
志向的内在 34, 240
志向的内容 241
　心的現象の特徴としての―― 34, 119, 122n8, 240-2
　スペチエスとして捉えられた―― 159
志向性理論 4
　初期フッサールの―― 40-5, 152-4, 186
　初期ブレンターノの―― 34-7
　中期フッサールの―― 268
　トヴァルドフスキの―― 37-9
志向的対象　35, 37, 40, 131, 159, 163, 168, 259, 266, 268　→志向的相関者
志向されているがままの対象 155-6, 158, 168
志向されている当の対象それ自体 155
　――としての意味 154-7, 159n26
　――と超越的対象・現実の対象 15, 40, 43-4, 155, 157, 240-1, 260-4, 269-70

自然主義　　52, 61, 76　→心理主義
事態（Sachverhalt）　162-3, 202n16, 216, 218, 234, 256, 261, 279
　——と事況　156
　——と命題　86-7
　——の直観　189, 217　→カテゴリー的直観
指標（Anzeichen）　137-40, 147n10, 167
充実（Erfüllung）　7, 81n3, 142, 144-6, 163n28, 165-6, 184-5, 189, 193, 206, 213-4, 217-9, 221, 223, 227, 236, 245, 249n10, 257n18　→意味充実作用
　合致統一としての——　148-9
　——作用（Erfüllen）　160
　——への意志　182-4
　狭いいみでの——　150-2, 208
　判断——そのもの　256
　広いいみでの——　150-2, 208　→幻滅
　分析的認識における——　231-4
充実する意味（erfüllender Sinn）　133, 147-9, 152, 159, 161, 165, 167-8, 172-6, 178-9, 181-2, 220, 223
　——による客観的認識論の拡張　→客観的認識論
　——の不可能性　150-2, 168
　狭いいみでの——　173, 202-3
　広いいみでの——　173, 182, 186
純粋蓋然性理論（reine Wahrscheinlichkeitslehre）　77, 88-9, 95, 107, 111, 113
純粋多様体論（reine Mannigfaltigkeitslehre）　77, 86-8
純粋文法（reine Grammatik）　85, 172, 186n9, 218, 227
　——的法則　14, 194-6, 199-203, 207, 215, 218-9, 225
純粋論理学（reine Logik）　6, 13-4, 26-9, 31-2, 45, 47, 49-50, 55n7, 60n13, 61-2, 77-114, 115, 124-5, 127-8, 171, 194-5, 257, 259　→論理学
真理　10, 12-3, 25-7, 29n12, 30-1, 40, 43, 45, 50, 71-3, 78, 83, 85-7, 93, 111-3, 122, 136, 143, 168, 171, 173, 175, 226-7, 237　→命題
　経験的で個別的な——　→経験的で個別的な真理・命題
　——と明証・洞察　98-104, 106-10, 146
　——の永遠性　95-6
　——の価値　105-6
　——の把握・獲得　25, 50-1, 62, 74-6, 79n1, 80-1, 195, 226, 229-30　→認識
　分析的——　14, 229-31
心理学　13, 21, 48-9, 55, 57, 62, 82, 99-100, 103-4, 110, 113, 116, 148-9n12, 255　→記述的心理学
　——的概念　258
　——的法則　53-4, 75, 104, 274
　——的論理学　→論理学
　魂なき——（Psychologie ohne Seele）　35-6, 131, 238-9, 240
心理主義（Psychologismus）　13, 29, 45-53, 94-5, 97, 102, 104-5, 122-3n9, 229
　——批判　28-9, 53-61, 63, 75-6, 195, 226-7
推論　28, 107, 110, 126, 227
　帰納的——　89, 111, 226
　誤謬——・誤った——　83, 87, 211-2
　——と命題の導出関係　83
　——の妥当性　75, 225
　前提からの——　57-8, 60n13, 72-4, 271-3, 274-5
　前提にしたがった——　57-8, 60, 271-3, 274-5
数学（者）　4n2, 21, 25, 29-30, 62, 87n7, 88-9, 111, 144
　——者の仕事と哲学者の仕事　82,

項目索引　　　309

　　　89–94, 105, 111, 113
　　——的対象　　33
　　——的直観　　→直観
　　——と論理学の並行性　→論理学
スペチエス　　96, 154, 159n25, 192, 231–2, 241n2, 278, 280–1
　　——と可能性　　101–2, 159n24, 176–7, 276
　　——としての意識　　109n23
　　——としての概念　　124n11
　　——としての充実する意味　　159–61
　　——としての命題・意味　　146, 175, 185, 199n14, 228n17, 278
　　——として捉えられた志向性　→志向性
　　——の統一可能性／不可能性　　176–82, 184–7
　命題・意味の——説　　46, 95–104, 149, 152–9, 258n18
前提　　56, 83–4, 226, 271–3, 277
　形而上学的——　→形而上学
　（個別）科学の——　→科学
　　——からの推論　→推論
　　——にしたがった推論　→推論
　　——の多義性　　57–61
　無——性の原理　　129–30
　想像　　144–5, 154, 164, 166, 168, 184–5, 193, 208, 213, 230–3, 246n6
　端的な——　　162　→端的な直観
存在・存在者　　10–3, 18n1, 22–4, 26, 30, 35–6, 39, 44–5, 87, 101, 105, 131–2, 157, 176–80, 234–5, 237–64, 267–9, 279–81
　イデア的な——（者）　　95–6, 153, 155
　　——の概念　　256
　非本来的な——　　41
　レアルな——（者）　　19, 93
存在論　　10　→形而上学
　後期ブレンターノの——　　37
　形式的——　　77, 87, 93–4, 106, 259, 265
　　——的概念　　256–9, 264, 266, 268–9
　　——的カテゴリー　→カテゴリー
　　——的認識　　214

　　　　　タ　行

対象・対象性　　12, 31, 37, 40–5, 86–7, 98, 105, 119, 142, 144–5, 153–4, 158, 159n24, 160, 214, 234–5, 256, 260–4, 267–8, 279–81
　虚的な——　　149, 150
　現実の——　→志向的対象
　志向されているがままの——と，志向されている——それ自身　→志向的対象
　志向的——　→志向的対象
　存在しない——　　38–9, 43–4, 87, 130, 144, 150, 156–7, 177, 180, 185–6, 202, 231, 235, 240–1, 261, 266–7, 269, 280–1
　　——概念の拡大　　154, 156–7, 166
　　——のカテゴリー　→存在論的カテゴリー
　　——の統一可能性　　177–80, 188, 234
　　——の統一不可能性　　185, 188, 234
　超越的——　→志向的対象
　内在的——・内容　　34, 38, 42n28, 43, 241　→志向的内在
　内容としての——　　155n18, 178n5
知覚　　22, 74, 98, 140–2, 148n12, 149, 154, 161, 185, 193, 208, 245, 246n6, 249, 262n23, 266–7
　外的——　　36, 119, 127
　端的な——　　162–5, 166–7　→端的な直観
　　——と感覚　　241–3, 260–1
　　——と想像　　161, 230–3
　　——の恒常性　　242
　　——の表現　　166

内的—— →内的知覚
知識　27, 79–81, 121　→認識
　言語の—— →言語
超越論的観念論　11, 15, 92n12,
　100n17, 229, 252, 257–8n18,
　263n25, 265–70
超越論的現象学　4–5, 10–2, 21n5,
　57n9, 229, 234, 236, 265, 268
超越論的哲学　12
超越論的転回　5
超越論的論証　56–61, 103n20, 274–5
　→反心理主義批判
直観（Anschauung）　81n3, 120n6,
　121n7, 123–4, 142, 144–5, 148,
　160–1, 173–5, 177–8, 182–5, 196,
　206, 208–10, 213–4, 234, 257n18
　→充実
　カテゴリー的—— →カテゴリー的直観
　感性的——　161–5, 168
　具体的に——的な表象　119
　数学的——　81n3
　端的な——　191–3, 231–2, 263n25
　——化　177–8, 181
　——の純粋形式論　216–8
「直観（Intuition）」　233
動機づけ　139, 169
洞察（的）　5–6, 59, 88–9, 91, 98,
　101, 106–7　→明証

ナ　行

内的知覚　6, 27, 36, 119–20, 122,
　126–7, 141, 243–5, 248–50
　——の概念的な把握不可能性
　244–5
　——の表現不可能性　224–5
ナンセンス　213n6
認識　21, 23, 106–7
　学問的——　14, 81, 86, 268
　形而上学的—— →形而上学
　顕在的な〈知ること〉としての——
　79–80
　行為としての——　79n1
　充実された言表作用としての——
　136–7
　真理の把握としての——　27, 62,
　74, 104
　——の価値　74–5, 105, 195
　——の客観的条件　13–4, 106–11,
　171, 189
　——の主観的条件　14, 106–10,
　112, 171, 189
　——の綜合　160
　分析的——　229–33, 236
　明証的な判断としての——　74,
　80, 98–100, 105, 107–8, 110, 112–3,
　233
認識作用　22–3, 27–8, 98, 105, 108,
　135–7, 141, 143, 159, 224, 251, 262
　——の独自性　160–7
認識（認識体験）の現象学　6, 12,
　74, 78, 106, 113, 116, 125, 128, 130,
　134–69, 172, 220, 226, 235, 239,
　245n5, 251
　分析的——　231–3
　——と客観的認識論の区別　127–
　9, 132, 172, 235, 254
認識批判　91–3, 106, 125, 128
認識論　14, 25–7, 58, 89n10, 130,
　239, 245
　客観的—— →客観的認識論
　——と形而上学　19–25, 92–3
　——としての論理学　78, 171　→
　客観的認識論

ハ　行

反心理主義（者）　13, 47n1, 48–9,
　52n4, 57　→心理主義
　——批判　61–3, 87–8, 274–6
判断　33–4, 42–4, 72–5
　価値——　65
　——作用・——体験　30, 99,

項 目 索 引　　　　　　　　　311

　　103, 105, 112-3, 152, 159, 160-2,
　　163n28, 164, 168, 173, 189-90, 219,
　　233-4, 262, 264
　　──の発生　　228
　　明証的な──　　78, 101-4, 120, 122,
　　146, 171, 173, 228n18, 267　→認識
判断論　　228n18
　　ブレンターノ学派における──
　　55n7
　　ブレンターノの──　　126
非本来的思考　　14, 71, 172, 188-90,
　　216-7, 219, 229　→本来的思考
　　世界に関心を持たない思考としての
　　──　　206, 209-14, 224, 236
　　──の法則　　195-202, 229　→純粋
　　文法
表現（Ausdruck）　　6, 84-5, 125-
　　7, 136-61, 166-7, 197-202, 208,
　　210-2　→言語・言語記号
　　孤独な心的生活における──
　　140-1, 167
　　知覚可能な──　　127, 140-2, 228
　　──と指標　→指標
　　──の想像　　140-1, 167
　　──の知覚　　145, 167
　　──の伝達機能　　140-2
　　有意味な記号としての意味　　137,
　　213n6
表現作用（Ausdrücken）　　135-7,
　　139-43, 145, 154-5, 167-8, 266
　　──の充実　　147-9
表象（Vorstellung）　　30, 34-5, 40-5,
　　116, 140-1, 148n11, 155, 182, 202,
　　240-1, 246n6, 260
　　客観的──　　29-34, 38, 43-5
　　具体的に直観的な──　→直観
　　語音　　167, 230n20
　　主観的──　　30-4, 37-8, 44-5
　　単なる──　　162, 219
　　表意的な──　　183
　　──されたもの　　34, 37-8, 42
　　──自体　　30, 32-3, 37-8

　　──の対象と内容　　37-9
　　不条理な──　　41, 267
　　無対象──　　32-5, 37-40
部分と全体　　6, 155n17, 176-9, 181-
　　2, 184-8, 196
　　相互浸透的部分　　122
　　非独立的部分・モメント　　155n18,
　　196-200
　　独立的部分　　155n18
普遍者（スペチエスも参照）　　6, 96,
　　101, 124n11, 231
　　──のカテゴリー的直観　→カテゴ
　　リー的直観
普遍的記号法　　117, 121n6
ブレンターノ学派　　4n2, 9, 17, 31-2,
　　34, 37, 55n7, 129, 131
方法的現象主義　→現象主義
他の類への移行　　49, 52
本来的思考　　14, 71, 172, 188, 206, 235
　　→非本来的思考
　　──とカテゴリー的直観　　189-90,
　　215-24
　　──の法則としての論理法則
　　191-5, 202-3, 208-9, 211, 229-31,
　　234
　　世界についての関心のもとにある思
　　考としての──　　207-9, 213-4,
　　236

　　　　　　　　マ　行

無根拠（grundlos）　　14, 110-3, 171,
　　225-6
明証（Evidenz）　　30n13, 74-5, 81,
　　120, 122-3, 228n18, 244
　　真理と──　→真理
　　判明性としての──　　233-4
　　──的であれという規範的要求
　　74-5, 103, 111n25, 168
　　──的転用　　109　→規範的転用
　　──的な判断　→認識
　　「視ること」としての──　　234

命題（Satz）　28-9, 62, 95-101, 105-14, 127, 135-6, 171, 175, 187-8, 193, 200, 207-9, 213, 224-34, 272, 279-80
　イデア的なものとしての──　45, 95
　規範的──　64-5, 67-71, 73, 75, 82
　真なる──　45, 74, 81, 96, 98, 103-4, 152, 168, 173, 189　→真理
　反意味的な──　213, 225
　複合的──・──の複合　85-6, 201, 225-8
　文の意味としての──　125, 161
　──概念　95, 124-5
　──自体　29-30, 37, 158n22
　──的構造　126, 162, 165, 228
　──と事態　86-7　→事態
　──の可能性　176, 203
　──の構造・──的構造　30, 61, 84-5, 161-3, 233
　──の形成史　228
　──のスペチエス説　→スペチエス
　──の不可能性　203
　論理学の対象としての──　48, 73, 76-77, 82-7, 89, 92, 95, 106-8, 112-3, 195, 276-78

ヤ 行

融合（Verschmelzung）　148-9n12
　知覚における──　164-5
　体験全体の──　248
　　──としての充実　143, 148-9
善さ・善いもの　64-5, 67-71, 119-20
　認識の──　→認識

ラ 行

倫理学　4n1, 68
論理学　4n1, 6, 13, 21n5, 25, 30, 46-7-114　→純粋論理学
　アリストテレス的な──観　87-8
　学問論としての──　78-90, 93, 115
　技術学としての──　49-53, 55, 61, 75-6, 104-5
　規範的な──　13, 195
　数理的──　51n2, 90
　認識論としての──　195
　ブレンターノの──　126-7
　──的概念　123-6, 128
　──的心理主義　→心理主義
『論理学研究』（『論研』）
　──第二版　5, 89n11, 156n20, 175n3, 196n13, 229, 235n22, 249n9, 258n18, 261n21, 270
　──の現象学　10, 95, 99, 102-4, 109n23, 129, 131-2, 149n12, 167-9, 185, 206n1, 235-6, 238-64
　──の統一性・体系性　4-9, 48, 172, 237
　──の不整合　231-3, 237, 253-64
論理形式　127
論理法則　13-4, 28, 49, 52n4, 53-76, 83, 104, 124, 171, 187, 215, 274
　記述的（「理論的」）な──　77, 87, 89, 95, 102n19, 103, 108-9, 111
　規範的な──　14, 48-9, 58-77, 81, 84, 87-8, 95, 102n19, 103n20, 105-6, 108-11, 230, 273, 275-78
　本来的思考の法則としての──　→本来的思考
　──からの自由　75, 195-6, 199-200, 219

植村 玄輝（うえむら・げんき）
1980年生。慶應義塾大学文学部後期博士課程単位取得退学。博士（哲学）。日本学術振興会特別研究員（SPD），立正大学人文科学研究所研究員，高知県立大学生活科学研究科研究員などを経て，現在，岡山大学大学院社会文化科学研究科講師。
〔主要業績〕"Husserl's Conception of Cognition as an Action" (In *Feeling and Value, Willing and Action,* Springer, 2015),『ワードマップ現代現象学』（共編著，新曜社，2017年）。ドレイファス＆テイラー『実在論を立て直す』（法政大学出版局，2016年，共訳）

〔真理・存在・意識〕　　　　　　　　ISBN978-4-86285-252-6

2017年 3月10日　第1刷印刷
2017年 3月15日　第1刷発行

著　者　植　村　玄　輝
発行者　小　山　光　夫
製　版　ジ　ャ　ッ　ト

発行所　〒113-0033 東京都文京区本郷1-13-2　　株式会社　知泉書館
　　　　電話03(3814)6161 振替00120-6-117170
　　　　http://www.chisen.co.jp

Printed in Japan　　　　　　　　　　　　　印刷・製本／藤原印刷

フッサールの倫理学 生き方の探究
吉川 孝著　「実践理性の学問としての倫理学」の発展とともに生じた生き方の哲学をフッサール現象学に見いだす　A5/304p/5000円

現象学と形而上学 フッサール・フィンク・ハイデガー
武内 大著　現象学の限界を突破すべく独自の「非存在論」の視点から現象学的世界観を展開したフィンクの研究書　A5/256p/4200円

感覚の記憶 発生的神経現象学研究の試み
山口一郎著　五感を通し絶え間なく感覚に流入する情報が無意識の世界で意識世界と関わるメカニズムの働きを考察　A5/344p/5500円

人を生かす倫理 フッサール発生的倫理学の構築
山口一郎著　意識と経験を理性的に反省することで組み立てられてきた従来の倫理学に無意識の新しい視点から迫る　A5/504p/7000円

存在から生成へ フッサール発生的現象学研究
山口一郎著　後期フッサール哲学の主要テーマ，発生的現象学の全容を初めて解明，近代哲学の二元主義を克服する　A5/524p/6800円

文化を生きる身体 間文化現象学試論
山口一郎著　後期フッサール哲学の受動的綜合と発生的現象学より人間の意識が広大な無意識層から成立すると解明　A5/454p/6000円

フッサールにおける超越論的経験
中山純一著　フッサールに即して現象学的方法を彫琢，思惟の自己変貌の経験構造を「超越論的経験論」として解釈　A5/256p/4000円

衝動の現象学 フッサール現象学における衝動および感情の位置づけ
稲垣 諭著　現象学が客観的考察に終始せず，還元を通した運動として諸科学の成果を導入し展開する可能性を示唆　A5/356p/5500円

現象学の転回 「顕現しないもの」に向けて
永井 晋著　フランス現象学，ユダヤとイスラームの神秘思想や東洋思想から独自の「イマジナルの現象学」へ展開　A5/296p/5500円

知泉書館　〒113-0033　東京都文京区本郷1-13-2
Tel: 03-3814-6161 / Fax: 03-3814-6166
http://www.chisen.co.jp
(税込不)